Faire face aux émotions

MFRC-NCR/CRFM-RCN
330 Croil Pvt, Bldg 471
Ottawa, ON K1V 1J1
info@mfrc-ncr.org

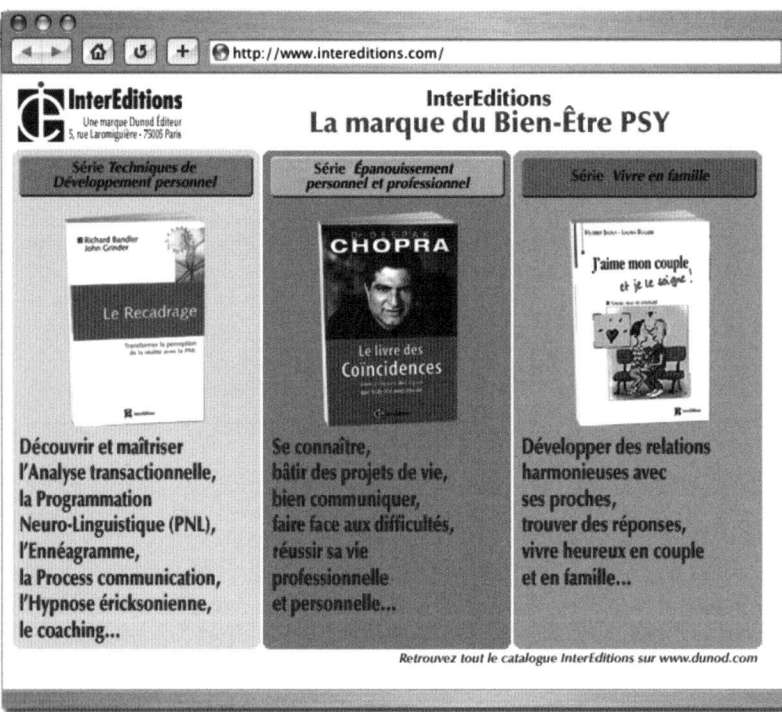

Christine Chevalier

Faire face aux émotions

Pour gérer au quotidien conflits, stress, agressivité

INTEREDITIONS

Le pictogramme qui figure ci-contre mérite une explication. Son objet est d'alerter le lecteur sur la menace que représente pour l'avenir de l'écrit, particulièrement dans le domaine de l'édition technique et universitaire, le développement massif du photocopillage.
Le Code de la propriété intellectuelle du 1er juillet 1992 interdit en effet expressément la photocopie à usage collectif sans autorisation des ayants droit. Or, cette pratique s'est généralisée dans les établissements d'enseignement supérieur, provoquant une baisse brutale des achats de livres et de revues, au point que la possibilité même pour les auteurs de créer des œuvres nouvelles et de les faire éditer correctement est aujourd'hui menacée.
Nous rappelons donc que toute reproduction, partielle ou totale, de la présente publication est interdite sans autorisation de l'auteur, de son éditeur ou du Centre français d'exploitation du droit de copie (CFC, 20, rue des Grands-Augustins, 75006 Paris).

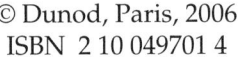

© Dunod, Paris, 2006
ISBN 2 10 049701 4

Le Code de la propriété intellectuelle n'autorisant, aux termes de l'article L. 122-5, 2° et 3° a), d'une part, que les « copies ou reproductions strictement réservées à l'usage privé du copiste et non destinées à une utilisation collective » et, d'autre part, que les analyses et les courtes citations dans un but d'exemple et d'illustration, « toute représentation ou reproduction intégrale ou partielle faite sans le consentement de l'auteur ou de ses ayants droit ou ayants cause est illicite » (art. L. 122-4).
Cette représentation ou reproduction, par quelque procédé que ce soit, constituerait donc une contrefaçon sanctionnée par les articles L. 335-2 et suivants du Code de la propriété intellectuelle.

*À Claire, ma fille, qui m'a appris depuis sa naissance
à regarder les émotions avant d'agir.*

*À Martine Walter, ma collègue et amie
qui m'a encouragée, soutenue tout au long de ces pages,
et sans laquelle ce livre n'aurait pas vu le jour.*

*À Marielle de Miribel pour sa présence
au fil des pages, sa persévérance et son talent
professionnel du détail.*

TABLE DES MATIÈRES

Remerciements   IX

Introduction   XI

Première partie
Comprendre les émotions

1. Les émotions : de quoi s'agit-il ?   3
   Le plus de l'AT Le lien avec les États du Moi   15
2. Comprendre l'émotion
   pour pouvoir aider   20
   L'émotion : comment ça marche ?   20
   Le circuit physiologique des émotions   32
   Pourquoi exprimer ses émotions ?   45

Deuxième partie
Intervenir au quotidien

3. Accompagner les émotions   65
   1. Recevoir l'émotion de l'autre   66
   2. Supporter   70
   3. Permettre   76
   4. Aider   82
   5. Apaiser   91
   6. Réparer   97

VIII TABLE DES MATIÈRES

4. QUELQUES EXEMPLES D'INTERVENTIONS 101
   1. Marc, Pierre et Luc ou la régulation de la colère 101
   2. Françoise ou la régulation de la peur 105
   3. Xavier ou la régulation de la peur 106
   4. Odile ou la régulation de la tristesse 111
   5. Loïc ou la régulation de la joie 113

Troisième partie
INTERVENIR EN SITUATIONS DE CRISE : CONFLIT, VIOLENCE/AGRESSIVITÉ

5. ACCOMPAGNER (OU NON) LES CONFLITS 119
   Le conflit : de quoi s'agit-il 119
   Les manifestations du conflit 121
   Les mécanismes de résistance 122
   Le plus de l'AT Que se passe-t-il en langage AT ? 123
   Le minimum requis pour intervenir 126

6. LA VIOLENCE ET L'AGRESSIVITÉ 130
   Repérer la violence 131
   Analyser la violence 158
   Intervenir en situation de violence 165

Quatrième partie
INTERVENIR EN SITUATION DE CHOC ÉMOTIONNEL

7. LA SITUATION DE CHOC ÉMOTIONNEL 187
   Le choc : de quoi s'agit-il 187
   Le plus de l'AT Interventions de l'Analyste Transactionnel 194
   Le choc est en train de se produire 199
   Analyse du recueil de comportements de crise 206

POUR FINIR… 245

LEXIQUE 247

BIBLIOGRAPHIE 251

REMERCIEMENTS

Je remercie les professionnels qui ont parsemé mon chemin d'enseignements et qui ont joué un rôle important dans mon évolution, sans forcément le savoir : Soly Bensabat, Mireille De Meuron, Claude Marie Dupin, Taïbi Kahler, Francine Hardy, Raymond Hostie, Meyer Ifrah, Elisabeth Marchand, Nelly Micholt, Carlo Moïso, Claude Steiner.

INTRODUCTION

Enfant, j'observais les grandes personnes, leurs attitudes variées et parfois surprenantes. Et, même si je ne comprenais pas tout, j'avais toutefois l'intuition de leurs souffrances. Je voyais leurs disputes, parfois leurs ruptures, et sans en connaître les causes, je sentais **l'incompréhension mutuelle** au cœur de leurs conflits. Je ne comprenais pas pourquoi certaines personnes souffraient ou étaient mécontentes et que rien n'était fait pour y remédier.

Jeune adulte, j'ai décidé de chercher… et commencé à observer plus en détail les gens autour de moi, les enfants et la manière dont les adultes se comportaient avec eux. La variété du genre humain est riche d'enseignements ! Certains ont l'air heureux et cela semble aller de soi. D'autres sont doués dans la relation à autrui et savent apporter des réponses apaisantes à ceux qui en ont besoin. J'ai eu envie de comprendre comment les uns et les autres s'y prenaient. **Quelle est donc la clé qui allait m'expliquer le fonctionnement des relations entre humains ?** Mes observations m'ont orientée vers les émotions afin de comprendre la souffrance et de pouvoir ainsi la soulager ou l'éviter tant que possible.

L'émotion étant le propre de l'homme, c'est avant tout dans la relation à l'autre que s'est forgée ma réflexion. Un être émotionnel, à l'aise dans l'expression de toutes les émotions, est plus facilement authentique dans la relation aux autres.

Ce livre est, en quelque sorte, l'aboutissement d'un long chemin personnel, semé de rencontres, dont certaines ont marqué mon existence et mon parcours professionnel ; j'en profite pour remercier les gens passionnés et pédagogues que j'ai côtoyés et auprès desquels j'ai beaucoup appris.

Nourrie de ces rencontres et persuadée que l'expérience seule ne suffit pas, j'ai voulu non seulement apprendre quoi faire face aux émotions mais également acquérir une forme de méthodologie d'intervention. Cet effort de conscientisation me semblait primordial pour formaliser des éléments de réponses aux questions de mon enfance… Pourquoi souffrons-nous ? Comment blessons-nous nos semblables ? Comment agir pour aller bien, quoi qu'ait fait l'autre ? Ce que j'ai appris pour moi, j'ai désiré le partager à travers ce livre.

Bien sûr, il est illusoire d'espérer un monde sans souffrance. Elle fait partie de la vie et nous avons à vivre avec. Mais nous pouvons, chacun à notre niveau, **apporter une réponse aidante**, pour soi-même ou pour ceux dont nous nous occupons dans notre métier.

Ce livre ne prétend pas apporter une réponse complète à toutes les questions relatives aux émotions, à l'agressivité ou à la violence. J'espère simplement que ces quelques pages vous encourageront à réfléchir et à adapter vous-mêmes les idées d'actions que je relate, à développer vos propres compétences pour agir en impliquant l'autre dans la résolution de ce qui le concerne. Cela en écoutant ceux qui souffrent – ils ont beaucoup à nous apprendre…

J'utiliserai certains concepts de l'Analyse Transactionnelle, théorie créée par le Docteur Eric Berne (1910-1970), qui :

✓ Nous montre comment les gens sont structurés psychologiquement.
✓ Explique comment les schémas de comportements dans notre vie actuelle ont pris naissance dans notre enfance.
✓ Fournit des explications sur la manière dont nous continuons parfois à réutiliser les stratégies de notre enfance dans notre vie adulte, même quand elles aboutissent à des résultats douloureux ou infructueux.
✓ Nous aide à comprendre comment les gens fonctionnent et expriment leur personnalité en termes de comportements,
✓ Fournit une méthode d'analyse des systèmes et des organisations.

Partie

I COMPRENDRE LES ÉMOTIONS

1

LES ÉMOTIONS : DE QUOI S'AGIT-IL ?

> « Ce ne sont pas les événements
> de leur vie qui troublent
> les humains, mais les idées
> qu'ils s'en font »
>
> ÉPICTÈTE

Nous pouvons partir de la définition donnée par le dictionnaire Hachette :

> « *Émotion : trouble intense de l'affectivité, réaction immédiate, incontrôlée ou inadaptée à certaines impressions ou représentations. L'émotion se traduit organiquement par des réactions neurovégétatives ou motrices (rougeur, transpiration, tremblements)* ».

Ce que j'aime bien dans cette définition, c'est la notion de « réaction immédiate ». En effet, c'est souvent devant une réaction immédiate que nous nous sentons pris de court, sans forcément savoir comment nous comporter face à l'autre… L'autre partie de la définition fait référence aux manifestations « physiques ». Là encore, cette notion est intéressante : en effet, nous entendons souvent nos clients se plaindre de ne pouvoir contrôler ces réactions *« J'aimerais bien que l'autre ne se rende pas compte de mon inconfort, si je rougis je donne prise à l'autre et je perds mes moyens »*. Mais beaucoup de nos expressions émotionnelles sont innées, indépendantes de la volonté ou de l'habitude et elles sont apparues très tôt au cours de l'histoire. Ainsi, à peine l'enfant commence-t-il son développement qu'il reçoit des informations (stimulus) à traiter pour en attribuer ou non une émotion ; son interprétation dépendra de son expérience et de ce que, petit à petit, il inscrit dans ses « structures cognitives »[1].

« Stimulus : facteur (externe ou interne) susceptible de déclencher la réaction d'un système physiologique ou psychologique »[2]

Si l'enfant réagit à quelque chose, c'est comme s'il en avait déjà une certaine connaissance. Chaque émotion a nécessairement des manifestations externes observables (par l'attitude, la mimique, les vocalisations…) et celles-ci sont reconnues par ceux vers qui elle est dirigée. Darwin disait : *« La fonction première des émotions n'est pas d'être ressentie par celui qui en est l'objet, mais de servir à la communication. Elles appartiennent aux mécanismes assurant la survie de l'individu, sa vie en harmonie avec l'environnement au sein du groupe »*. Cette idée nous confirme que nos « réactions » sont utiles et que, sans elles, les autres ne nous comprendraient pas. Réagir, c'est communiquer avec l'autre et lui permettre de comprendre l'effet sur nous de ses comportements, qu'ils soient agréables ou désagréables.

Donc nous pourrions dire que, quand « bébé » arrive sur terre, il est outillé pour l'expression des émotions de base, naturelles, universelles et l'usage qu'il peut en faire. En général, nous entendons par « émotions de base » la joie, la peur, la tristesse et la colère ; émotions que l'on trouve exprimées par les bébés de toutes les cultures. Ces émotions lui sont utiles comme forme de langage vers l'extérieur afin que celui-ci réagisse de manière adéquate en fonction de telle ou telle émotion exprimée. Nous n'avons rien à apprendre à Bébé, il a tout ce qui lui est nécessaire pour ressentir l'émotion qui le concerne, en réaction à un stimulus spécifique et pour l'« acter », la mettre en actes : non seulement, il capte à l'intérieur de lui mais il montre à l'extérieur.

---

1. Boris CYRULNIK, « Un éclairage éthologique de l'émotion », *Neuro-psy – Structure des Émotions*, revue mensuelle vol. 6, n° 11, déc. 1991.
2. *Dictionnaire du Français* (Hachette).

Bébé fait directement le lien entre le stimulus et la manifestation qu'il génère : tel stimulus déclenche tel type d'émotion, donc tel type de comportement obtiendra tel type de réponse de l'environnement (et ce, bien sûr si l'environnement a su garder sa fluidité naturelle…). Ça marche tout seul.

> STIMULI ▶ ÉMOTION ▶ COMPORTEMENT

Les quatre émotions de base

Bébé a une forme de « conscience » de ce que sont la joie, la peur, la tristesse et la colère. Chaque émotion est directement liée à un stimulus particulier qui fait que telle ou telle émotion va s'exprimer. Nous pouvons donc considérer qu'une émotion est utile pour « dire » quelque chose à l'environnement. Faisons donc un petit tour d'horizon des différents stimuli en lien avec telle ou telle émotion : analysons plus en détail chacune de ces quatre émotions.

La tristesse

« *Un état d'abattement et d'insatisfaction dû à un chagrin* »[1].

Lorsque l'enfant a un sentiment d'abandon, de séparation de celui dont il dépend (son père, sa mère…), lorsqu'il ressent un sentiment de solitude parce qu'il se vit oublié au fond de son lit, chez la nourrice ou à l'école maternelle… il va contacter la tristesse et il va manifester des pleurs de tristesse. Il va pleurer de telle manière que l'environnement ait envie de le prendre dans ses bras et de le bercer, pour lui apporter de la consolation. Le cajoler, lui chantonner quelque chose doucement, lui faire des petites caresses pour l'apaiser et ainsi recréer le lien essentiel à sa survie.

À l'âge des premiers câlins et du besoin de contact, c'est la création du lien, le bercement, les soins de toilette, les chansons, les câlins, les bras, le porté sur le dos, les bisous, etc. Et si l'enfant ne reçoit pas la dose d'affection et de contacts dont il a besoin, s'il se sent isolé, abandonné, il entre dans la tristesse. C'est l'émotion

---

1. Dictionnaire Hachette, *op. cit.*

utile pour dire sa souffrance et signaler à son environnement ce dont il a besoin. De ce fait, on peut dire qu'il « connaît » très bien le mécanisme de la tristesse.

La peur

> *« Crainte violente éprouvée en présence d'un danger réel ou imaginaire »*[1].

Lorsque l'enfant est dans la peur – peur du noir, peur d'une personne inconnue, peur que sa mère s'en aille – il manifeste également des pleurs particuliers avec une mimique particulière, qui font que l'environnement – le père, la mère ou les familiers – décode cela. Et la peur nécessite de la réassurance en retour, donc lorsque l'enfant est en contact avec de la peur, il va hurler de peur et l'environnement va faire quelque chose pour le protéger : le prendre dans les bras, l'isoler du danger à l'intérieur des bras, le couvrir d'une couverture pour lui faire une enveloppe apaisante et ainsi lui permettre d'éviter les environnements dans lesquels il a peur.

Et à l'âge où il commence à jouer, à découvrir le monde, à faire des expériences nouvelles, à se cacher ; il joue à se faire peur.

Il va jouer tout seul, mais en fait, il va voir si on est toujours là pour le regarder. Et en même temps, il a peur de ne plus être le centre du monde. Ce qui l'intéresse, c'est d'avoir une place privilégiée au sein de la famille, et lorsqu'il sent ses parents indisponibles ou qu'un petit frère arrive dans la famille, il a peur de ne plus être l'objet de toutes les attentions. Alors, quand il ressent cette peur, il reste tout proche, il s'accroche, il contraint l'autre à rester près de lui, à s'occuper de lui et… ça fonctionne !

La joie

> *« État de satisfaction intense »*[2].

Et lorsque l'enfant nage dans le bonheur, qu'il est béat d'aise, parce qu'il a été bien nourri, bien cajolé… qu'il a bien dormi…, il

---

1. *Ibid.*
2. Dictionnaire Hachette, *op. cit.*

a un gazouillis particulier, un visage apaisé, il fait de petits bruits, il s'écoute chantonner et manifeste une forme de béatitude, de paix. Lorsqu'il entre en contact avec sa mère ou son père, ou quand il commence à reconnaître les personnes, il a un large sourire, signe de joie profonde, il tend les bras. Cette gestuelle nous encourage à être avec lui, heureux, et à lui répondre par une attitude chargée de tendresse : envie de toucher, embrasser, caresser, chantonner, de le prendre dans les bras…

Et, à l'âge des grandes questions auxquelles les parents donnent ou non leurs réponses : sur la vie, la mort…, l'enfant a besoin de comprendre le monde et de savoir comment s'y comporter. Il veut être raisonnable, bien se tenir, être agréable pour ses parents ou pour la maîtresse. Il va tout faire pour obtenir des félicitations des personnes importantes pour lui, il pense ainsi que ces personnes continueront à lui expliquer le monde. Et là encore, l'enfant sait exprimer naturellement l'émotion adéquate et obtenir en retour la réponse dont il a besoin. En effet, comment refuser de parler avec un enfant aussi « agréable et souriant » !

La colère

« Une réaction violente due à un profond mécontentement »[1]

Concernant le stimulus qui génère chez Bébé de la colère, c'est tout ce qui va déranger son corps, le contraindre : une faim persistante, une douleur quelque part, une frustration… de telle sorte que s'il ne manifeste pas avec suffisamment d'énergie, il se sent en danger d'inconfort grave. Bébé va donc générer au niveau de son comportement suffisamment de stimuli pour que l'environnement s'inquiète : *« Que ce passe-t-il ? Cet enfant a sûrement un problème ! »*

Ainsi bébé va-t-il générer quelque chose pour que l'environnement agisse pour lui et « cherche à réparer l'inconfort » ; c'est cette capacité qui peut le sauver. Lorsque vous êtes à côté d'un bébé en colère, vous avez intérêt à vous en occuper, il sait vous le demander !

---

1. *Ibid.*

Et à l'âge où l'enfant veut s'individualiser, se faire respecter dans sa différence, comme un enfant unique, avec sa propre identité, il va faire des bras de fer avec papa, refuser l'autorité mais la rechercher aussi. Il ne veut plus que maman l'accompagne à l'école, il ne veut plus être « l'enfant sage », il veut faire les choses comme il veut, s'il le veut, quand il veut ! Et le mode opératoire émotionnel à sa disposition, s'il n'obtient pas ce dont il a besoin, c'est la colère.

À chaque stimulus spécifique (sentiment), une émotion « naturelle » s'exprimera, laquelle « attendra » de l'environnement (des personnes) une réponse adaptée à la résolution de cette émotion.

> Sentiment ▶ Émotion ▶ Réponse

Tableau 1.1

Stimulus	Émotion « naturelle »	Réponse adaptée de la part de l'environnement
Sentiment d'inconfort – agression	Colère	Action réparatrice
Sentiment d'abandon	Tristesse	Consolation
Sentiment d'insécurité	Peur	Réassurance, protection
Sentiment de satisfaction	Joie	Contact, caresses

« Mon émotion attend une réponse »

> **Rappelez-vous**
>
> Les émotions sont universelles.
> Tout être humain a connu les quatre émotions de base au démarrage de sa vie.

Derrière chaque émotion, un besoin

> « L'enfant, pour l'épanouissement harmonieux de sa personnalité, a besoin d'amour et de compréhension. Il doit, autant que possible, grandir sous la sauvegarde et la responsabilité de ses parents et, en tout état de cause, dans une atmosphère d'affection et de sécurité morale et matérielle…[1] »

Chaque enfant « *fait des essais, en se sentant tour à tour, en colère, peiné, coupable, effrayé… et il a vu certaines de ces manifestations accueillies avec indifférence ou désapprobation par sa famille, alors que l'une au moins, se révélait admissible et donnait des résultats*[2] ». En fonction de la famille, des compétences émotionnelles des parents, l'accueil de l'émotion de l'enfant n'a pas été le même pour chacun. En effet, même si la connaissance des émotions est d'une certaine manière « universelle », nous avons tous, à l'âge adulte, des facilités et des incompétences à les accompagner, et ce, en fonction de notre propre histoire. Soit nous avons « oublié » une émotion sur notre route : nous ne la connaissons plus et donc nous ne la comprenons pas chez l'autre ; soit nous ne savons pas « supporter » l'émotion de l'autre : celle-ci nous dérange, nous fait peur ou bien nous ne savons pas comment nous comporter.

Comme l'apprentissage commence dans l'enfance, si les différentes périodes, que traverse naturellement l'enfant, se passent mal, comment s'en arrange-t-il avec ces incidents émotionnels ? Que garde-t-il noué en dessous, au fond de lui, comme émotion ? Comme il est trop petit pour s'en aller avec ses « couches culottes », pour se soigner lui-même ou choisir une autre famille, l'enfant trouvera une autre solution pour obtenir de l'environnement la satisfaction de son besoin. Il va, par exemple, détourner le sens de l'émotion « utile, naturelle » et en faire un Sentiment *racket*.

> *Les sentiments rackets sont des sentiments de Substitution : le sentiment qui apparaît spontanément dans le présent appartient à*

---
1. *Déclaration des droits de l'enfant* (principe 6).
2. Eric .Berne, *Que dites-vous après avoir dit Bonjour ?*, Tchou, 1977.

une espèce inhibée au cours de la croissance ; un autre sentiment, d'une espèce autorisée jadis apparaît à sa place.[1]

Mon hypothèse est que le *racket* choisi par l'enfant n'est pas dû tout à fait au hasard et qu'il doit y avoir un lien entre ce sentiment *racket* et le besoin que l'enfant cherche à nourrir ; ce besoin, il aurait pu le satisfaire directement si son émotion authentique avait été « entendue » et accompagnée naturellement. Lorsque l'enfant a eu des traumas à cet endroit-là, des vides, il se « promène dans la vie » avec ce manque, jusqu'à l'âge adulte. À l'âge adulte, s'il n'a pas fait de thérapie, ou pris un minimum de recul sur sa manière d'exprimer ses émotions, il reste un « *racketteur* » (un *racketteur* est une personne qui utilise son *racket* au lieu de l'émotion authentique).

Le besoin fondamental d'amour, d'affection

Le besoin fondamental d'affection et d'amour est un besoin essentiel pour l'enfant, c'est celui qui le relie aux humains, qui lui donne la certitude qu'il est en vie. Ce besoin se nourrit dans le contact physique, les caresses, les câlins.

La privation de ce besoin, le manque d'amour, génère la tristesse

Si l'enfant n'obtient pas l'affection et l'amour dont il a besoin, il rentre en contact avec la tristesse. Lorsque l'environnement est sensible à cette expression de tristesse, et donne à Bébé les câlins et les mots gentils dont il a besoin, il contacte la joie. Mais lorsque l'environnement « ne répond pas », ne vient pas donner l'affection attendue, ni même la consolation nécessaire face à sa tristesse, l'enfant peut chercher à tout faire pour obtenir quand même ce qui lui manque. Il peut aller jusqu'à extorquer ce qui lui manque et c'est dans ce processus que le *racket* s'installe.

---

1. Fanita English, « Les mécanismes de substitution des sentiments parasites aux sentiments réels », *AAT*, vol. 2, n° 7, 1978, Les Éditions d'Analyse Transactionnelle.

Le sentiment racket est l'angoisse

L'angoisse est un sentiment qui ressemble à la peur. Mon hypothèse est que les personnes qui disent être dans l'angoisse, ont, en fait, des problèmes de lien. Elles ont peur que l'attachement ne se rompe, ou bien que celui-ci se passe mal comme quand elles étaient petites. Ces personnes créent donc des relations pas forcément excellentes, mais au moins elles ont quelqu'un à aimer, et elles vivent l'angoisse d'une éventuelle séparation. Au lieu de vivre la joie de la relation existante, ou d'exprimer la tristesse lorsqu'elle se sent laissée pour compte, elle vit la relation, mais elle la vit colorée d'angoisse. Elle reste dans des relations qu'elle pense être bonnes, mais, au lieu de vivre le bonheur, elle est dans l'angoisse à l'idée que la relation s'interrompe. Mon hypothèse, pour le choix de ce *racket* spécifique, est que l'angoisse est un sentiment qui peut réussir à extorquer chez la personne piégée une sorte de « réassurance » qui peut vaguement ressembler à de l'affection : *« Mais non, ne t'inquiète pas, je suis là… je ne vais pas partir… je suis toujours là avec toi… etc. »,* voire accompagnée de quelques caresses pour soutenir le discours.

Le besoin fondamental d'attention

Dès que l'enfant découvre le monde, il se trouve confronté à tout un tas de petites peurs, il joue à se faire peur, il aime être stimulé par mille petits détails, il aime rire et jouer avec tout ce qui passe à sa portée. Mais ce qui l'amuse le plus, c'est tout ce qu'il peut vivre avec ses parents ! C'est pourquoi il a peur que ses parents ne reviennent pas, qu'ils ne soient pas là quand il rentre de chez la nourrice, que puisque le petit frère est arrivé, il n'ait plus toute leur attention, etc. Le jeune enfant nous montre qu'il a besoin d'attention à 100 %. D'ailleurs nous passons notre temps à faire attention à lui, particulièrement quand il ne fait pas de bruit ; comme si nous étions sûrs qu'il est en train de faire une bêtise ; il peut même faire exprès de faire des bêtises rien que pour voir si on fait attention à lui ! Quand il est avec nous, il est « le centre du monde », il se met au milieu de la pièce, il touche à tout, il nous titille et adore être titillé. Quand il est là, il veut sentir que l'on investit la relation avec lui, que l'on est réellement disponible, ce sont ces instants-là qui lui procurent la certitude qu'il reçoit toute notre attention.

La privation de ce besoin, le manque d'attention, génère la peur

L'enfant a besoin de sentir notre attention pour lui permettre de traverser cette phase d'apprentissage et de découverte du monde. Lorsqu'il y a un manque, lorsqu'il ne reçoit pas l'attention dont il a besoin, l'enfant va ressentir la peur. C'est naturel à cet âge qu'il ait peur, il est trop petit pour intégrer que si on s'occupe de son petit frère ou si on a des occupations de grande personne (vaisselle, téléphone à un ami…), ça ne veut pas dire qu'il n'est plus important pour nous. Mais, il ne sait pas encore « différer, attendre », alors il « doit » trouver son *racket*.

Le sentiment racket est la bouderie

Celui que la personne va mettre en œuvre pour réussir à extorquer l'attention dont elle a besoin est une colère renfermée : elle va faire la tête et bouder. En fait, elle n'est pas contente quand elle ne se sent pas le centre du monde et elle pourrait être en colère « ouverte » mais inconsciemment, elle sait que le risque, c'est qu'il y ait une rupture dans la relation *(« Oh ! Écoute ! Tu m'agaces à la fin ! Laisse-moi ! »).* Mon hypothèse pour le choix du *racket* de colère renfermée, est que c'est un sentiment qui peut réussir à extorquer chez la personne piégée une sorte « d'attention, de présence » qui peut vaguement ressembler à de la bonne attention : *« Qu'est-ce que tu as ? Il y a quelque chose qui ne va pas ? Tu n'as pas l'air content ? raconte !… etc. »,* voire accompagné de quelques agacements, signes d'un investissement important dans la relation.

Comme l'important est de sentir l'autre investi dans la relation, plusieurs cas de figure sont possibles. Soit la personne est capable de partager l'attention avec les autres et ne ressent pas d'inconfort à ne pas être « le centre du monde » ; soit elle choisit un métier pour lequel elle est payée pour « être sur scène » ; soit elle sait demander directement l'attention dont elle a besoin et attendre la disponibilité de l'autre.

Le besoin fondamental de confirmation

Un des besoins l'enfant est de comprendre, qu'on lui explique le sens des choses et de la vie. À l'âge où il commence à utiliser sa réflexion et ses observations, il cherche à obtenir la confirmation que ce qu'il pense est juste, ou bien faux ou incomplet. Il a besoin de ses parents pour cela, d'une figure d'autorité sur qui il puisse compter, qui lui donne des réponses et lui définisse le monde.

La privation de ce besoin, le manque de confirmation, génère le sentiment de vide

Lorsque l'enfant n'a pas la confirmation attendue, par exemple quand il demande si le père Noël existe, ou comment on fait les bébés et qu'on ne lui répond rien : « *tu m'embêtes avec tes questions – tu sauras ça quand tu seras grand...* » ; ou quand on lui ment et qu'il le découvre... il ressent un grand vide. Quelle est la bonne réponse ? Sur qui peut-il compter pour savoir s'il pense juste ?

Il doit trouver une solution pour sortir de cet état.

Le sentiment racket est le positivisme

Une méthode efficace est de faire comme si « tout va bien », le positivisme. Mon hypothèse est que l'adulte doit trouver une attitude qui va lui permettre d'obtenir quand même de son environnement des « formes de réponses ». Il va se montrer cordial et d'aimable compagnie. Il va cacher aux autres ses véritables questions et son sentiment de vide. Il essaiera d'obtenir des informations indirectement et si les réponses obtenues ne sont pas celles attendues, il se montrera satisfait pour ne pas incommoder son interlocuteur, croyant ainsi que sa figure de référence restera présente en cas de besoin.

Il se vit avec le doute intérieur, ne jamais être sécurisé en interne et comme il ne peut faire confiance à quelqu'un (au vu de ses expériences antérieures), il « n'attend plus rien des autres » ; et quand on l'interroge, il répondra volontiers « tout va bien », un peu comme s'il disait : « je suis cool en interne, je gère, je n'ai besoin de rien »...

Le besoin fondamental de considération

Il s'agit pour l'enfant d'être reconnu, d'avoir de la considération : « Je ne suis pas n'importe qui ! » Il veut se sentir puissant, capable de faire les choses tout seul, en toute indépendance. Il veut s'opposer, se tester dans la relation avec ses figures d'autorité. Et que se passe-t-il si son environnement ne comprend pas cette étape, fuit l'affrontement ou, tout au contraire, le fait perpétuellement plier, le fait perdre, le dévalorise dans ses efforts pour s'individualiser, voire l'ignore ?

La privation de ce besoin, le manque de considération, génère la colère

Il a besoin de se sentir considéré et respecté comme une personne à part entière. Lorsque l'enfant ne sent pas ce respect, s'il reçoit des marques de dévalorisation, des moqueries, s'il est mis en échec, humilié, il va sentir en lui de la colère. S'il exprime cette colère et qu'elle n'est pas entendue, voire si l'environnement utilise la violence à son encontre pour « le faire plier », il va falloir qu'il trouve un *racket* qui lui apporte « une sorte de reconnaissance ».

Le sentiment racket est le **colérisme**

Le sentiment *racket* qui peut permettre d'obtenir de la considération est le « colérisme » : la personne utilise sa capacité de colère et l'amplifie. Elle craint de ne pas recevoir des autres la satisfaction attendue, être reconnue comme unique et indépendante, avoir des marques de respect ; alors elle va, d'une certaine façon, l'exiger. Elle réussit à éloigner les autres, à les garder à distance, à les impressionner, donc à recevoir une sorte d'admiration… Le colérique obtient ainsi une sorte de reconnaissance *« ah ! lui ! il est difficile ! je ne peux rien obtenir de lui, il est trop fort pour moi ! »*.

Les émotions : de quoi s'agit-il ?

Tableau 1.2

Besoin	Émotion générée par la privation du besoin	Sentiment racket utilisé à l'âge adulte
Affection	Tristesse	Angoisse
Attention	Peur	Bouderie
Confirmation	Vide	Positivisme
Considération	Colère	Colérisme

*« Si mon émotion n'est pas entendue,
je vais en trouver une autre »*

Rappelez-vous

Même si les parents font tout leur possible pour le bien de leur enfant, la vie, les circonstances font que l'enfant n'a pas pu recevoir tout ce dont il avait besoin au moment où il en avait besoin, ce qui lui crée des inconforts. Alors il va trouver lui-même des méthodes pour combler ces manques.

Le plus de l'AT
LE LIEN AVEC LES ÉTATS DU MOI

Je vais utiliser le concept des États du Moi Fonctionnels pour observer quel État du Moi la personne, devenue adulte, va préférentiellement utiliser dans ses relations avec autrui, lorsqu'elle cherche à satisfaire un besoin particulier.

« L'Analyse Transactionnelle considère que toute personne, quelle qu'elle soit... a trois États du Moi : un Parent, parce qu'elle a eu des parents (ou substituts parentaux) pour s'occuper d'elle dans son enfance ; un Adulte, parce qu'elle a été soumise à la réalité du monde extérieur, qu'elle en a retiré des informations transmises par ses cinq sens, et qu'elle les a structurées ; un Enfant, parce qu'elle a été un jour un petit enfant et qu'elle a

vécu des émotions premières et éprouvé des sentiments plus ou moins complexes au contact du monde et des autres »[1]

Les États du moi

« Un État du Moi est un système cohérent de pensée et sentiments mis en évidence par des types de comportements correspondants »[2]

Les États du Moi Fonctionnels correspondent à la composante comportementale, donc, observable.

« L'État du Moi Enfant Libre se manifeste par l'expression directe de ses propres émotions et de ses propres besoins »

« L'État du Moi Enfant Adapté Soumis : comment une personne se conforme aux règles ou exigences de la société »

« L'État du Moi Enfant Adapté rebelle : mode d'expression dans lequel la personne se rebelle contre les règles au lieu de s'y plier »

« L'État du Moi Parent a deux fonctions opérationnelles :

Le Parent Normatif se manifeste comme un ensemble d'attitudes ou de messages qui interdisent ou sont impératifs, et qui peuvent être syntoniques ou dystoniques avec les besoins et les vécus de l'Enfant.

Le Parent Nourricier qui se manifeste comme un ensemble d'attitudes ou messages de nature permissive, qui peuvent être, ou non, nécessaires et utiles à l'Enfant ».[3]

L'hypothèse que je propose est que, inconsciemment, la personne va utiliser tel ou tel État du Moi Fonctionnel, comme vecteur, pour envoyer un signal à l'environnement et pour faire comprendre ce dont elle a besoin.

La méthode la plus simple est de « dire » : « *j'ai besoin* », et dans ce cas elle utilisera un État du Moi Fonctionnel qu'en Analyse Transactionnelle nous appelons « Enfant Libre », c'est celui qui est au service de l'expression directe et sans contrainte du besoin.

---

1. Gysa JAOUI, Le Triple Moi, Robert Laffont, « Réponses », 1979, p. 49.
2. Eric BERNE, *op. cit.*
3. Carlo MOÏSO et Michele NOVELLINO, *AT – Retour aux sources*, Éditions AT, 2004, p. 19.

Mais elle peut avoir quelques difficultés à s'exprimer aussi librement ; elle va être alors obligée de trouver une méthode indirecte pour obtenir ce dont elle a besoin, comme par exemple :

- ✓ S'adapter en tenant compte de ce qu'elle perçoit ou de ce qu'elle imagine, venant de l'environnement et, pour se faire, elle utilisera les États du Moi Adaptés Soumis (EAS) ou Rebelle (EAR). En appliquant cette méthode, elle n'exprimera pas son réel besoin, mais un autre qu'elle imagine plus acceptable dans cette situation.

- ✓ S'occuper du besoin ou de l'émotion de l'autre et pour se faire, elle utilisera les États du Moi Fonctionnels « Parent », le Parent Nourricier (PNr) ou le Parent Normatif (PNf). En s'occupant ainsi des autres, elle s'occupe indirectement de son propre besoin.

Ce sont des mécanismes que nous ne percevons pas forcément ; nous aurons alors à deviner *« ce dont elle a besoin »*.

Manque d'affection : EAS ou PNr

Lorsque le jeune enfant n'a pas été suffisamment nourri à ce stade de développement, il peut choisir d'utiliser à l'âge adulte l'Enfant Adapté Soumis comme mode opératoire. De cette manière, la personne se présente gentille dans la relation, et elle espère que les gens seront en retour gentils avec elle. Elle obtient ainsi l'affection dont elle a besoin. Si cette méthode ne marche pas suffisamment, elle peut utiliser le côté « négatif » de l'Enfant Adapté Soumis et se montrer angoissée (« *je ne sais pas si tu m'aimes – je ne me sens pas bien – ça va pas – je ne sais pas ce que j'ai – personnes ne m'aime...* »). La personne peut également choisir d'entrer dans la relation avec le Parent Nourricier et ainsi, au lieu d'être demandeur d'affection, elle va être pourvoyeur d'affection : attentionnée, enveloppante, précautionneuse, délicate... Bien sûr, elle obtiendra une certaine affection en retour ! « *merci, tu es sympa – heureusement que tu es là...* ».

Manque d'attention : EAR ou PNr

Lorsque le jeune enfant n'a pas reçu suffisamment de marques d'attention, il peut utiliser à l'âge adulte l'Enfant Adapté Rebelle comme mode opératoire. Il obtient ainsi beaucoup d'attention des autres : on les remarque les Rebelles ! En s'opposant aux autres, en réagissant instinctivement à toute forme de pression (même imaginaire), il teste la patience des autres à son égard, leur réelle disponibilité, écoute (« *Non... je ne suis pas d'accord... je ne veux pas... pas maintenant... pas comme ça...* »).

La personne peut également préférer utiliser un autre mode opératoire ; celui du Parent Nourricier : « *Tu pourrais faire ceci ! faire cela ! faire comme ci comme ça !... C'est bon pour toi* ». En étant toujours sur le dos de l'autre, en faisant attention à lui et à tous les détails, très présente, encourageante, stimulante, patiente. On la remarque, on ne peut pas ne pas la voir.

Manque de confirmation : EAS ou PNf

Lorsque le jeune enfant n'a pas reçu suffisamment de confirmation aux questions qu'il se pose, il peut utiliser à l'âge adulte l'Enfant Adapté Soumis comme mode opératoire. Il se plie aux règles et accepte les cadres sociaux, pose plein de questions et, pour avoir ses réponses, applique à la lettre ce qu'il croit être bien. « *Qu'est-ce que je dois faire ? Comment je dois faire ? Est-ce bien ainsi ? C'est quoi le contrat ? Quelles sont les règles ?...* »

Ou bien il peut choisir le Parent Normatif dans son côté « structurant », et ce qui le rassurera, c'est qu'ainsi il deviendra celui qui donne les réponses. Il définira lui-même de ce qui est correct et de ce qui ne l'est pas. « *Il faut faire comme ça – Il faut respecter le contrat - La vérité, c'est ça – On a toujours fait comme ça...* ».

Manque de considération : EAR ou PNf

Lorsque le jeune enfant n'a pas reçu suffisamment de considération, il peut à l'âge adulte adopter une autre forme d'Enfant Adapté Rebelle, celui qui ne veut rendre de compte à personne et pousse les limites, pour se tester et tester la fiabilité des autres ; de cette manière il pense qu'il obtiendra de l'admiration pour ce qu'il est capable de faire. Quand il voit une règle ou une limite, son réflexe est de ne pas la respecter, de défier l'autorité *« Je fais ce que je veux – je n'ai de compte à rendre à personne – les règles, c'est pour les imbéciles – les contrats, on s'en moque – personne n'a à me dire ce que je dois faire !... »*

Il peut également utiliser le Parent Normatif, cette fois-ci centré sur les valeurs et les principes, un mode opératoire qu'il utilise pour obtenir le respect ou l'admiration, au moins celui de défendre ses propres valeurs ! il se montre très critique de la moindre erreur de l'autre et quand ça marche, il obtient en général comme réponse *« tu as raison ! »*, une forme certaine de considération.

Quelle que soit la méthode choisie par l'enfant et conservée par l'adulte, nous savons que l'essentiel pour l'humain réside dans la satisfaction de ses besoins et l'écoute de ses émotions par ceux qui l'entourent. Lorsque ceux-ci ne sont pas à l'aise à recevoir ces besoins et ces émotions, ils « encouragent » la personne à garder des modes opératoires, nécessaires dans son enfance, mais inappropriés aujourd'hui.

Rappelez-vous

Pour faire comprendre à l'environnement ses manques, l'enfant va manifester des comportements spécifiques ; il va utiliser des États du Moi fonctionnels qui, d'après lui, vont lui apporter les bénéfices qu'il attend.

2

COMPRENDRE L'ÉMOTION POUR POUVOIR AIDER

LA QUESTION EST DE COMPRENDRE LE PROCESSUS qui nous permet d'être en contact avec une émotion. Quand je pose cette question, je me centre sur la personne concernée par l'émotion : qu'est-ce qui lui permet d'être en contact avec une émotion ? La première partie du processus est le simple fait de « ressentir quelque chose » ; et cette sensation va momentanément « perturber la personne », son calme, sa sérénité. Cette perturbation peut être apparentée à un mécanisme de stress.

> « *Le stress : n'importe quelle demande, physique, psychologique ou émotionnelle, bonne ou mauvaise, provoque une réponse biologique de l'organisme, identique et stéréotypée. Cette réponse est mesurable et correspond à des sécrétions hormonales responsables de nos réactions au stress, somatiques, fonctionnelles et organiques.* »[1]

L'ÉMOTION : COMMENT ÇA MARCHE ?

Le circuit sain de l'émotion

Homéostasie et stimulus

Le point de départ est un stimulus qui va être « capté » par notre hypothalamus et engendrer une « réponse émotionnelle », variable selon les situations. Cette « réponse » est spécifique au stimulus. Comme le précise Pierre Mormède[2] : « *Toute émotion se traduit par*

---
1. Soly Bensabat, *Stress*, Hachette.
2. P. MORMÈDE, « La Lettre de l'Agri Bien-être animal », juin 1999.

une réponse du corps, et en premier lieu par une mobilisation du système neuroendocrinien ». Ce dernier produit plusieurs substances (corticostéroïdes, adrénaline, hormones sexuelles) qui viennent perturber notre homéostasie. Les spécialistes de la gestion du stress vous diront que si ces substances ne sont pas éliminées de notre corps, elles finissent par le perturber, à court ou long terme. Le sens du mot homéostasie intègre deux significations : *homéo* ; « le même » et *stasie*, « stable ».

Vous avez tous fait, sans doute, l'expérience d'être tranquille, laissant passer le temps doucement sans contrainte, savourant l'instant précieux au fond d'un fauteuil confortable, et tout d'un coup des cris s'élèvent de la chambre des enfants : visiblement une bagarre démarre... impossible dans cette situation de rester « stable » ! Dans cette situation, le stimulus est comme un caillou lancé sur un étang (les hurlements de vos chers petits), celui-ci fait plein d'ondes qui marquent la surface de l'étang.

Ex :
Vous sursautez à l'écoute des cris, vous ressentez des stimulations au fond de vous, votre cœur qui se met à battre plus vite...

Au bout d'un certain temps, qui dépend de la force du caillou et de la nature de l'eau de l'étang, la surface de l'eau redevient « le même – stable » : tranquille, comme avant.

Ex :
Selon la hauteur des cris, l'importance du conflit entre vos enfants, et votre réelle disponibilité à les recevoir ou de votre fatigue, vous retrouvez votre calme et votre sérénité plus ou moins vite.

Donc, pour le corps, le processus est un peu le même, on observe que celui-ci est outillé pour retrouver sa stabilité d'origine. Hans Selye[1], chercheur physicien canadien, a parlé du syndrome général d'adaptation (le SGA) de l'organisme à une situation nouvelle. Cet ensemble de réactions se déroule selon trois étapes :

---

1. H. SELYE, *Du Rêve à la découverte*, Montréal, Edition de la Press, 1973.

✓ La **réaction d'alarme**, correspondant aux chocs et à l'établissement des premières réactions de défense : exemple, la première bagarre entre vos enfants sera relativement facile à supporter.

✓ Le **stade de résistance**, qui est celui de l'adaptation proprement dite et de l'accroissement des réactions de défense. Par exemple, si vos enfants deviennent coutumiers de ce mode de relation, vous allez commencer à vous sentir fatigué, irrité plus facilement, vous allez inventer des ruses pour éviter ce genre de situation, voire vous allez réagir envers vos enfants avec énervement et peut-être de manière disproportionnée.

✓ Le **stade d'épuisement**, qui survient lorsque l'individu n'est plus en mesure de maintenir les réactions de défense. Ex : quand les personnes en arrivent à ce stade, mon exemple au sujet des querelles entre enfants me semble ici inadapté. Ici, il s'agit d'un état où vous allez baisser les bras, vous sentir déprimé, incapable de réagir et vous solliciterez peut-être l'aide des médecins pour retrouver le sommeil…

Le stress est donc une réponse normale et naturelle, destinée à nous protéger et maintenir notre homéostasie. Si nous comprenons comment il peut nous affecter physiquement, mentalement et émotionnellement, nous pouvons, d'une part, l'accepter mieux, et d'autre part réagir de façon efficace face aux effets négatifs qui peuvent en découler. Cela dit, si notre corps a les moyens de s'autoréguler par rapport aux perturbations, c'est jusqu'à un certain point tout de même ! En effet, trop de stimulations ne lui permettent plus d'avoir le temps de se réguler.

Figure 2.1

« Qui surveille mon équilibre ? »

Le rôle de l'hypothalamus

C'est en quelque sorte « notre gardien du phare ». Quand vous avez froid, avant même de vous en rendre compte, vous commencez à avoir la chair de poule et vous pouvez aller jusqu'à trembler (processus naturel et incontrôlable qui permet de se réchauffer), alors vous mettez un vêtement supplémentaire ; et quand vous avez chaud, vous l'enlevez. Vous agissez ainsi de manière naturelle pour prendre soin de l'aspect physiologique de votre corps ; c'est, du reste, la même chose si vous avez faim ou soif. Le rôle de l'hypothalamus est donc de répondre aux questions telles que : *« Que se passe-t-il ? Suis-je en danger ? »*. L'hypothalamus reçoit une information, comme une piqûre de guêpe qui toucherait le psychisme. Et en cas d'atteinte physique, il reçoit le signal par la piqûre de guêpe (stimulus) qui porte atteinte au corps (le corps est en danger). Et immédiatement, il réagit pour que le corps ne soit pas malade et retrouve son homéostasie : il produit un bouton. Au plan physiologique, il y a donc une réaction à deux niveaux : la peau produit une plaque rouge pour se défendre contre le venin et la main écarte l'abeille de façon instinctive. De la même manière, lorsque vous mangez quelque chose qui n'est pas bon pour votre corps, celui-ci le rejette automatiquement.

Dans le cas d'une atteinte sur le plan psychique, la même chose se produit : on assiste à deux actions simultanées, générées par l'hypothalamus : une libération d'hormones dans le corps d'une part et une montée physiologique émotionnelle d'autre part, qui se produisent de manière simultanée. Vous avez été dérangé *(par les cris des enfants),* vous l'exprimez *(ça suffit ! je voudrais bien pouvoir lire tranquillement !),* vous obtenez l'apaisement *(compréhension de la bagarre, négociation éventuelle... et fin de la bagarre)* et vous retrouvez votre stabilité.

Figure 2.2

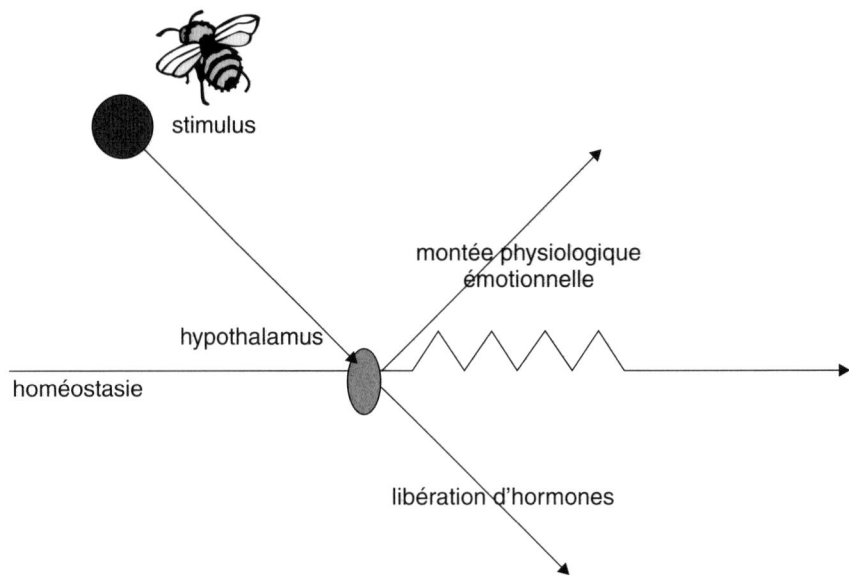

« Une attaque perturbe mon équilibre »

Le stimulus est donc un événement qui vient perturber notre homéostasie. Il génère à l'intérieur du corps différentes perturbations. Quand une émotion apparaît à l'intérieur du corps, il se crée une charge, une énergie. L'apaisement (ou homéostasie) ne sera retrouvé que quand la charge émotionnelle aura été régulée et quand les hormones associées auront été éliminées.

Le circuit émotionnel

Ainsi, le circuit émotionnel est le suivant : il y a d'abord un stimulus spécifique, puis une charge émotionnelle en lien avec ce stimulus. Peut-être, comme l'évoque Marc Wetzel, que la première étape sera celle *« d'une surprise en tant que conséquence à l'état de passivité de la conscience de la personne face à un événement »* ; une surprise, puisque l'événement survient avant même que la personne ne puisse le décoder. Ex : les cris des enfants.

Si le circuit continue à être fluide, la personne devrait ensuite avoir une sorte de conscience (« *Que m'arrive-t-il ? Que se passe-t-il ?* ») qui lui permet, en tant qu'humain développé, de ne plus réagir comme un être instinctif (primitif ?) mais en gérant les événements d'une manière appropriée pour elle. Ex. : au lieu de vous agiter et de crier, vous essayez de comprendre l'objet de la dispute, vous mettez les limites qui s'imposent et trouvez avec eux comment mettre fin aux disputes.

Cependant, je souhaite attirer votre attention sur les « contresens émotionnels » qu'évoque Boris Cyrulnic, qui peuvent exister entre les espèces ou entre les cultures. Son exemple est très parlant pour montrer comment nous interprétons les situations en fonction de ce que nous avons intégré, sans nous en rendre compte :

> *« L'humain est effrayé par les serpents, alors que les abeilles butineuses évoquent, pour lui, le travail et la société bien organisée ; pourtant, en France, chaque année, les abeilles tuent une quarantaine personnes et provoquent des milliers de réactions allergiques parfois graves... Ainsi nous n'échappons pas aux pressions de notre milieu. Un stimulus déclenche une émotion parce qu'il évoque une sorte d'empreinte. C'est ce stimulus perçu qui déclenche une émotion analogue à un événement, ou une situation, qui a précédemment marqué le développement de la personne ».*

Nous avons donc tous intérêt à remettre en question nos modes de réaction si nous ne voulons pas continuer à fonctionner comme des « êtres programmés culturellement »...

L'émotion étant une réponse biochimique à un stimulus extérieur ou intérieur, elle crée une charge : c'est une énergie qui ne s'en va pas seule, elle cherche à se décharger.

Observons dans un premier temps ce qui se passe chez le petit enfant. Lui, au contact d'une émotion, il ne se pose pas de question, il opère une mise en actes, qui correspond pour lui à la décharge.

Figure 2.3

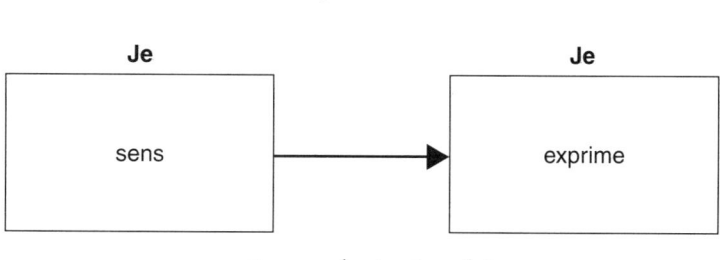

« Ça marche tout seul ! »

Pour Fanita English, si, au départ, l'enfant répond de manière spontanée (« il ressent - il exprime »), plus tard son entourage va avoir un rôle éducatif de grande importance : apprendre à l'enfant à nommer ce qu'il ressent, à « penser dessus » : Ex : « Si tu tapes des pieds, c'est que tu es en colère », « Si tu pleures, c'est que tu es triste ».

Figure 2.4

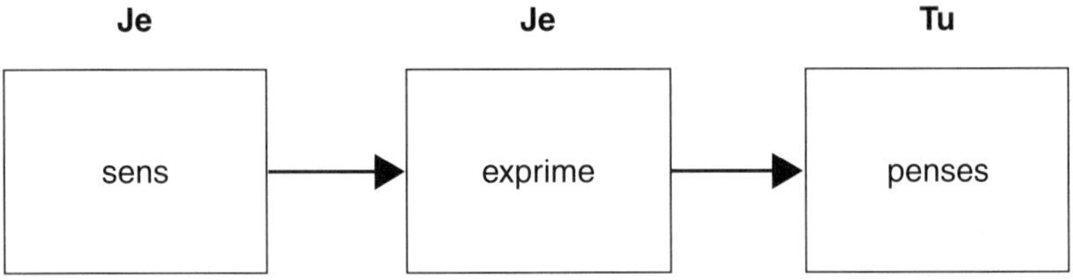

Je	Je	Tu
sens	→ exprime	→ penses

« Les parents mettent les mots pour le dire »

De l'émotion authentique à l'émotion *racket*

Si l'enfant casse une poupée, il pleure, il ne réfléchit pas ; tout simplement il pleure parce qu'il « a perdu une chose à laquelle il était attaché » et la tristesse est naturelle à cet instant-là pour lui, car cohérente avec l'interprétation qu'il fait de la situation. Et c'est son entourage qui va lui apprendre le nom de l'émotion qu'il ressent et qu'il exprime. Si, en revanche, quand il pleure, l'entourage lui dit, par exemple : *« Si tu es comme ça, c'est que tu es fatigué »,* au bout d'un certain nombre de fois, l'enfant associera ce qu'il ressent (de la tristesse à l'origine) à de la fatigue. Et cette interprétation erronée de la réalité aura pour résultat que l'émotion naturelle sera transformée en sentiment de substitution appelé en Analyse Transactionnelle le « *racket* ». L'hypothalamus de chacun s'adapte au fil du temps en tenant compte des paramètres éducatifs et culturels dans lesquels nous sommes élevés. Ainsi son comportement va changer : tel enfant n'exprimera plus sa tristesse mais prendra le comportement d'une personne fatiguée, tel autre montrera de la colère quand il aura peur… Ce processus s'opère avant 6 ans, avant que l'enfant soit en mesure d'avoir ses propres interprétations.

Cela signifie pour la personne, que l'instinct de départ, de nature saine, a été trafiqué à un moment donné, au niveau de l'interprétation du stimulus par l'hypothalamus. Cela peut aller, pour une grande personne, jusqu'à oublier définitivement tout sentiment de tristesse (« *Moi, la tristesse ? Cela fait des années que je n'en ai pas ressentie !* »).

Figure 2.5

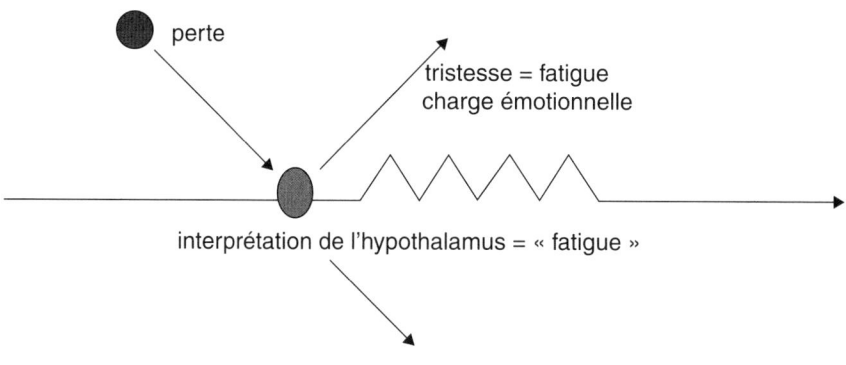

« *Mes circuits naturels sont perturbés* »

Il lui faudra l'intervention de sa conscience, sur l'ensemble du processus, pour remettre les choses au bon endroit. En effet, c'est au fur et à mesure où il grandit, que l'enfant est capable de comprendre qu'on lui a dit des choses erronées ou qu'il a fait, de lui-même, des interprétations.

Imaginez…

Soit un papa qui a promis à son petit garçon de l'emmener à la piscine samedi prochain. Pour des raisons indépendantes de sa volonté (grève des trains, obligations professionnelles…), le papa ne peut pas tenir sa promesse. Le petit garçon peut ressentir :

1. La colère : « *Je suis en colère ! Papa n'est pas gentil ! Il m'avait promis ! c'est pas juste !* »

2. La tristesse : « *Papa ne m'aime pas, puisqu'il a dit qu'il m'emmènerait à la piscine et qu'il ne le fait pas* ».

L'enfant essaye de comprendre ce qui se passe, il fait des essais d'interprétation et les raisons objectives du manquement à la promesse n'ont aucun sens pour lui. Peut-être même que le papa est très malheureux de ne pas pouvoir tenir son engagement ; en tout cas, pour le petit garçon le circuit peut être le suivant (figure 2.6).

Figure 2.6

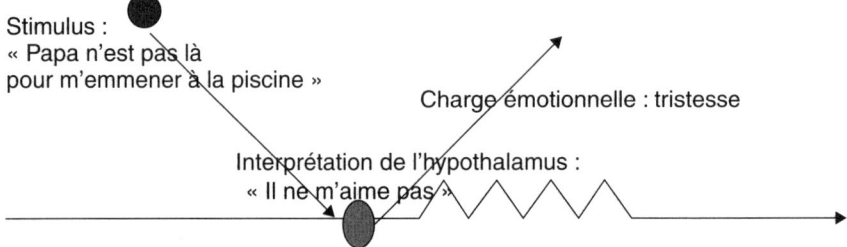

« Je suis trop petit pour interpréter correctement la réalité »

L'émotion chargée est directement en lien avec l'interprétation faite par l'hypothalamus de l'enfant, mais dans ce cas-là cette interprétation est fausse. Si l'enfant a quatre ans et qu'il se trompe d'interprétation, ce n'est pas grave, il est encore instinctif, il ne comprend pas les grèves de train. Son entourage peut alors accueillir sa tristesse, le consoler et lui dire : *« ce n'est pas vrai que papa ne t'aime pas, il t'aime beaucoup au contraire, et tu sais, ce serait normal d'être en colère contre papa puisqu'il ne t'a pas donné ce qu'il avait promis »*.

Observons à présent ce qui se passe à l'âge adulte.

Si l'enfant n'est pas encouragé à exprimer sa colère quand il voit que son père ne tient pas ses promesses – colère qui est authentique pour lui dans la situation – ou si l'enfant n'a pas la rectification de l'interprétation de son hypothalamus (*« tu n'as pas besoin d'être triste puisque papa t'aime toujours »*), le risque pour lui, plus tard, est qu'à chaque fois que quelqu'un est en retard ou ne respecte pas ses promesses, il éprouve de la tristesse, une tristesse qui le renvoie à la tristesse initiale non gérée.

À la longue, le processus va produire un racket et venir confirmer et renforcer une croyance : « je suis quelqu'un qu'on oublie dans son coin, je suis quelqu'un qui n'a aucune importance pour les autres ».

Le problème à résoudre pour la personne est de comprendre que ce qu'elle exprime à l'extérieur ne correspond pas à ce qu'elle ressent (ou devrait ressentir) à l'intérieur et que, de ce fait, elle n'obtient pas de l'environnement ce dont elle a besoin :

✓ *« Si je suis fatigué, j'ai besoin d'aller dormir »*, mais dans l'exemple de la poupée cassée, dormir n'est pas résolutoire…

✓ *« Si je suis triste, j'ai besoin d'être consolé »*, mais dans l'exemple du papa qui ne tient pas sa promesse, consoler en assurant qu'on aime toujours l'enfant n'apporte pas le même résultat que si la colère avait pu être exprimée et que le Papa l'avait respectée avec compréhension.

Toute personne adulte pourrait se demander le sens de ce qui lui arrive. La mise en actes correspond-elle à une réponse en adéquation au stimulus de départ ? Car dans le cas contraire, la décharge émotionnelle ne sera pas appropriée. Tout au plus nous laissera-t-elle un sentiment provisoire de soulagement, mais elle ne sera pas résolutoire. Une expression émotionnelle appropriée transforme le stimulus d'origine, stopper son effet. Souvenez-vous du bouton qui suit la piqûre de guêpe… Toute émotion exprimée doit nous permettre d'obtenir une réponse de l'environnement et donc un apaisement. Les personnes qui gardent leurs émotions à l'intérieur, qui les transforment en *racket* ou qui les expriment seuls, cachés, n'ont pas la réponse adéquate de l'environnement à leur émotion. Ils ne trouvent pas la paix, la stabilité. Pleurer tout seul, ce n'est pas mauvais en soi, mais ce n'est pas réparateur.

Les réponses adaptées de l'environnement

Voici quelques premiers repères sur lesquels nous reviendrons ultérieurement :

✓ La joie nécessite d'être partagée (sinon, impossible de vivre cette joie !).
✓ La tristesse nécessite d'être consolée (sinon, que c'est triste d'être seul !).
✓ La peur nécessite d'être rassurée (sinon, il est impossible de se calmer).
✓ La colère nécessite d'être entendue (sinon, elle décuple !).

Nous voyons ainsi l'importance de l'environnement sur la gestion de nos émotions : l'humain qui ressent une émotion a besoin d'un autre humain pour retrouver l'apaisement, à nous donc de développer nos talents pour être à l'écoute des émotions d'autrui !

Les défaillances du système émotionnel

Elles concernent les « endroits » où le système dysfonctionne.

Émotions et Méconnaissances

> « La Méconnaissance est une omission inconsciente d'une information utile à la résolution d'un problème »
>
> « La personne qui pratique la Méconnaissance, croit et agit comme si elle croyait que ses sentiments, à propos de ce que quelqu'un a dit, a fait ou a ressenti, sont plus significatifs que ce que la personne a réellement dit, fait ou ressenti »[1]

Il s'agit d'un mécanisme inconscient que met en place la personne qui fait que celle-ci transforme tout ou partie de la réalité. Il y a, par exemple, des personnes qui méconnaissent le stimulus, ils ne le « remarquent » pas. Il y en a d'autres qui ont une charge émotionnelle, mais qui ne savent pas ce qu'elle veut dire, qui ne savent pas l'interpréter.

Tant que la personne fait des Méconnaissances, elle ne dispose pas de toutes ses compétences pour gérer au mieux ses émotions.

La gestion adulte de ses émotions

> « L'État du Moi Adulte se caractérise par un ensemble autonome de sentiments, pensées et modèles de comportements, qui se révèlent appropriés à la réalité du moment : la fonction opérationnelle de l'Adulte est l'élaboration logique des données »[2]

Concernant la conscience entre le stimulus et la charge émotionnelle, l'État du Moi Adulte est très utile pour analyser logiquement les données : qu'est-ce qui fait que je ressens une émotion ? Ai-je la « bonne » charge émotionnelle par rapport au stimulus ? Pourquoi certaines personnes, quand on ne leur dit pas

---

1. Aaron et Jacqui SCHIFF, « Méconnaissance », *AAT*, vol. 1, n° 3.
2. Carlo Moïso et Michele NOVELLINO, AT- Retour aux Sources, Editions AT, 2004, p. 20.

bonjour, se sent-elles en colère, et pourquoi d'autres, dans la même situation, se sentent-elles tristes ? Chaque fois que nous rencontrons une charge émotionnelle il est intéressant de s'interroger sur le stimulus qui a généré l'émotion et de l'analyser. Car il y a des cohérences émotionnelles qui nous permettent de vérifier si nous ne nous trompons pas de charge émotionnelle.

Et quand l'émotion est là, les personnes les mettent-elles en acte de belle manière, ou en tout cas d'une manière qui leur permet de retrouver la paix ? Si quelqu'un est en colère et part en claquant la porte, son attitude ne lui permet pas d'obtenir de nous l'écoute et la compréhension. Si quelqu'un pleure tout seul, je ne peux pas lui apporter la consolation. Si j'ai eu un succès et que je le célèbre seul en haut d'une montagne avec mon verre de champagne, c'est sympa, mais ce n'est pas une bonne méthode pour partager ! De ces différentes manières les personnes n'arrivent jamais à vivre l'émotion et à aller au bout, au bout du chemin de l'émotion et à obtenir la satisfaction liée à la résolution de l'émotion.

À l'âge adulte, les personnes peuvent ET exprimer, ET expliquer à l'autre ce dont elles ont besoin pour que cela fonctionne. Les adultes sont assez grands pour dire ce qu'ils ressentent, pour poser le décor, pour traverser une émotion avec l'autre en la mettant en actes et en obtenant ce qu'ils veulent obtenir comme réponse.

> Une personne adulte peut très bien dire à une autre, par exemple : « *Je vis beaucoup de peur en ce moment, donc est-ce que tu es d'accord pour que j'en parle avec toi ? Je voudrais arriver à te les dire, ça ne m'est pas facile, donc, est-ce que tu veux bien me laisser du temps pour te le dire, et puis quand je t'aurai dit les trucs dont j'ai peur, je voudrais chercher des options, mais je ne veux pas que tu me les imposes, je veux que tu m'aides à les trouver, mais que ce soit vraiment moi qui les trouve...* »

Et, à la fin du processus, la personne en face apporte une réponse adéquate, réparatrice, apaisante, au contraire du *racket* qui génère, certes, une réponse, mais non adéquate.

> **RAPPELEZ-VOUS**
>
> Si je veux accompagner les émotions des autres, il faut que je comprenne les mécanismes naturels, physiologiques et adaptatifs. Il y a des choses qu'on peut contrôler, et des choses sur lesquelles on ne peut pas exercer de contrôle.

LE CIRCUIT PHYSIOLOGIQUE DES ÉMOTIONS

Lorsqu'il y a une charge émotionnelle, deux choses se passent en même temps : la charge émotionnelle et simultanément, une libération d'hormones dans le corps.

La libération d'hormones

Comme nous l'avons précédemment évoqué, la libération d'hormones dans le corps est en lien direct avec l'émotion qui est ressentie. Les problèmes vont apparaître chez certaines personnes quand celles-ci en ont perdu la fluidité naturelle. C'est ce qui arrive quand quelqu'un leur a « trafiqué leur circuit naturel ».

Exemple
Un petit enfant « rêvasse » ; il est tranquille, il ne fait rien de spécial. En fait il est en train de faire quelque chose pour son bien être : rêver ! Si nous l'en empêchons (*« Ne reste pas ainsi à rêvasser ! Fais donc quelque chose d'utile ! »*), nous brisons une expression spontanée. De même, à celui qui demande un câlin pour répondre à un besoin de contact et à qui l'on dit *« Oh ! Arrête de me coller ! »*, à chaque fois nous « trafiquons son circuit » et peu à peu, l'enfant va en oublier le chemin naturel.

Ainsi, à l'âge adulte, quand des personnes qui ont besoin de mettre à l'extérieur ce qui est lié à la montée d'adrénaline, ont pour des raisons liées à l'éducation qu'ils ont reçue un interdit à utiliser ce mode d'expression, ils vont se faire masser, prendre une séance d'acuponcture ou de relaxation. Même si en soi ces méthodes sont très bonnes, elles ne marchent pas pour mettre à l'extérieur de soi l'adrénaline. Ces personnes auraient d'avantage besoin de se dépenser, de sortir l'énergie de leur corps : aller courir, faire du roller, du tennis, sauter, danser, etc.

D'autres, qui sont sujets à une émotion davantage liée à la tristesse ou à la peur, ont une énergie plus « basse » : ils ont plus besoin d'un enveloppement, de quelque chose qui les remet à l'intérieur de leur corps, (nager en piscine, prendre un bain chaud, se faire masser, câliner). S'ils ne trouvent pas un moyen de s'occuper de cette énergie, les hormones restent à l'intérieur de leur corps et mettent beaucoup de temps à s'éliminer, ce qui ne leur permet pas de retrouver leur homéostasie.

Figure 2.7

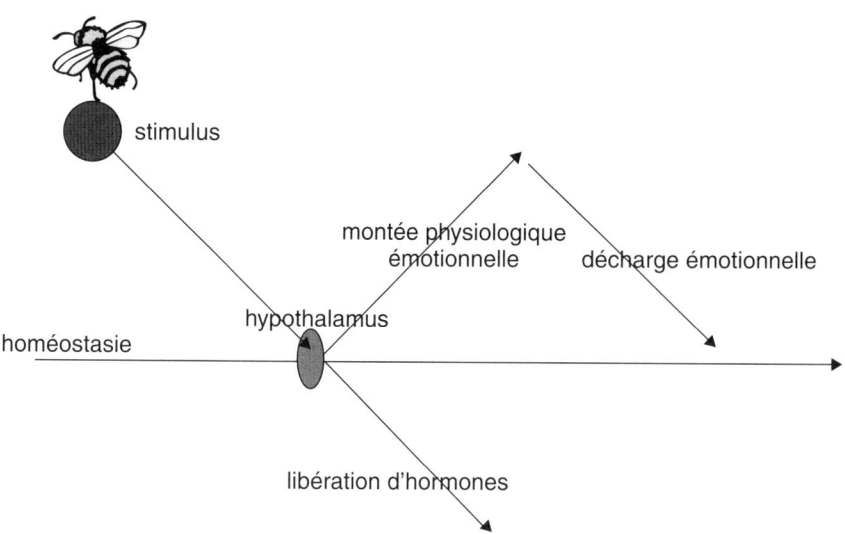

« Agir pour retrouver la paix »

L'énergie libérée par les quatre émotions

Je vais illustrer mes propos en relatant des situations réelles auxquelles j'ai assisté et qui concernent des enfants ou adolescents. J'ai beaucoup appris à leur contact et je vous suggère d'en faire autant car ils nous rappellent ce que nous avons peut-être oublié : notre fluidité émotionnelle.

L'énergie de la colère

Si la personne est en **colère**, elle a une force décuplée. La colère crée une tension dans la gorge, les membres supérieurs et inférieurs, l'estomac, la mâchoire, les yeux et le bas du dos. C'est comme si la colère était impatiente de sortir, voulait s'étendre, donner des coups de pieds, des coups de poings, mordre... Si vous la retenez, elle ne part pas et reste à l'intérieur de vous jusqu'à se décharger d'une manière ou d'une autre, jusqu'à ce que vous explosiez. En effet, elle ne se décharge ni par la pensée ni intellectuellement : elle s'exprime par une décharge physique, verbale ou autre. Si elle reste en interne, elle cause des problèmes physiques à la personne qui ne l'exprime pas, des migraines, des douleurs dans le dos...

Imaginez...
Une adolescente de quatorze ans rentre du collège – la maman est dans la salle de séjour –, claque violemment la porte d'entrée, balance son cartable dans le couloir, les chaussures valsent à gauche et à droite, le tout agrémenté d'un « J'en ai marre ! Il fait c... r ! C'est pas possible une chose pareille !... etc. »
Si la maman commence par dire : « *Ma chérie, calme-toi ! Pourquoi te mets-tu dans un état pareil !* »
La réponse assurée sera « *Mais je suis calme ! Et puis, toi aussi, arrête de m'emm....r !* »... Et l'adolescente ira s'enfermer violemment dans sa chambre.

La colère est importante

Les personnes ne savent pas toujours qu'il est normal d'être en colère. Pourtant, la colère vous aide à créer de l'énergie pour résoudre vos problèmes et à faire prendre conscience à vous-même et aux autres de ce dont vous avez besoin. Souvenez-vous de Bébé qui a faim et qui pleure pour se faire entendre. Si vous tardez à répondre, il entre dans une profonde colère. La colère est directement connectée aux besoins. Les personnes jamais en colère ne sont plus vraiment en contact avec leurs besoins et désirs profonds.

Illustration
Si la maman commence par dire : « *Je vois que tu es très en colère, raconte-moi, ça a l'air important* », il y a des chances que l'adolescente raconte : « *Tu ne te rends pas compte ! C'est au sujet de Roberto ! J'en ai vraiment marre !* »
La maman. – *Tu m'as toujours dit que Roberto n'était pas ton copain, qu'est-ce qu'il se passe avec lui, qui te mette si en colère ?*
L'adolescente. – *Mais ce n'est pas une raison pour que le prof d'histoire le traite de « portos » !*

La maman. – *Ah ! je comprends !*
S'en est suivi une explication plus calme de la situation et une recherche d'options pour faire savoir au directeur du collège que les propos racistes de ce professeur étaient inacceptables et obtenir une confrontation pour que ce monsieur présente ses excuses à l'élève devant la classe.
C'est le fait d'avoir été « entendue » qui a apporté l'apaisement à l'adolescente.

L'énergie de la tristesse

Si la personne est **triste**, elle sent cette tristesse dans les yeux et dans la gorge. Cela part des viscères vers le plexus puis au cœur et pour certains vers le dos. Il y a une sorte de pression à la gorge et les larmes aident à décharger. La tristesse refoulée peut affecter le système immunologique et l'affaiblir, d'où l'expression populaire « je me ronge les sangs ». Si la personne pleure « pour de vrai » il y a de l'adrénaline dans ses larmes. Si elle « pleurniche » il n'y a rien dans ses larmes.

Imaginez…
Il est l'heure pour une petite fille de cinq ans d'aller se coucher – elle aime beaucoup sa baby-sitter Nathalie et celle-ci vient de partir – la petite fille pleure et la maman s'inquiète qu'elle ne puisse pas dormir paisiblement – plus la maman lui explique que Nathalie reviendra demain, qu'il faut qu'elle arrête de pleurer… plus la petite fille pleure…

La tristesse est importante

Les personnes ne savent pas forcément qu'il est important pour chacun de gérer une tristesse et que ce n'est que si nous disons un réel au revoir à ce que l'on a perdu qu'il peut y avoir un nouvel attachement possible. La tristesse est ainsi d'une grande importante pour gérer la séparation.

Illustration
La maman dit gentiment : *« Ma chérie, arrête ! »*
La petite fille s'arrête aussitôt de pleurer, regarde sa maman bien en face et dit : *« Mais… j'ai pas fini de pleurer ! ? »*
La maman s'assied par terre, stoppe net et se rend disponible : *« Ah ! Pardon !… »*
La petite fille se remet à pleurer, cette fois-ci bien profondément, puis monte dans son lit, accepte le câlin de sa maman et s'endort paisiblement.

L'énergie de la peur

Si la personne a **peur** elle se prépare à la fuite, tous les sens en éveil. Mais même cachée au fond de son lit, parfois la peur demeure et s'exprime par des rêves et des cauchemars. Il se peut que la personne crie. C'est de cette manière qu'elle décharge une partie de cette peur. La personne peut aussi s'immobiliser (comme dans le cas du trac) et dans ce cas-là elle se « fige ». Si on peut dire que la colère sort, la peur, elle, rentre dans les viscères et tire notre énergie : les bouts des doigts et des pieds sont alors froids.

Illustration
Imaginez la scène suivante : je suis en vacances en famille, au bord de la mer, bien installée sur des rochers à contempler le paysage. Tout d'un coup : un grand cri, qui fait froid dans le dos, puis un bruit mat. Un garçon de 8 ans vient de tomber du haut des rochers et est resté accroché sans bouger à mi-hauteur dans un endroit dangereux. L'un de nous court chercher un médecin ou les pompiers. J'escalade les rochers pour ne pas le laisser seul et m'assurer qu'il ne tombera pas. Il est littéralement pétrifié. Je regarde rapidement s'il est blessé : il n'a rien de cassé. Je lui demande s'il est prêt à escalader avec moi les deux mètres qui nous séparent de la route, il n'arrive même pas à me parler tellement il est terrifié.

La peur est importante

Les personnes ont parfois du mal à « regarder la peur en face ». Pourtant celle-ci nous informe des dangers, réels ou imaginaires. Il y a dans le corps une élimination d'hormones qui sont directement liées à la peur et qui font que la personne transpire, qu'elle est moite « Ça sort de la peau » comme on dit et les animaux le sentent très bien au contact de l'homme. La peur nous aide à anticiper le danger et à réagir. Elle a ainsi une sorte de fonction de protection de l'espèce.

Illustration
J'entoure l'enfant de mon corps et, petit à petit, l'installe contre moi, en prenant ses bras et ses jambes pour qu'il s'accroche à moi comme un petit animal. Il me serre très fort. Une fois bien installés tous les deux, je lui dis, doucement, puis de plus en plus fort : « *Tu as peur ?* »… « *Tu as peur ?* »… « *Tu as peur ?* »… Ce n'est qu'à la troisième ou quatrième fois qu'il a réagi : « *J'ai peur !… J'ai peur !… J'ai peur !…* » Il hurlait sa peur, transpirait sa peur et je le serrai très fort. Au bout d'un moment il s'est apaisé, ses muscles sont

devenus moins durs et il n'a plus crié, il poussait de grands soupirs bien profonds. « *Tu veux remonter avec moi maintenant ?* »
Nous sommes remontés précautionneusement, puis le médecin est arrivé lorsque nous étions tranquillement installés sur le chemin. Cet enfant n'a rien eu au niveau physique, en dehors de quelques éraflures, seulement une très grande peur, et donc une grande fatigue a suivi.

L'énergie de la joie

Si la personne est dans la **joie,** elle a une sensation de chaleur dans tout le corps, des palpitations, une grande énergie. Elle ressent le besoin d'exprimer cette énergie à l'extérieur, de chanter, de crier, de sauter dans les bras, de toucher et d'être touchée. C'est la joie qui améliore le système hormonal.

Illustration
Un élève vient de recevoir les résultats de ses examens et rentre à la maison. Il ne dit rien en ouvrant la porte d'entrée alors que toute la famille attend, sûre de sa réussite (il y a même une bouteille de champagne au frais !)
Sa sœur fonce le retrouver, impatiente. – *Alors ?*
Lui (très calme). – *Oui, c'est bon.*
Sa sœur. – *Génial !... T'as quoi ?*
Lui (toujours aussi calme). – *Une mention.*
Joie. Tout le monde était content pour lui.

La joie est importante

Par pudeur, éducation ou autre, la personne peut ne pas savoir comment « charger » la joie. Pourtant, celle-ci doit se charger pour s'exprimer et la partager. La joie est communicative et nous relie aux autres, elle crée le lien. Cela dit, elle peut être bloquée par une autre émotion, et dans ce cas-là, elle ne peut pas se charger. Si, par exemple, vous avez du ressentiment envers quelqu'un, vous ne pouvez ressentir de la joie avec lui. Il vous faut décharger le ressentiment pour pouvoir ensuite charger la joie puis l'exprimer.

Illustration
La sœur (de plus en plus excitée). – *C'est génial !... génial !... super génial !... Tu as quoi comme mention ?*
Lui (commence à sourire). – *Mention bien !*

> La sœur l'emmène alors dans une danse, saute, crie, rit, l'embrasse… comme si elle cherchait à lui faire ressentir de l'intérieur cette poussée d'énergie communicative.
> Il lui a fallu du temps pour ressentir cette joie et l'excitation qui va avec. Il a fini par rire et danser lui aussi. On a sorti le champagne et il a pu nous raconter moult détails pour étayer sa joie. Tout le monde était content pour lui.

Ainsi, nous voyons combien les hormones sont en lien direct avec les émotions et qu'elles sont à leur service. Et vice versa, les deux vont ensemble.

Éliminer les hormones et décharger les émotions

Parfois nous ne savons plus quoi faire de la charge émotionnelle pure et à d'autres moments, nous ne savons plus éliminer les hormones. Je vais commencer par évoquer ce qui concerne les hormones. Pour une gestion harmonieuse des émotions, il est nécessaire de développer la prise en compte du niveau physiologique de l'émotion, parallèlement au niveau psychologique. Si je ne m'occupe que de l'expression des émotions, je méconnais une part du choc physiologique sur la personne. Si nous voulons gérer une forme d'équilibre physique, nous avons intérêt à nous donner un espace pour gérer nos hormones.

Pour retrouver mon homéostasie, j'ai donc deux choses à faire. Tout d'abord éliminer les hormones, sinon je me « ronge les sangs » comme on dit : je ne dors plus, je grossis, je maigris, j'attrape des maladies de peau, j'ai mal à l'estomac, j'ai mal dans le dos, j'ai mal aux pieds, j'ai mal au nez, j'ai des migraines, enfin, le corps de chacun va réagir… Alors, je dois éliminer ces hormones pour que mon homéostasie physique se rétablisse et je dois décharger les émotions. Notre drame de vie, c'est que nous ne sommes plus à l'époque de Cro-Magnon…. En effet, à l'époque de Cro-Magnon, on ne se posait pas toutes ces questions, nous n'étions pas des êtres socialisés, nous pouvions taper sur les autres, piquer des colères, faire tout ce que nous voulions, tout ce que nous sentions, instinctivement.

Si un chef de groupe venait voler la femme d'un autre chef, celui-ci ne s'embarrassait pas de protocoles : il avait une énergie décuplée par sa colère, il pouvait courir 20 kilomètres pour retrouver son rival, lui taper avec son gourdin sur la tête, récupérer sa femme - que celle-ci soit d'accord ou pas - et la ramener en la portant sur son dos. Il avait ressenti, agit, dépensé son énergie pour régler son problème et apaisé sa colère en retrouvant « son bien ».

Puis nous avons appris à être des gens socialisés et… nous avons perdu les usages instinctifs ! Nous avons, bien sûr eu notre époque où « jeter le gant » pour organiser un combat au petit matin était la procédure à mettre en place suite à un affront, mais tout ceci est fini maintenant ! Cro-Magnon pouvait taper avec son gourdin et ainsi se libérer des hormones. Le gourdin d'aujourd'hui n'a pas les mêmes effets thérapeutiques sur le corps : on envoie son avocat pour porter plainte pour insultes et obtenir réparation. Et… nos hormones sont toujours là, à notre service. Dans certaines cultures, il existe encore les pleureuses par exemple, elles ont une fonction d'homéostasie ; et pour tous ceux qui ne savent plus pleurer remercions-les ! Des choses comme ça existent encore dans certaines cultures.

Chez nous, nous organisons des fêtes pour les mariages par exemple, les promotions, les anniversaires… soi-disant parce que c'est là où il faut danser et chanter puisque nous sommes tous dans la joie un jour de mariage, n'est-ce pas !

Par contre, pour éliminer la peur, peu de choses sont organisées socialement à ma connaissance… peut-être que les sports à haut risque servent-ils indirectement à cela ? La peur serait-elle honteuse ?

Adrénaline et cortisol : shoot et goutte-à-goutte hormonal

Avec tous ces rites, nous libérons des hormones : l'adrénaline, comme un shoot et le cortisol, comme un goutte-à-goutte hormonal. Regardez l'effet que cela vous fait quand on vous annonce une bonne nouvelle : quel shoot phénoménal ! Vous en parlez à gauche et à droite avec moult conviction. De même si vous vous faites insulter. Autour de vous on explose de joie ou de colère. Votre environnement est au courant de ce qui vous arrive, vous l'inondez de votre énergie. La joie et la colère libèrent donc de l'adrénaline. Par contre, nous mettons du temps à rentrer profondément dans le chagrin et une fois le chagrin contacté, il dure, il peut durer longtemps… La peur également est une espèce de mécanisme d'angoisse, diffus, qui dure. On n'est pas rassuré d'une minute à l'autre, il faut du temps pour en sortir. Parfois, votre environnement relationnel doit développer des trésors de patience pour que l'expression de la tristesse ou de la peur aille jusqu'au bout. Le processus est plus lent et ressemble plus à un goutte-à-goutte. C'est ainsi que fonctionne le cortisol, l'hormone générée en situation de tristesse ou de peur.

Tout ceci, bien sûr, quand le mécanisme naturel fonctionne correctement.

La manifestation corporelle des émotions

Observons à présent quelle est l'attitude corporelle qui correspond à chaque émotion. Je vous invite à observer ce que les petits enfants font naturellement (les jardins publics sont un excellent lieu d'observation !), ou certains adultes, quand leur naturel a été préservé. Dans la joie et la colère, l'expression est tournée vers l'extérieur, comme si elle cherchait à vous impliquer dans son énergie, vous faire réagir. Alors que pour la tristesse et la peur, il y a un certain repli sur soi, la personne le fait comme si elle avait besoin de se sentir proche de quelqu'un, enveloppé. Ceci dépend du niveau d'énergie interne lié à l'hormone spécifique : la joie et la colère, c'est l'adrénaline, et la tristesse et la peur, c'est le cortisol, elles n'ont pas les mêmes fonctions.

Mais dans de nombreux endroits, comme nous sommes des êtres socialisés, bien élevés, nous ne déchargeons pas naturellement les émotions. Pourtant nous savons que les toxines dues à l'adrénaline et au cortisol risquent de nous rendre malade, comme une sorte de déchet physiologique. Et donc la question à se poser est : qu'avons-nous à notre service comme procédure d'expulsion acceptable socialement ? Que faisons-nous de ce paquet d'émotions chargé d'hormones ? Vous en faites quoi, vous, quand ça vous arrive ?

Gérer le niveau corporel de la colère

Comme cela ne se fait pas de dire « m.... ! » à son patron ni de lui taper dessus (comme l'aurait fait sans hésiter Cro-Magnon), quand nous sommes en colère contre lui, nous n'allons pas nous autoriser à lâcher la bride à l'expression instinctive de notre émotion en raison des risques qu'une telle expression aurait sur la suite de notre carrière professionnelle. Nous régulons alors cette émotion en raison du choc qu'elle aurait sur notre patron. Nous allons peut-être « dire » le contenu de notre colère, mais nous n'allons de ce fait opérer aucune décharge d'adrénaline.

Ex. : *« Je n'ai pas apprécié quand vous avez dit devant tout le monde que j'étais un incompétent »*

Alors, pour décharger les hormones de la colère, choisissez un lieu où cela est possible et exprimez-vous corporellement, criez, hurlez, vociférez... face à la mer démontée, c'est l'idéal ou au fin fond d'une forêt. Mais nous n'avons pas toujours ce genre d'espace à proximité, alors nous pouvons aller jouer au squash, au foot ou au tennis, et prendre la balle pour la tête de la personne contre laquelle nous sommes en colère. Une autre option : faire du footing, un footing vigoureux, où nos pieds écrasent fortement ladite tête. Bref, un sport où une décharge corporelle permet de transpirer abondamment. Fendre du bois ou taper sur un punching-ball peut aussi convenir pour ceux qui ont la chance de disposer de ces opportunités. En s'agitant de la sorte, le business man d'aujourd'hui évacue de son corps, par la transpiration, les toxines qui ont été générées par le shoot d'adrénaline. Bien sûr, je crois au bien être du yoga et de la relaxation, mais pas pour la colère. Pour ceux d'entre nous qui ont eu la chance de participer à des groupes de thérapie, la bioénergie dispose de plusieurs exercices facilitant cette expression spécifique, et assister à une décharge de colère avec une *bataka*[1] reste une expérience unique de « compréhension » de la force emmagasinée dans la colère.

Illustration
Regardez comment les petits enfants qui jouent avec leurs poupées et leurs nounours, parfois les frappent avec une telle violence que nous nous demandons où ils ont pu apprendre ça ! Nulle part, ils fonctionnent d'instinct, sans se poser de questions.

Mais l'humain adulte qui n'a pas trop l'habitude de cette méthode de décharge émotionnelle, s'il ne veut pas dysfonctionner en tapant sur son conjoint, ses enfants ou son chien - ou sur le premier qui le double en voiture - doit sortir cette énergie

---

1. Sorte de batte à long manche, recouvert de mousse, servant à taper lors d'exercices spécifiques.

de lui. S'il est informé, il a à sa disposition de nombreux modes opératoires physiques acceptables socialement.

> *Illustration*
> Un directeur de collège proposait aux élèves qui se montraient trop agressifs envers les autres, deux options de sanctions :
> – soit écrire mille fois « je ne dois pas hurler sur mes copains ni sur mes profs » ;
> – soit lancer tous les cailloux d'une pile prévue à cet effet dans un autre coin du jardin, exercice qui durait bien une demi-heure !
> Devinez l'option la plus souvent choisie par les élèves…

Gérer le niveau corporel de la peur

Il semble que, socialement, la peur n'ait pas vraiment droit de cité, comme si elle engendrait de la peur chez ceux qui assistent à cette expression (« *Mais non, calme-toi, ce n'est pas grave ! Pourquoi tu t'inquiètes ? ! Cela ne se fait pas de dire sa peur en public* »). Notre ami Cro-Magnon aurait hurlé ou couru se cacher dans un endroit sûr, mais aujourd'hui, nous gardons cette émotion à l'intérieur, nous tentons de la ravaler. Nous n'allons pas nous autoriser à lâcher la bride à l'expression de cette émotion en raison des risques de moquerie ou de dévalorisation que nous encourrons (« *Poule mouillée va ! Tu n'as pas honte !* »). Nous dirons peut-être pudiquement « *Je suis un peu inquiet* », mais nous n'opérerons alors aucune décharge d'hormones.

Pour décharger les hormones de la peur, surtout si elle est la conséquence d'un choc violent (agression par exemple), exprimez-vous corporellement comme pour la colère : criez, hurlez… sortez cette peur par les cris. Mais il s'agit d'être accompagné. En effet, la peur fait peur et la présence de l'autre rassure et permet ainsi d'aller au bout.

Et s'il s'agit d'une peur plus étalée dans le temps, comme l'anticipation d'un drame ou d'une souffrance, là aussi la présence de quelqu'un est nécessaire pour « oser entrer dedans ». La personne a besoin de « souffler sa peur à l'extérieur », un massage, de chaudes douceurs (se lover sous une couette ?), des caresses permettent de lâcher les tensions, de trembler sans peur et de recréer ainsi une sorte d'enveloppement corporel. Mais, une fois de plus, l'humain manifeste beaucoup de pudeur, et s'il ne veut pas dysfonctionner en attrapant un ulcère ou tout autre dysfonctionnement physique, il devra dépasser ses résistances... Certains professionnels sont très utiles à rencontrer car leurs mains savent aider à lâcher les tensions : masseurs, kinésithérapeutes, ostéopathes, etc.

Gérer le niveau corporel de la tristesse

La tristesse est acceptée lors des deuils, mais dans le monde du travail ou en présence « d'étrangers à la famille », il nous est demandé de garder la tristesse pour nous, de manifester une certaine retenue. Peut-être les femmes sont-elles d'avantage autorisées, dans notre culture, à exprimer la tristesse, mais dans une certaine mesure...

Nous acceptons la tristesse à condition que la personne s'isole, nous évite le contact avec ce qui vraisemblablement nous toucherait trop. Nous risquons donc de ne pas nous autoriser vraiment à lâcher la bride à l'expression de cette émotion. Personne n'aime rester près de quelqu'un qui est triste : ça ne remonte pas vraiment le moral ! Alors, nous dirons peut-être que nous sommes un peu triste ou « déçu » mais sans nous occuper du niveau physiologique. (« *Comment as-tu réagi quand tu as su ce matin qu'untel était mort brutalement ? moi, ça m'a touché* »).

Alors, pour décharger les hormones liées à la tristesse, exprimez-vous au plus profond de votre tristesse, pleurez, allez jusqu'aux sanglots, sans vous occuper de la tête que vous faites à ce moment-là, ni de votre nez qui coule. Souvenez-vous des enfants, ils ne s'en soucient guère eux...

Exemple
Un homme m'a raconté que, lorsqu'il allait nager à la piscine, il en profitait, si besoin était, pour pleurer en toute tranquillité, puisqu'en piscine, tout le monde a les yeux humides et peut sortir avec les yeux rouges...
En s'exprimant de la sorte, cet homme évacue par ses yeux les toxines emmagasinées.

Pour ceux pour qui la piscine ne semble pas une bonne option, vous pouvez aussi vous installer sous une couette (toujours cette idée d'enveloppement – l'eau faisant aussi office d'enveloppement) et sangloter en toute tranquillité. Et si vous craignez que « ça ne s'arrête jamais », prévoyez de faire sonner un réveil quinze minutes après pour vous rassurer, puis sautez sous une douche et allez vous promener ! Après un peu d'entraînement, vous en savourerez le bénéfice. Bien sûr, vous disposez aussi de l'option de massages et dans ce cas-là, choisissez quelqu'un qui vous laissera pleurer tout votre soûl sans intervenir d'aucune manière, voire même, qui orientera le massage vers une expression encore plus libératrice.

Gérer le niveau corporel de la joie

Aussi bizarre que cela puisse paraître, gérer les hormones consécutives à une « montée de joie en soi » semble être un problème pour certains… Souvenez-vous de mon étudiant… Notre joie dérangerait-elle ainsi nos congénères ? Une sorte de jalousie peut-être ? Ou bien une certaine éducation : *« Un peu de retenue, s'il vous plaît ! »*. Dire *« Je suis super content ! »* à son collègue, en lui sautant au cou… vous imaginez la scène : cela ne se fait pas ou cela peut porter à interprétation. Manifester trop de joie à l'annonce d'une promotion, visiblement cela « dérange » aussi. Et dire simplement *« Je suis super content de te voir »* est une formule qui ne suffit pas à décharger nos hormones.

La joie a, elle aussi, son hormone, son shoot. Certains se rendent malades à ne pas sortir cette adrénaline et deviennent dépressifs. Alors, sans hésiter : exprimez-vous ! Et une fois de plus avec les autres, car il n'y a rien de plus triste que d'être dans la joie tout seul. Il s'agit là de s'exprimer corporellement en faisant des danses de singes, comme le font nos chers adolescents, avec beaucoup de bruit, se sauter dans les bras, se taper dans le dos, crier, chanter, rire, etc. Cette décharge corporelle permet de transpirer, de se libérer.

> RAPPELEZ-VOUS
>
> À chaque émotion son hormone.
> Si je ne m'occupe pas de l'hormone, je peux être malade.
> Libérer ses émotions, c'est bien. Libérer aussi ses hormones, c'est encore mieux.

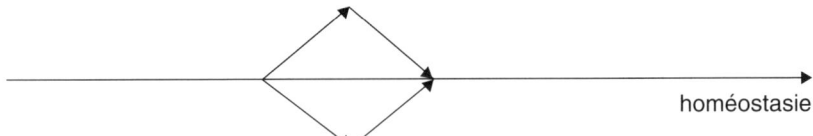

homéostasie

POURQUOI EXPRIMER SES ÉMOTIONS ?

Pour maintenir sa santé psychique

Pourquoi sortir les émotions hors de soi ? Je dirais que c'est tout simplement pour nous laisser en santé psychique. Au même titre que nous ressentons de la douleur lorsqu'on se brûle ou qu'on se coupe, les émotions nous rappellent l'existence de notre vie psychique. En effet, si la douleur nous informe d'une atteinte corporelle, l'émotion, de la même manière, nous informe d'une attaque à notre psychisme. Puisque le circuit émotionnel consiste à : charger + décharger + relaxer, si nous étions complètement coupés au niveau émotionnel, il nous manquerait une dimension au niveau psychologique. L'homme deviendrait un robot, ayant perdu sa nature d'humain, comme un objet, une chose. Et cette incapacité à exprimer ses émotions pourrait avoir des conséquences importantes pour lui.

Il est intéressant de remarquer que certaines personnes savent exprimer ce qu'elles pensent mais pas ce qu'elles ressentent. Or la réflexion est souvent une entrave à la manifestation des sentiments. Dès qu'une personne dit : *« je pense »* ou raisonne, elle n'est plus sur le registre des émotions. Son discours, souvent neutre, est plein de raisonnements, même si les événements dont la personne parle la concernent. C'est comme si la personne était « extérieure à elle-même ».

D'autres n'expriment aucune émotion, si bien que vous avez l'impression d'être en présence de quelqu'un d'impersonnel, de froid.

D'autres encore expriment leurs émotions mais pas au moment où elles les ressentent. Elles les expriment « en différé » et ne savent donc pas l'effet que leur attitude a sur les autres. Vous avez peut-être eu l'occasion de donner un cadeau à quelqu'un qui vous répond juste *« merci »* et qui pose le paquet dans un coin sans l'ouvrir. Ce n'est pas forcément parce qu'il n'est pas touché par votre geste. Il explosera peut-être de joie en découvrant votre cadeau une fois que vous serez reparti…

Certaines personnes, enfin, ont un doute sur ce qu'elles ressentent *« Je ne sais pas si je suis contente de le voir ou si je suis furieuse, je n'arrive pas à savoir ce que je dois sentir vraiment »*.

Parfois, les personnes « ne chargent pas » pendant des années, comme par exemple pour un deuil ancien non fait, peut-être par peur d'entrer en contact avec des émotions violentes. Cela peut les amener à ressentir des douleurs physiques pendant des années. Seule la libération des émotions ferait partir cette douleur, son expression somatique. En effet, lorsque l'on supprime la pression psychologique et émotionnelle, la douleur disparaît. Si la personne souhaite opérer une décharge, en se faisant accompagner, il lui faut vraiment ressentir la douleur, la tristesse, la pleurer, la sortir, « faire le deuil ». Il peut d'ailleurs s'agir d'*apprendre* à faire cela, car cela *s'apprend*. Et si nous en avons perdu l'usage, cela peut se *réapprendre*. Encore une fois, il existe des professionnels compétents pour aider, accompagner les personnes dans leur décharge émotionnelle…

Il s'agit de pouvoir communiquer librement à quelqu'un ce que l'on ressent au moment même où on le ressent et de retrouver sa spontanéité, d'être plus conscient de ses propres sentiments et plus sensible à ceux des autres.

L'énergie mal employée de la colère

Parfois, lorsque la colère est très énergétisée, nous observons certains passages à l'acte sexuels, certains abus. En effet, du fait d'une énergie dont elles ne savent pas quoi faire, certaines personnes ont des comportements sexuels inadéquats. Elles ont une telle énergie de colère qu'elles ne savent pas comment l'exprimer. La sexualité leur sert alors à décharger cette énergie. La décharge émotionnelle n'a alors aucun contenu affectif. Il peut s'agir ici d'un « *acting out*[1] » comme certaines « conduites à risque » : rouler le pied au plancher sur l'autoroute, grimper sur des rambardes pour se faire peur (et peur aux autres par la même occasion). Certaines personnes deviennent même « *addict* » de ce genre de comportement et ont besoin d'excitations de plus en plus fortes (chasseurs d'exploits, cascadeurs…).

Des thérapeutes peuvent les aider à comprendre leurs mécanismes et à dénouer les énergies « décalées ».

---

1. Passage à l'acte.

Revenir à l'homéostasie après une attaque psychique

L'émotion est donc le signal de la présence d'un stimulus dérangeant. Le stimulus perturbe l'homéostasie, c'est un signal qui perturbe. À partir du moment où je ressens le signal, je suis perturbé et mon corps va alors réagir pour me restabiliser. Le corps réagit au même titre que pour une piqûre ou une morsure, lorsque la peau se remet en ordre pour que le corps ne soit plus blessé. Le corps, a les moyens de se remettre en forme, si tant est qu'il n'a pas été trop abîmé. On assiste au même processus de défense pour les émotions. Le stimulus étant dérangeant pour l'organisme psychique, dès qu'il est perçu, je suis dérangé, et je vais me mettre en mouvement pour retrouver mon équilibre psychologique. Et lorsque je ne ressens plus les stimuli, je perds mon équilibre psychologique. C'est pourquoi les êtres humains à sentir les émotions qui les concernent et à les sortir.

Renouer avec ses émotions nécessite une Redécision

Au sujet des émotions de base, de la rage, du lien avec les *rackets* et du processus pour être en contact... je vous ai donné un petit schéma qui explique un peu ce que l'on peut faire, mais je pense que c'est de l'ordre de la Redécision : un travail personnel qui se fait en thérapie.

> « Redécision : remplacement d'une décision précoce limitante, à l'encontre de soi-même, par une nouvelle décision qui tient compte de la plénitude des ressources Adultes de la personne ».[1]

Si vous ne mettez pas en œuvre quelque chose du type : « *je veux récupérer mes émotions et les vivre* », vous n'y arriverez pas. Il faut quelque chose de l'ordre d'une décision : « *je veux me récupérer, être humain, vivant, émotionnellement ; je veux connaître mes émotions et les vivre* ». Si cette conscience n'est pas faite, ceux d'entre vous qui sont trop en distance par rapport à certaines émotions, vous n'y arriverez pas tous seuls.

---

1. Ian STEWART & Vann JOINES, *Manuel de l'AT*, InterEditions, 1991, p. 385.

Ce n'est pas un chemin intellectuel, c'est un chemin tripal. Les émotions m'appartiennent, elles sont à moi, elles font partie de mes tripes, et je veux les vivre autant que je veux penser, ou réussir dans le boulot ou je ne sais pas quoi d'autre… Ce n'est pas un mécanisme d'apprentissage par cœur. Il faut chercher à l'intérieur de soi et renouer avec quelque chose que nous avons oublié. Pas quelque chose que nous n'avons jamais eu, mais plutôt que nous avons oublié.

Et là encore, l'accompagnement d'un spécialiste sera sans doute nécessaire. Si nous avons pris certaines décisions, comme par exemple ne plus ressentir telle ou telle émotion, parce que dans notre famille elle n'avait pas droit de cité, nous nous sommes adapté à cette situation et nous avons construit une cohérence. Remettre en question cette cohérence peut être d'un côté sincèrement voulu par la personne, et de l'autre difficile à opérer car source de grande peur : « *Je sais qui je suis aujourd'hui avec mon système, je sais comment je fonctionne ; qui me dit que je serai bien, quand j'aurai lâché ce que je garde en moi depuis si longtemps ?* »

L'expression des émotions

Parfois certaines personnes évoquent le fait que, si elles se mettent à exprimer leurs émotions, elles ne pourront pas se contrôler. Peut-être ont-elles raison ou peut-être, en fait, ne ressentent-elles pas de véritables sentiments. Il serait intéressant d'échanger plus longuement avec elles pour être sûr du diagnostic.

Il existe pourtant des façons simples de communiquer n'importe quels sentiments. La première idée, c'est que leur expression doit être bien « personnelle », c'est-à-dire naturelle, elle doit nous ressembler. Nous avons à notre disposition toute une palette de signaux comportementaux illustrant notre émotion : le ton de notre voix, l'expression de notre visage, la façon de nous tenir et nos gestes ; exactement comme un « langage ». Il ne s'agit pas ici de dire ce que l'on ressent, mais d'exprimer le plus spontanément possible nos sentiments, comme nous le faisions sans doute quand nous étions un tout petit enfant.

Comprendre l'émotion pour pouvoir aider

> *Quelques idées pour rendre notre expression « naturelle »*
>
> **Essayer d'être le plus précis possible dans ses propos**, par exemple en se référant :
> – À une personne précise : « Je déteste quand tu te moques de moi » au lieu de dire « En ce moment, j'en ai marre ! »
> – À un objet « Je suis énervée quand je suis coincée dans les embouteillages » au lieu de « la vie est vraiment infernale ! »
> – À une action « J'aime beaucoup les week-ends dans la nature », plutôt que « Ça t'a plu ? »
>
> **Commencer ses phrases par « je »**, suivi de l'expression du sentiment : « J'aime ceci… », « Je suis navrée de vous avoir agacé… », « Je n'aime pas quand tu… », « Je suis en colère quand j'entends que tu… » plutôt que par tu « Tu m'énerves !… Tu m'agaces !… tu… tu… tu… »
>
> **S'exprimer simplement**, sans compliquer les paroles avec des adjectifs ou des explications inutiles, du genre « J'ai un truc à te dire, parce que tu sais, quand tu as fait ceci et cela, ça m'a rappelé qu'une fois j'ai vécu un truc similaire, et alors, je m'en suis souvenu… etc. ». Vous risquez de devenir ennuyeux, voire incompréhensible pour votre interlocuteur. Vous pouvez utiliser par exemple des phrases simples et concises : « j'ai apprécié… quand tu as… ».
>
> **Être sincère sans cacher vos sentiments** même si ce que vous avez à dire n'est pas agréable, ni à dire ni à entendre. Vous pouvez commencer vos phrases par « J'ai quelque chose à te dire, ça ne m'est pas facile, mais si tu es d'accord… »
>
> **Tenir compte de la situation** en restant juste et dans une attitude sociale acceptable, sans choquer son environnement. Choisissez le lieu (arrangez-vous pour obtenir une certaine confidentialité, sinon votre interlocuteur peut se sentir gêné par la présence d'autres personnes) et le moment (les choses importantes ne se disent pas entre deux portes ni quand vous n'avez que peu de temps et pas non plus quand votre interlocuteur est préoccupé par ailleurs, on peut très souvent différer l'expression d'une émotion).

Méthode d'exploration des problèmes

Je souhaite maintenant approfondir ici les liens entre trois éléments intimement liés : la pensée, l'émotion et l'action. Il nous est souvent difficile de savoir de quelle manière ils interagissent en nous et *a fortiori* chez les autres. Mais nous savons également que nos émotions jouent un rôle important dans le type de pensées et de croyances que nous adoptons, par exemple : « *c'est toujours moi qui prends !* ». L'action de son côté affecte considérablement la perception et l'interprétation et donc, par conséquent, l'émotion.

Attitudes pour trouver « la bonne porte »

> « *Chaque type de personnalité s'adapte sur un mode qui lui est propre… Il est plus facile de prendre contact avec le client si l'on dispose d'une vision d'ensemble et des modes d'adaptation* ».

Paul Ware[1] parle de « porte » pour entrer en contact avec les personnes en fonction de leur sensibilité :

✓ La porte de la pensée ?
✓ La porte du comportement ?
✓ La porte du sentiment ?

Premier exemple
Nos pensées influencent nos émotions : « *Je trouve que le patron n'est pas sympa avec moi quand il me fait ses remarques !* »
Hypothèse de Croyance : « *Les patrons sont toujours injustes !* »
Nos émotions orientent nos actions : « *Je suis en colère, je ne peux pas le laisser faire comme ça, je ne suis pas une lavette !* »
Notre comportement dépend de tout cela : « *Puisque c'est ça, je ne ferai que le travail facile, ce sont les autres qui prendront !* ».

Second exemple
Pensée : « *Je pense que je n'intéresse plus le patron et qu'il va vouloir se séparer de moi* ».
Hypothèse de Croyance : « *C'est toujours moi qui passe après tout le monde !* »
Émotions : « *Ça m'inquiète, je n'ose pas aller le voir de peur qu'il ne me jette* »
Comportement : « *Si je bosse comme un fou, il va peut-être comprendre que je ne suis pas nul* ».

Dans cette combinaison de portes :

---

1. Paul WARE « Types de Personnalités et Plan Thérapeutique », *AAT*, n° 28, p. 156.

Comprendre l'émotion pour pouvoir aider

✓ L'une est celle qui correspond à la porte d'Entrée : celle qui permet d'entrer en contact avec la personne.
✓ Une autre correspond à la porte Piégée : celle qui faut éviter car vous risqueriez de vous trouver englué, sans possibilité de résoudre quoi que ce soit.
✓ La dernière est la porte Visée, celle qui sera accessible une fois la porte d'Entrée passée.

> ***Exemple pour une personne Passive-Agressive***
> **La porte d'Entrée est le comportement.** Aidez-la à réaliser ce qu'elle fait.
> **La porte Piégée est la pensée.** Si vous essayez de raisonner une personne passive agressive, celle-ci vous entraîne dans une discussion stérile, elle peut réussir à vous bloquer. À la moindre tentative de prise de pouvoir sur elle, elle se déconnecte : elle a une grande habitude à réagir ainsi, comme un réflexe. Si vous adoptez une attitude abondamment nourricière avec elle, votre intervention sera bien plus efficace.
> **La porte Visée est le sentiment.** Vous observerez au début que la personne se sent mal, voire qu'elle est déprimée (certains peuvent aller jusqu'à évoquer des idées suicidaires). Ne vous laissez pas influencer par sa dureté, il s'agit plus d'une façade qu'elle se donne. Si vous voulez l'aider à pour prendre contact avec ses sentiments, utilisez votre capacité d'empathie. Vous la verrez sans doute méfiante pendant un moment, elle a tellement eu l'habitude d'être dévalorisée par les personnes qu'elle n'est pas prête tout de suite à croire en vous et en votre bienveillance. Alors… patience ! et si vous êtes doué en capacité d'humour, n'hésitez pas, elles apprécient !

L'enquête sur le stimulus

En tant que professionnel, face à notre client, nous ne sommes parfois pas sûr que l'émotion qu'il nous apporte soit la « bonne », et nous avons même intérêt à garder le doute, « à remettre en question » notre certitude. Nous pourrons ainsi réellement l'aider, là où il a en besoin, sans se tromper d'émotion. Cette remise en question lui permettra d'apprendre sur lui, de réfléchir avec vous pour commencer à regarder les événements avec une réelle ouverture sur d'autres interprétations. Vous pourrez observer combien d'ailleurs votre client sera intéressé ; nous aimons tous comprendre ce qui nous concerne, n'est-ce pas ?

Vous pourrez alors commencer à réfléchir avec lui sur le stimulus, cet élément déclencheur qui l'a amené à ressentir telle ou telle émotion : ce peut être une phrase, une attitude, un silence, une action… Et cela vous demandera une compétence de recul sur les interprétations possibles : il est en effet facile de mélanger nos propres réflexes réactionnels, face à tel ou tel stimulus, à ceux de notre client. Ensuite, vous pourrez commencer ensemble une enquête pour interpréter le stimulus, et à examiner la cohérence entre le stimulus et l'émotion choisie par votre client.

Exemple de questions à poser dans ce cas :

« Est-ce que vous savez pourquoi vous êtes en colère ? Que s'est-il passé pour que vous ressentiez de la colère ? »

« Que s'est-il passé pour que vous ayez l'air si triste en ce moment ? » « Voulez-vous chercher avec moi ? »

Application

Lorsque la personne dit : *« Je trouve que le patron n'est pas sympa avec moi quand il me fait ses remarques ! »*. Comment a-t-elle interprété ces remarques ? Il pourrait être utile de les lui faire relater, de lui demander de « rejouer la scène ». : *« Dites-moi, à moi, ce qu'il vous a dit à vous, de la même manière »*. Ceci vous permettra d'évaluer si le patron a été effectivement « odieux dans ses propos » ou bien, simplement, s'il a fait son travail. Dans ce cas-là, votre client aura à s'interroger sur sa capacité à accepter ses erreurs, ou bien à reconnaître qu'il est normal que son patron lui signale les points professionnels pour lesquels il estime que son collaborateur doit progresser. Dans l'exemple de l'adolescente[1] qui est furieuse envers son professeur d'histoire : dans ce cas-là, il apparaît clairement que ce monsieur a utilisé des propos à caractère raciste envers un élève. Le stimulus a été interprété par la jeune fille avec justesse, et heureusement que la mère a pris le temps de le comprendre, sinon, c'est elle qui pouvait interpréter la colère de sa fille comme un stimulus « d'impolitesse » par exemple !
Quant à la petite fille qui pleure, juste avant d'aller se coucher[2], il aurait été facile d'interpréter ces larmes comme « une comédie », alors qu'en fait, en écoutant vraiment cette petite fille, on entendait aisément son accent de sincérité, souvenez-vous, sa baby-sitter Nathalie venait de partir…

Cela nous demande plusieurs capacités : une bonne connaissance de toutes ces cohérences, une distance par rapport à nos propres « circuits émotionnels internes » et pas mal de bon sens humain !

---

1. Voir p. 34, la description du cas.
2. Voir p. 35, la description du cas.

L'observation sur le lien entre le stimulus et l'émotion adéquate

Comment décontaminer l'émotion de l'autre ?

Nous pouvons envisager une démarche qui aiderait à modifier l'un des trois éléments « pensée – émotion – action », s'il n'était pas positionné « juste », et cela aurait automatiquement une influence sur les deux autres.

> « *Contamination : partie du contenu des États du Moi Parent ou Enfant que la personne confond avec le contenu de l'Adulte* ».[1]
>
> « *Décontamination :*
> *Pour éliminer la Contamination de l'A par le P, il faut découvrir le fait qu'il n'est pas dangereux de ne pas être d'accord avec ses parents et actualiser le P avec les données de la réalité d'aujourd'hui*
> *Pour éliminer la Contamination de l'A par l'E, il faut découvrir que la menace originelle de l'E n'existe plus extérieurement.*
> *Ce n'est que quand l'A est décontaminé qu'il est capable d'évaluer les données de la réalité* »[2]

Il nous paraît évident que les trois éléments doivent être considérés comme indissociables pour une Décontamination réussie, sinon le changement ne sera pas complet. Nous ne devons pas oublier de laisser la place à la pensée. L'émotion est ordinairement précédée d'un événement qui affecte la personne et il semble, au premier coup d'œil, que cet événement soit responsable de l'émotion et du comportement de la personne. En effet, nous entendons souvent les expressions comme : « *Mon collègue est triste parce qu'il va être obligé de changer d'équipe* », « *Ma voisine se sent coupable parce qu'elle a refusé d'aider sa sœur à déménager* », « *Mon patron est inquiet car il n'est pas prêt pour la prochaine réunion du Comité de Direction* ».

Si nous demandons à la personne d'identifier ses émotions, elle les qualifiera de désagréables, et si nous prolongeons notre

---
1. Ian STEWART et Vann JOINES, *op. cit.*
2. Thomas HARRIS, *D'accord avec soi et avec les autres,*

échange, elle évoquera vraisemblablement des comportements souvent inadéquats pour elle.

- ✓ « Si je change d'équipe, je vais perdre l'amitié de mes collègues et je sais d'avance que, comme j'ai du mal à m'insérer dans un groupe, mes nouveaux collègues ne vont pas m'accepter » (il pense que le problème est chez lui).
- ✓ « Ma sœur va m'en vouloir à vie, je n'ose même pas l'appeler pour l'inviter pour mon anniversaire, c'est infernal de vivre dans cette famille avec toutes ces contraintes » (elle pense que le problème vient de la situation : sa famille).
- ✓ « Le comité de direction va se rendre compte que je ne suis qu'un incapable, un imposteur, je n'arrive même plus à penser correctement, pourtant ils devraient me respecter avec tout ce que je fais pour la boîte ! ». (elle pense que le problème se situe chez les autres).

Entre l'événement d'origine et l'émotion qui le suit, la personne a fait une interprétation et celle-ci détermine, en dernière analyse, l'émotion ressentie, son intensité ainsi que sa durée.

Je vais présenter ici plusieurs situations illustrant les diverses « Contaminations » possibles, même si ma liste n'est pas exhaustive !

1. Prenons le cas d'une personne qui exprime une émotion, par exemple la tristesse, et votre observation vous informe que cette émotion est **disproportionnée** par rapport au stimulus : *« Je me sens abandonné quand on ne tient pas ses promesses vis-à-vis de moi et, du coup, je suis triste »*.

Si celle-ci a la conviction que les personnes ne tiennent pas leurs promesses, elle sera triste à chaque fois que quelqu'un lui fera une promesse, si infime soit-elle, rien qu'à l'idée que celle-ci ne soit pas tenue, et dans ce cas-là, elle est en cohérence avec elle-même. Le problème vient de l'interprétation erronée de la réalité faite par son hypothalamus. Il y a en effet cohérence entre la conviction de l'interprétation du stimulus pour la personne et l'émotion exprimée : la tristesse de se sentir abandonnée, oubliée. Pourtant, si quelqu'un « oublie sa promesse » ou « ne peut pas l'honorer tout de suite », cela ne veut pas dire forcément qu'elle

« abandonne » la personne. Donc, si, une fois la première émotion de tristesse passée, la personne continue encore et encore à être triste, elle a une tristesse « disproportionnée ». Alors, quand un accompagnant écoute quelqu'un qui évoque ou montre une émotion, le travail consiste à analyser si l'émotion est adaptée au niveau du stimulus.

Illustration
Si la promesse était d'être ensemble et que la personne, dans la réalité, ne vient pas, il y aura de la tristesse (absence, sentiment d'abandon). Le professionnel, en face, peut se dire : *« Elle a raison d'être triste si elle interprète la situation comme une situation d'abandon »*. Notre travail consistera alors à remettre en question l'interprétation du stimulus faite par la personne, et éventuellement d'apporter des éléments de la réalité pour relativiser l'impact émotionnel : *« Y avait-il quelque chose d'exceptionnel ? Une grève ? Pas d'avions peut-être ? Pourquoi souffres-tu autant ? »*. Il s'agit d'évaluer avec elle si sa tristesse est uniquement liée à l'ici et maintenant, ou bien si elle en « profite » pour amener des tristesses anciennes dans la situation d'aujourd'hui.

2. Dans une autre situation où la personne n'exprime aucune émotion mais fait montre d'un **comportement inadéquat**, nous pouvons lui dire que, peut-être, la cause de son comportement fait suite à un stimulus particulier pour lequel elle n'a pas pris le temps de s'arrêter. Par exemple, elle se plaint dans ses échanges avec vous, d'une fatigue qu'elle n'arrive pas à stopper. Une fois encore, vous allez jouer le rôle de l'enquêteur : *« Que vous est-il arrivé ces derniers jours ? Y a-t-il eu des incidents relationnels que vous avez choisi d'ignorer ?* Ainsi, nous induisons le doute dans son esprit, une sorte de remise en question qui peut l'intéresser. Elle peut se mettre à réfléchir et à accepter cette nouvelle hypothèse. C'est d'ailleurs intéressant d'observer combien les personnes sont intéressées à réfléchir à ce qui les concerne au niveau émotionnel ! Souvenez-vous de l'enfant qui était triste et à qui les parents voulaient faire croire qu'il pleurait « parce qu'il était fatigué », et s'il s'agissait d'une personne qui avait reçu le même apprentissage erroné ? Si tel était le cas, elle aurait perdu le mode opératoire de « comment réagit-on quand on est triste ? », voire même « elle ne sait même pas que dormir ne calme pas la tristesse ». Vous aurez sans doute à lui réapprendre le chemin et comment réapprend-on à quelqu'un à marcher ? à petits pas… doucement.

Dans certains cas, il peut être difficile de convaincre une personne que son comportement est inadéquat.

Illustration
Prenons l'exemple de quelqu'un qui se montre fort agressif avec ses collègues, sans raison apparente puisqu'il ne se plaint d'aucune insulte ou méchanceté de leur part. Quand vous analysez avec lui les raisons de cette agressivité, vous l'entendez tenter de vous convaincre avec des raisons qui lui semblent justes : *« Vous comprenez, ceux qui réussissent, ce sont ceux qui attaquent ! Je viens de rentrer dans cette équipe, si je ne leur montre pas qui je suis, je ne serai pas respecté »*. Il vous faudra sans doute des trésors de patience pour lui faire accepter l'idée que le comportement agressif n'est pas forcément le mieux adapté pour obtenir des marques de respect. En continuant à échanger avec lui, vous arriverez sans doute au point où il exprimera la vraie raison de son comportement agressif face à ses collègues : par exemple la peur, peur de ne pas être accepté par eux ? Peur de ne pas être à la hauteur ?... À vous de chercher... et à lui de vous le confier. Et là, vous pourrez faire avec lui un vrai travail de réassurance. Il aurait été en effet dommage de lui apprendre à se calmer quand, en fait, il s'agirait de l'aider à trouver ce qui pourrait l'apaiser.

3. Dans une troisième situation, nous avons de la part de notre interlocuteur une information précise concernant le stimulus et nous observons pourtant que, celle-ci ne manifeste **ni émotion, ni comportement** en lien avec le stimulus. Ici aussi, c'est un problème, car nous savons qu'à se comporter ainsi elle n'obtiendra pas la « bonne réponse » de l'environnement et qu'elle continuera subtilement et insidieusement à se laisser perturber en interne.

Illustration
Arthur me relate qu'il s'est fait insulter et pourtant il me dit : *« Tout va bien ! »*.
J'ai choisi de lui dire ceci.
Moi. – *Tu viens de me raconter comment ton collègue t'a parlé, j'ai trouvé son comportement très insultant à ton encontre, et toi, comment vis-tu ça ?*
Arthur. – *Ça va.*
Moi. – *Pas de problème ?*
Arthur. – *Non, bof…*
Moi. – *Si ! Tu sais, je vois un problème ! Tu veux qu'on en parle ? »*

En effet, il peut y avoir un problème si la personne ne se rend pas compte qu'elle est insultée et humiliée. Dans ce cas, elle ne signale rien à l'autre, parce qu'elle ne lui met pas de limites et, de ce fait, l'autre peut devenir abusif, violent, etc. Il peut alors être nécessaire d'apprendre à votre client à se protéger. Donc le travail à faire avec lui sera de l'aider à faire le lien entre le stimulus et l'émotion adéquate.

Et au besoin, lui dire : « *Tu sais, dans une situation comme celle-là, si quelqu'un s'était autorisé à me parler à moi de cette manière, je serais très en colère, pour telle et telle raison* ».

Ou bien, si c'est quelqu'un qui vient de perdre un ami dans un accident de voiture et qui ne ressent aucune tristesse : « *Pour moi, ce serait tout à fait normal que tu pleures – parce que c'est un ami et qu'on est attaché à ses amis – que quand on perd ses amis, hé bien, on est triste, c'est dans l'ordre des choses – et quand on est triste, on pleure, c'est aussi dans l'ordre des choses – et moi je suis triste pour toi…* ».

C'est-à-dire, rendre la conversation sur le sujet « banale », dans le sens beau du terme, humainement normale, sur le niveau émotionnel. En parler de la même manière que si on disait à quelqu'un : « *tu sais, si tu veux faire ceci… il faut que tu… et puis ensuite ainsi tu pourras…* ». Je devrais prendre le même ton, en parler avec elle plusieurs fois, sans peur des redites, jusqu'à ce que la personne ressente quelque chose à l'intérieur. Et si nous lui faisons confiance et si nous avons la patience d'attendre, la personne va finir par le ressentir, petit à petit… un peu comme si elle vous disait « *tu crois ? tu crois que c'est normal ? tu crois que je ne vais pas être ridicule ?* ». Des choses comme ça.

Si vous êtes bien en empathie, vous la ressentez, vous, cette émotion à l'intérieur, donc elle passe et cela donne une permission à la personne de la ressentir elle aussi.

Synthèse

Il est important pour nous de nous rendre compte :

– Que nos émotions désagréables et nos comportements inadéquats se trouvent souvent en lien avec nos croyances et interprétations et que, la plupart du temps, ces croyances et ces interprétations sont irréalistes.

– Que nous continuons à adhérer à des croyances que nous avons apprises de nos parents ou d'autres personnes pendant notre enfance.

– Que nous pouvons nous exercer à penser et à agir d'une autre manière, pour produire une modification.

L'aide à la mise en acte

Parfois la personne peut dire : « *Je ne me suis jamais mise en colère* » ou bien : « *La peur ? Je ne connais pas…* »

Dans ce cas, elle a la conscience des stimuli qu'elle reçoit mais elle ne fait jamais le lien avec telle ou telle émotion. Par exemple la tristesse. C'est comme si elle avait oublié à jamais les liens entre les stimuli que génèrent la tristesse et la tristesse elle-même. Elle parle de situations qui vous semblent naturellement amener cette émotion mais elle reste neutre, sans ressenti.

Ou bien cette personne a la conscience de ce qu'elle ressent, elle sait nommer la bonne émotion, elle dit : « *Oui, c'est vrai, je me sens triste* », mais elle reste en distance, elle ne va pas plus loin, elle ne pleure pas.

Nous pouvons dans ce cas l'aider à la mise en acte. Elle peut être embarrassée parce qu'elle ne sait plus comment mettre en acte l'émotion qu'elle ressent, elle l'a su toute petite et elle a « oublié », elle a gommé ce talent (quelles qu'en soient les raisons). Nous pouvons raconter comment se comporter quand on est triste ou en colère, etc. : « *Tu sais quand on est en colère… on le dit tout simplement, on dit "Je ne suis pas content du tout, je suis furieux" et même, on peut employer des mots un peu forts, c'est normal* ».

Suivant la personne, vous passerez par le canal de la pensée, lui expliquerez les choses, l'informerez des processus humains. Elle acceptera de faire le chemin en se mettant à penser à son sujet, sans intellectualiser, en parlant seulement de son émotion, au lieu de la montrer émotionnellement. Mais c'est un début !

D'autres, si vous les encouragez, ouvriront le canal de l'émotion en premier, mais ne penseront pas en même temps. Ça ne fait rien : on prend la porte qui s'ouvre.

D'autres encore vont manifester quelque chose par le corps, se recroqueviller, marcher de long en large avec de gros soupirs, etc.,… petit à petit la pensée suivra, ou bien ce sera l'émotion… Chacun a ses chemins personnels quand il veut retrouver sa fluidité émotionnelle.

Éventuellement, pour la mise en actes, il est possible d'aller jusqu'à dire à la personne : « *Voilà ce que tu es en droit d'attendre de l'autre, ton émotion attend de l'autre une réponse, si tu réussis, si tu es au plus proche de l'expression naturelle de ton émotion, tu peux obtenir de la consolation, tu peux obtenir du réconfort, de l'affection, tu peux obtenir du respect, la personne peut te dire qu'elle a entendu ta colère ; ça, tu peux le demander et tu es en droit de l'obtenir* ».

Parfois l'interlocuteur de la personne que nous accompagnons n'est pas du tout disponible pour recevoir son émotion, pas à l'aise peut-être ? Ou bien il ne veut même pas écouter ; ou même, c'est quelqu'un qui est parti à l'étranger ou mort. Comment on peut faire avec notre client ?

Alors, jusqu'où aller pour aider l'autre ? Cela va dépendre de la nature de notre relation avec l'autre ; cela peut aussi dépendre du contrat, mais comme nous ne fonctionnons pas toujours avec un contrat, nous allons déjà répondre à « cela dépend de la nature de la relation ».

Si c'est un membre de la famille, ou un ami proche, quelqu'un pour qui vous avez des sentiments d'attachement et avec qui vous avez une qualité de relation : vous pouvez aller jusqu'au bout de l'émotion. Je ne vois pas pourquoi nous arrêterions, puisque nous faisons partie des humains ; nous pouvons aller jusqu'au bout pour aider ceux à qui nous sommes attachés. Toutes les occasions sont bonnes pour apporter notre pierre à l'édifice des relations saines…

Pour le reste, en dehors de la thérapie, il me paraît inapproprié d'aller creuser dans l'histoire intime de la personne et de faire revivre des émotions en lien avec cette histoire intime.

En revanche, en situation professionnelle (coaching ou supervision par exemple), si quelqu'un dit : « *Est-ce que tu peux m'aider à trouver l'origine de la situation émotionnelle pour moi ?* », il s'agit là d'un contrat avec un client qui a déjà un certain recul sur ce qui le concerne. Il sait déjà, tout seul, ne pas mélanger le travail en supervision de celui de la thérapie, même si l'origine de sa charge émotionnelle fait partie d'éléments anciens, intimes et privés. Il sait « penser sur ».

En dehors de ces cas de figure, nous travaillons sur l'émotion dans l'ici et maintenant, avec le matériel que la personne apporte. La question est : « quel est le stimulus actuel ? » et à ce moment-là, nous restons centrés sur ce stimulus et nous déroulons avec elle le chemin lui permettant d'aller au bout de cette émotion.

Dans le monde du travail, jusqu'où pouvons-nous aller ?

C'est une question essentielle. Nous ne sommes ni le psy, ni le frère ni le meilleur copain. Qu'on soit consultant, manager ou autre, nous avons à trouver une juste distance. Et la première étape, c'est de respecter l'émotion de l'autre, nous pouvons tous aller jusque-là, quel que soit le lieu, c'est le minimum.

La seconde étape serait de dire à la personne, en fonction du contexte, une des phrases suivantes : « Est-ce que tu as besoin de moi ? Est-ce que tu veux que je t'aide à quelque chose ? Est-ce que je peux t'aider par rapport à ça ? Est-ce que vous souhaitez qu'on en parle un peu ? ».

Nous pouvons faire une offre et laisser l'autre choisir ce qui lui convient.

S'il y a une acceptation, c'est presque comme un **contrat** : la personne vous a donné son accord d'être présent et actif avec elle. S'il y a refus, eh bien, nous nous éloignons…

Une difficulté : l'existence d'un lien hiérarchique

Là où peut se poser un problème, c'est lorsqu'il y a un lien hiérarchique. Le manager offre l'écoute à son collaborateur, mais cette offre n'est pas complètement épurée. Pour arriver à dire non à l'offre de son chef, le collaborateur va sans doute devoir se monter courageux et suffisamment en distance, ou encore se sentir vraiment libre. Et à l'inverse, pour certains, pour arriver à dire oui à leur chef, il faut qu'ils soient courageux aussi… Le collaborateur est coincé un peu « dans son statut de n − 1 ».

En revanche, le manager peut donner une phrase d'encouragement à la personne, pour qu'elle aille en parler avec un collègue et dire par exemple : *« j'ai vu… sachez que je respecte… peut-être pourriez-vous en discuter un peu avec un collègue… faites quelque chose pour vous par rapport à ça… ».* Il peut considérer que c'est dans son rôle et ainsi dédramatiser, en donnant de l'information, sur le fait que c'est possible.

Le rôle du manager : donner un espace pour l'expression des émotions

Les managers pourraient donner un espace pour que les émotions puissent être entendues, si elles ont besoin d'être dites, même si c'est une simple phrase utilisant le canal de la pensée. Pour cela il peut offrir un espace d'intimité lors d'une réunion, ou un « espace blanc » uniquement réservé à l'expression des émotions, un espace de Régulation.

> *La Régulation est un espace de parole offert aux personnes pour apporter un apaisement à deux niveaux :*
> *– la pensée : comment réfléchir à la situation problématique ou comment arriver à détendre son esprit quand les préoccupations mentales prennent le pas sur l'équilibre de la personne ?*
> *– les émotions : comment gérer les chocs émotionnels des interlocuteurs ou comment gérer ses propres émotions quand celles-ci prennent le pas sur son équilibre ?*
> *Les personnes pourront ensuite revenir à l'action.*

Il peut dire simplement aux personnes : « je sais que je vous ai annoncé des choses qui ne sont pas faciles, est-ce que vous souhaitez vous exprimer là-dessus ? » et il apportera son écoute, adoptera une position de reflet et, si nécessaire, fera des reformulations, laissant ainsi la personne et le groupe **découvrir** petit à petit le chemin apportant l'apaisement recherché. Les personnes peuvent ainsi dire : « Oui, en effet, je ne suis pas content du tout ! Je suis même très déçu… ». Et tout cela a juste besoin d'être entendu, c'est une expérience enrichissante pour chacun et il n'y a pas forcément à faire quelque chose avec, juste être là et écouter.

Un manager modélisant ?

Le manager peut être modélisant. Du fait d'une relation un peu transférentielle, il est observé par ses collaborateurs (donc nous consultants, formateurs et coaches sommes aussi observés par nos clients !). Donc si le manager a la liberté personnelle de dire certaines choses, ce sera aidant et permissif pour les collègues et collaborateurs. Le tout, c'est qu'il l'exprime sans extorquer quoi que ce soit pour lui-même, qu'il soit loyal et franc. Il ne faut pas qu'il soit en *racket* ou en attente de quelque chose pour lui de la part de ses collaborateurs. Parce qu'alors là, il pose un autre problème : le problème inverse qu'on disait. Il ne faut pas qu'il attende de la réassurance ou autre chose ; il peut juste signaler, que lui aussi, par rapport à telle et telle chose, il a telle ou telle émotion et qu'il est touché. Ensuite il le fait avec toute la pudeur, eu égard à son rôle et avec la bonne dose, adaptée à la culture de son entreprise. Et je pense que dans les entreprises, les responsables ont à aménager un espace, en utilisant les rituels, puisque les rituels ont cette fonction-là, – comme les rituels d'enterrement, les rituels de mariage, des anniversaires, des départs à la retraite… –, ils ont à instaurer des rituels pour donner cet espace, un espace où chacun peut « poser ses valises » et au minimum « être reconnus dans leur émotion ».

L'idée cachée derrière cette suggestion est que, si les émotions sont verrouillées, si elles ne s'expriment pas ou mal, l'énergie « ne fonctionne pas » dans l'équipe.

Pour terminer ce chapitre, je rappellerai que notre homéostasie peut être perturbée à de nombreuses occasions : vivre pleinement ses émotions, prendre soin de ses besoins, tenir compte des autres… Or, bien entendu, nous sommes tous en attente d'équilibre personnel. Mais il suffit d'un dysfonctionnement au niveau du stimulus, de son interprétation ou de la mise en acte, pour que nous n'obtenions pas la satisfaction attendue. Retenons cependant qu'il est possible d'agir à son niveau pour progresser et préférer petit à petit de nouveaux comportements. C'est un peu comme si nous étions sur un chemin parsemé de permissions pour aller vers la santé émotionnelle.

RAPPELEZ-VOUS

Si je ne comprends pas d'où vient l'émotion, et si je me trompe d'interprétation, je ne résous pas mon ou mes problèmes. Et si je ne prends pas en compte les émotions, je suis amputé d'une compétence humaine importante.

Partie
II INTERVENIR AU QUOTIDIEN

J'ai souvent été sollicitée par des collègues, professionnels de l'accompagnement, pour expliciter le type de travail que je fais concrètement avec mes clients au niveau émotionnel. En effet, si un certain nombre d'expériences sont déjà transmises pour les professionnels de la thérapie en terme de techniques, ils trouvaient peu d'écrits sur des techniques concrètes pour les personnes qui travaillent dans d'autres champs.

J'ai structuré une démarche d'accompagnement en six étapes, valable pour chacune des quatre émotions de base. Pour plus de clarté, cette démarche est illustrée de situations professionnelles que j'ai été amenée à conduire.

Je vous propose donc de vous positionner dans vos métiers respectifs afin de parcourir les réflexions des pages qui suivent en y puisant les éléments qui pourraient venir compléter ce que vous avez déjà acquis par expérience.

3

ACCOMPAGNER LES ÉMOTIONS

Lorsque, dans mon job, je suis en face d'un client qui apporte une émotion, dans quelle mesure sais-je accompagner cette émotion ? Et dans « savoir accompagner cette émotion », la question est en réalité de savoir comment peut-on supporter l'émotion de l'autre. En fait, si je pose cela dès l'ouverture de mes réflexions, c'est que, d'une certaine manière, chacun sait accompagner une émotion, globalement, cahin-caha.

Mais pour ce qui est de vraiment **supporter** l'émotion qu'apporte le client, la question est déjà un peu plus complexe. Car quand je parle de l'émotion de l'autre, il s'agit d'une émotion qui ne me concerne pas : mon client n'est pas en colère contre moi, il n'est pas triste à cause de moi, il n'est pas dans la peur à cause de moi, il n'est pas dans la joie grâce à moi. Il s'agit bien d'une émotion à lui, elle le concerne dans une situation relationnelle où je ne suis pas acteur.

En tant que professionnel de l'accompagnement, si mon interlocuteur vit une émotion, que dois-je faire pour qu'il puisse traverser son émotion et arriver au bout, quelle qu'elle soit ? Par expérience, nous savons que nous n'avons pas tous la compétence à supporter l'émotion de l'autre. Ce serait une belle Méconnaissance que de dire « nous sommes tous talentueux à supporter l'émotion de l'autre » !

Avant d'entrer dans le vif du sujet, je voudrais enfin apporter une petite précision. Vous pouvez vous trouver en face de quelqu'un qui exprime soit une émotion authentique, soit une émotion de substitution (*racket*). Je suggère d'accompagner de la même manière ces deux types d'émotion, qu'elle soit authentique ou de substitution. En effet, lorsque la personne « apporte » une émotion, ce qui est correct, c'est de la recevoir telle quelle, même si ce n'est pas tout à fait « la bonne », celle qui serait adaptée à la situation. La conséquence de ce choix est que la personne se sentira accueillie et, d'elle-même, passera à l'émotion authentique si elle se sent prête.

Voici donc quelques repères pour vous aider dans votre réflexion. Progressivement, vous allez pouvoir suivre une procédure d'accompagnement par étapes et y trouver quelques idées opérationnelles pour savoir que faire concrètement pour accompagner une émotion et aider à l'apaisement.

1. RECEVOIR L'ÉMOTION DE L'AUTRE

Le premier mot qui me paraît important, c'est le verbe « recevoir ». Si je suis dans la dynamique de vouloir « accompagner » l'émotion de l'autre, il s'agit tout d'abord de savoir « recevoir » l'émotion de l'autre. Alors que veut dire « recevoir » ? Je vous propose, avant de lire la suite, de vous mettre dans une situation qui vous est familière : en formation, en coaching, en travail relationnel, en conduite de projet par exemple, ou pourquoi pas dans le domaine médical ou paramédical ? ou encore en position de Maman ou Papa tout simplement.... Or la chose magique avec une émotion, c'est qu'elle arrive sans avoir pris rendez-vous, n'est-ce pas ? Votre client vous apporte son paquet émotionnel au moment où, quelque part à l'intérieur de lui quelque chose s'est passé. Et si vous êtes dans la posture d'un professionnel « qui sait accompagner l'émotion de l'autre », ça veut dire que, en un millième de seconde, vous devez faire quelque chose à l'intérieur de vous qui permette de recevoir cette émotion-là, cette charge émotionnelle qui arrive et qui n'a pas pris rendez-vous. Ce n'est pas si facile.

Commencer par s'arrêter...

« Le silence est parfois la meilleure des réponses[1] *»*...

Quelquefois, lors d'un entretien avec quelqu'un, vous êtes tranquillement en train d'analyser telle ou telle situation et, en plein

---
1. Dalaï Lama.

échange, votre client laisse apparaître une émotion, comme si une connexion lui avait permis d'entrer en contact avec celle-ci. Quel dommage de bloquer alors ce processus !... En effet, vous êtes peut-être en présence d'un moment précieux que votre client ne vous présentera plus. De plus, si vous ne lui tendez pas une perche pour qu'il s'exprime sur ce niveau, peut-être en tirera-t-il comme conclusion qu'il n'est pas correct d'exprimer ses sentiments ? Et puis, souvenez-vous de l'adolescente qui rentre chez elle furieuse[1], si nous pouvions sauter sur l'occasion pour la comprendre vraiment, nous pourrions en profiter pour l'encourager dans ce qu'il y a de vrai dans sa charge émotionnelle et au besoin, lui apprendre à utiliser ses ressources sans se mettre en danger.

Pour moi, « recevoir » signifie « commencer par s'arrêter », s'arrêter pour laisser tout l'espace à l'autre. Je me trouve face à quelqu'un qui a ouvert une porte, sa porte émotionnelle, et si je commence par lui demander de se calmer, de respirer, de réguler sa charge émotionnelle, je risque de bloquer un processus chez elle. Si je vois arriver l'émotion de l'autre, d'un coup, sans crier gare, c'est que celui-ci n'a pas pris rendez-vous avec moi pour le faire. Il ne m'a pas prévenue et, quoi que je sois en train de faire, en m'arrêtant, je vais lui permettre d'exprimer pour de vrai ce qu'il a besoin d'exprimer. Il me suffit de me taire, peut-être même de stopper une phrase en cours de route, si je suis en train d'expliquer quelque chose... Je dois m'arrêter dans l'élan dans lequel j'étais, suspendre ma pensée, mon action, la discussion que j'avais avec lui, etc.

Il me faut aussi oublier le reste de mes préoccupations, faire le vide par rapport à tout un tas d'occupations ; ou bien je laisse le client là où il est et c'est alors un choix que je fais consciemment. Cela peut nous arriver en formation : j'ai fini mon activité, c'est l'heure de la pause et voilà une tristesse qui sort chez un des stagiaires, sans que j'aie pu l'anticiper... la question se pose alors : vais-je m'arrêter ou pas ? Je ne suis pas dupe : si je choisis de m'arrêter pour entendre la tristesse de mon client et de l'aider par

---

1. Voir p. 34, la présentation du cas.

rapport à ça, je sais que je mets de côté un certain nombre d'autres choses (me reposer, téléphoner à un ami, boire un café, relire mes notes pour la suite du séminaire...). Si je choisis de ne pas arrêter ce que je suis en train de faire, parce que la pause m'est nécessaire et que de ce fait je ne suis pas disponible pour lui, je me dois d'être professionnelle et de lui signaler clairement ce que je suis en train de faire :

« Je vois que tu es triste, je suis désolée, mais je ne suis pas disponible maintenant, prends un temps pour toi... tu peux rester dans la salle... veux-tu que je prévienne un stagiaire pour rester avec toi ? ».

Cette position est tout à fait acceptable et quand vous fonctionnez aussi directement avec la personne, vous lui envoyez comme message qu'il est tout à fait capable de gérer ce qui le concerne, que vous n'avez pas peur pour lui.

> *Exemple*
> Lors d'un séminaire sur la « gestion du stress », au moment de sortir de la salle pour la pause, j'observe un homme qui reste assis et se met à pleurer, sa tête dans ses bras. Je savais que nous venions d'évoquer, sur un plan pédagogique, des situations particulièrement douloureuses afin de comprendre ensemble combien celles-ci peuvent bousculer les personnes qui les ont vécues. Je me suis approchée de lui, puis je me suis assise à ses côtés ; il a continué à pleurer et au bout d'un moment de silence il m'a dit :
> Lui. – L'an dernier, mon fils s'est suicidé...
> Je suis restée silencieuse, juste un petit :
> Moi. – Mmm...
> Il a continué à pleurer puis m'a regardée :
> Lui. – Merci...
> Moi. – Avez-vous besoin de quelque chose ?
> Lui. – Juste de faire ma pause maintenant.
> Moi. – Ok.
> Le tout a duré cinq minutes et pour cette personne, dans cette situation spécifique, ces cinq minutes de silence et d'écoute de ma part lui ont été bénéfiques.

Arrêter le cours du temps

Un autre point important est de savoir « arrêter la pendule ». En effet, si je décide d'ouvrir l'espace à l'autre, je dois oublier la pression de l'heure et si vous ne disposez que de cinq ou dix minutes de disponibilité, il faut faire quelque chose, parce que plus vite vous rentrez là-dedans, plus vite l'émotion de l'autre pourra être prise en compte. Si vous êtes occupé dans votre tête à vous dire *« Oh ! la la ! je n'ai que deux minutes, qu'est-ce que je vais pouvoir faire en deux minutes ? »*, le processus ne va pas pouvoir se dérouler. Donc, ne nous mentons pas à nous-mêmes : soit nous sommes disponible et nous le faisons, soit nous ne le sommes pas et nous le disons, et dans ce dernier cas, nous pouvons décider de différer. Différer la résolution émotionnelle dans ce cas, c'est tout à fait possible à partir du moment où c'est dicible. Nous sommes des « animaux supérieurs », donc nous avons la compétence à différer l'expression d'une colère : *« Je ne suis pas disponible maintenant, est-ce que tu peux attendre, je reviens dans dix minutes ? »*. C'est une chose possible, il y a des entraînements pour ça, il faut être dans la confiance, expérimenter.

Illustration

Je suis chez un client, une demi-heure avant de démarrer une intervention. Je suis prête et prends un café tranquillement en attendant que les personnes concernées arrivent. J'interviens depuis plusieurs mois chez ce client et je connais donc de nombreuses personnes. Un ancien stagiaire, Sébastien, arrive dans le couloir, il est livide et semble hagard. Lorsqu'il me voit, il s'approche et me dit :
SÉBASTIEN. – « J'ai fait une grosse c......e ! Tu peux m'aider ? »
J'ai bien sûr le choix de lui dire « Bonjour, désolée, je n'ai pas le temps, etc. » et de me retirer dans ma salle. Je peux aussi décider de rester quelques minutes avec lui, c'est le choix que j'ai fait.
MOI. – « Je n'ai que quelques minutes de disponibilité, raconte-moi.
SÉBASTIEN. – J'ai loupé ma négociation et fait perdre à la boîte un très gros contrat, je vais me faire virer !
(Il a les larmes aux yeux et du mal à se contenir).
MOI. – Qui est au courant ?
SÉBASTIEN. – Seulement moi.
MOI. – Ah bon ?
SÉBASTIEN. – Je n'ai encore rien dit.
MOI. – Ok... Où est-ce que je peux t'aider ?
SÉBASTIEN. – Mais j'ai la trouille ! Il va me tuer !
MOI. – Qui ?
SÉBASTIEN. – Le boss...
MOI. – Qu'il soit furieux contre toi, tu peux t'y attendre, mais qu'il te tue, ça, je ne crois pas...
Sébastien. –...
MOI. – Est-ce que tu sais ce que tu as à faire ?
SÉBASTIEN. – Aller le lui dire avant qu'il ne l'apprenne par quelqu'un d'autre.
MOI. – Belle idée... et ?
Sébastien. – Je ne sais pas comment le faire.

MOI. – Et… ?
SÉBASTIEN. – Mais je suis mort de trouille.
moi. – Et… ?
SÉBASTIEN. – Donne-moi une idée.
(Il transpire et s'agite beaucoup – de mon côté, je sais qu'il sait comment s'y prendre)
MOI. – Tu ferais quoi ?
SÉBASTIEN. – Je lui dirai carrément « J'ai m… é et j'ai perdu le contrat X ».
MOI. – Bravo !
SÉBASTIEN. – Et s'il gueule ?
MOI. – Tu le laisses dire ce qu'il a à dire, il a le droit d'être furieux, tu ne crois pas ?
SÉBASTIEN. –… Hum… merci, j'y vais maintenant.
(Il m'attendait à la fin de la journée, il avait retrouvé ses couleurs, était plus calme. Son patron avait effectivement été furieux et l'avait sanctionné en lui retirant la responsabilité d'un autre gros client de la boîte, sanction qu'il a reconnue juste).
Bien sûr, je me suis trouvée sur sa route et ensemble nous avons choisi « d'arrêter la pendule », juste pour passer ce cap émotionnel brutal ; rien ne nous dit que, si je n'avais pas été là, Sébastien n'aurait pas su gérer… mais bon, j'étais là, et m'arrêter ne m'a pas coûté, alors… pourquoi ne pas le faire ?

2. SUPPORTER

Le deuxième mot est « supporter ». Soyons honnête avec nous-mêmes, nous entendons parfois de la part de nos clients des choses qui sont très chargées émotionnellement. La question est bien de savoir si je suis apte à supporter cela.

Garder la distance

À mon avis, pour pouvoir supporter la charge émotionnelle, le mot clef est « distance » : la « capacité de distance ». Je suis là, présent, en contact avec l'autre, et en même temps, j'ai une forme de distance personnelle pour supporter son émotion : « c'est son histoire et non la mienne », « c'est sa souffrance et non la mienne ».

Et si je veux l'aider, je vais trouver cet équilibre subtil entre une forme de souffrance et une forme d'énergie qui occupe l'espace (je suis là pour accompagner, entendre, soutenir…). Et comme je ne suis pas dure comme un barreau de chaise, il faut que l'autre sente que je suis là. Mais en même temps, je dois me préserver, il ne faut pas que je m'écroule ou que je rentre trop en résonance par rapport à mon histoire personnelle, ou par rapport à mes propres émotions. C'est un équilibre subtil : si je me ferme émotionnellement, cela ne va pas fonctionner pour lui, mais si je me laisse trop toucher par ce qui me concerne, je ne suis plus là pour lui, je suis en train de m'occuper de ce qui me concerne moi et que je n'ai pas terminé. D'un côté, je dois rester un être émotionnel pour que l'autre se sente en phase avec moi, et d'un autre côté, je ne dois pas me laisser envahir par cette émotion.

Illustration

Un de mes clients manager a vécu un jour une agression, non pas physique, mais verbale, avec de violentes menaces. Cette agression s'est bien terminée pour lui mais, même s'il avait fait à l'époque ce qui lui était nécessaire, il sait aujourd'hui qu'il aura toujours en lui un endroit fragile concernant l'attaque agressive. Il m'a demandé de l'aider lorsqu'un jour, un de ses collaborateurs, a eu à vivre à son tour la même situation. Il devait le rencontrer tôt le lendemain pour lui apporter l'écoute et le soutien nécessaires. Il n'était pas sûr de savoir se comporter avec suffisamment de distance, il avait peur de ne pas être vraiment disponible. Nous avons cherché ensemble comment il pouvait, d'un côté, ne pas nier ses propres ressentis, et de l'autre instaurer entre lui et son collaborateur une sorte de mur protecteur. Le travail a consisté à réévoquer ses propres images, ce qui l'a apaisé, puis à trouver l'endroit où il voulait qu'ait lieu la rencontre (un petit bureau isolé dans son entreprise où il se sentait bien), la distance dont il avait besoin pour ne pas se sentir envahi et l'image qu'il utiliserait pour se rappeler que son histoire n'est pas celle de son collègue (en l'occurrence il a choisi celle d'un jardin qu'il aimait où il se sentait en paix).

C'est une chose que vous avez à apprendre : certains se créent des images (par exemple un airbag, une bulle…), se donnent un espace ; d'autres ont déjà expérimenté le fait d'être trop près physiquement, ou trop loin, avec trop de contact, ou avec pas assez de contact… Vous pouvez aussi vous demander quelles sont les émotions avec lesquelles vous avez du mal à garder la distance quand elles concernent quelqu'un d'autre.

Quand l'émotion surgit, certains, malgré eux, entrent en résonance. Mais en tant que professionnel de l'accompagnement, il faut parvenir à garder la distance. On peut tout à fait dire à son client *« j'ai besoin, moi, de prendre un temps »*. Vous n'allez pas lui amener votre histoire et il peut très bien attendre tranquillement.

Car parfois l'émotion arrive chez vous de la même manière que chez votre client, sans crier gare.

Illustration

Lors d'un coaching, Sébastien me raconte qu'il est bouleversé par le décès brutal de son meilleur ami. Dès qu'il a commencé à me relater l'événement j'ai senti que je n'arrivais plus à garder ma distance avec lui, en effet, quelques semaines avant cet entretien, j'avais perdu brutalement un de mes proches et ma souffrance était encore à vif. Je lui ai dit :

« Je suis personnellement touchée par ce qui t'arrive, ayant moi-même perdu récemment un proche, brutalement – ce que je te propose, c'est que nous fassions un petit break, je vais chercher un verre d'eau et faire ce dont j'ai besoin pour me rendre disponible à toi »

J'ai estimé plus sain de fonctionner ouvertement avec lui et j'ai apprécié sa capacité à accepter ma non-disponibilité passagère.

Revenons à présent plus en détail sur cette expression : « supporter en gardant la distance ». Qu'entend-on par là précisément ?

Ne pas avoir peur de la peur de l'autre

Si vous voulez être un professionnel qui sait accompagner la peur, pas la peur du chien, mais la peur, la vraie peur, si vous voulez être apte à accompagner la peur de l'autre, le travail que vous aurez à faire en tant que professionnel sera d'apprendre à « être quelqu'un qui n'a pas peur de la peur de l'autre ». Or la peur fait peur.

Ne travaillez pas avec des clients sur des sujets dont vous savez déjà, en raison de leur profession, qu'ils vont rencontrer la peur. Par exemple, une sage-femme est en contact avec des mamans qui peuvent avoir très peur juste avant l'accouchement : c'est quelque chose qui peut être assez classique dans ce genre d'environnement. Pour un commercial, c'est un métier où la peur est de nature différente : ne pas atteindre ses objectifs. De ce fait, il y a des métiers où l'on doit se documenter, s'informer, sur le type d'émotions que les personnes vont être amenées à rencontrer dans leur environnement professionnel (certains métiers à risque comme les pompiers ou certains financiers par exemple, ou d'autres où, une grande partie de leur temps, les professionnels

« reçoivent » les émotions des autres, comme les métiers d'accueil d'un public difficile…).

Si vous voulez offrir aux personnes un espace pour gérer leur stress, là aussi il vous faut réfléchir, avant, sur votre propre relation à la peur. En effet, vous aller entendre des personnes qui évoquent leurs peurs : face à leur maladie ou celle d'un de leur proche, face à un stress professionnel qu'ils ont traversé ou qu'ils vont traverser, etc. Si vous voulez travailler dans un environnement professionnel où il y a de la vraie peur, de la peur qui rend la personne indisponible, qu'allez-vous faire ? Saurez-vous arrêter en vous la résonance à la peur de l'autre sans avoir peur vous-même ?… C'est un beau métier mais ce n'est pas un métier facile.

Supporter la peur de l'autre sans avoir peur soi-même, c'est supporter l'immense inconfort que ressent la personne quand elle est dans sa peur. Si vous avez vu, pour de vrai, quelqu'un qui est dans la peur, vous savez que c'est quelque chose d'assez douloureux à observer. La personne qui a peur est vraiment mal et c'est encore plus douloureux à observer si vous êtes tout près d'elle. Souvenez-vous de l'enfant qui était tombé sur les rochers[1], j'aurai pu être envahie par sa peur, perdre ma concentration vers lui et m'agiter ; ou bien vouloir le faire remonter trop vite (pour calmer ma propre angoisse), sans attendre un certain apaisement nécessaire pour lui. Cette réaction aurait eu pour but de fuir la peur. Si nous sommes trop incommodé par la peur de l'autre, faisons alors appel à un autre professionnel pour l'aider…

Ne pas avoir peur de l'énergie de la colère

Qui dit colère dit forcément débordement d'énergie, sinon ce n'est pas une vraie colère. Quand il y a de la vraie colère, l'énergie monte, monte, monte… puis parfois explose ! Il ne faut pas avoir peur de cela. Peur que l'autre nous fasse du mal, qu'il (elle) se mette à casser des choses, à rentrer dans la violence… Il ne faut pas avoir peur de cette énergie, elle est normale. Je ne dois pas avoir peur du débordement d'énergie qui se trouve dans la colère, et ne pas avoir peur de la colère elle-même.

---

1. Voir p. 36, la présentation du cas.

Imaginez…
Vous êtes en plein travail de « régulation d'équipe », vous avez bien pris vos précautions en faisant toute une préparation, interviewé les futurs participants, etc. Vous avez simplement oublié de poser la question magique : « Y a-t-il un secret que je devrais savoir avant de commencer ce travail avec toute votre équipe ? »… Et, en pleine régulation, l'un des participants se lève, furieux et se met à injurier l'un de ses collègues au prétexte d'une ancienne querelle jamais résolue dont personne ne vous avait parlé. Allez-vous avoir peur ? Peur de perdre le contrôle de la situation, du groupe, d'une personne ou même de vous-même. Allez-vous trouver une manière efficace de réguler cette décharge d'agressivité sans perdre de vue ni votre rôle ni le besoin de sécurité du groupe ?

Il y a des personnes que la colère des autres ne perturbe pas ; d'autres, à la première manifestation de ce qui pourrait devenir une légère colère – ex. une petite phrase du type *« Je ressens un inconfort, je voudrais dire que je ne suis pas content »* – sont déjà dans la peur en se disant : *« Je vais me faire agresser »*.

C'est cela que vous devez décoller en vous : ne pas avoir peur de la colère, dans le sens où c'est une énergie qui va peut-être prendre beaucoup de place, qui va peut-être avoir l'air de faire du mal à l'extérieur, mais qui n'en a que « l'air ». Car c'est rarement dangereux la colère… En effet, les gens qui ressentent de la colère peuvent vouloir délibérément utiliser cette énergie pour incommoder l'autre, ils savent s'appuyer dessus, voire même l'augmenter exprès pour faire peur et prendre ainsi le pouvoir sur l'autre, au moins au niveau de l'occupation de l'espace et du volume des paroles. Cela peut être un peu pénible à entendre – dans l'utilisation des phrases, dans les mots – un peu pénible au niveau de l'énergie, mais… si on comprend ce processus, on le gère mieux !

Dans l'exemple ci-dessus, vous aurez à montrer que vous n'avez pas peur et à agir assez vite : vous lever, regarder la personne en face, l'appeler par son prénom « Maxime ?… Maxime ?… Maxime !… » Jusqu'à ce qu'il stoppe et vous regarde. *« Je vois bien que vous êtes fort mécontent, je peux le comprendre, alors… soit vous me dites en direct ce que vous tentez de dire à votre collègue, soit vous différez en attendant un espace prévu à cet effet… si vous êtes en colère, vous voulez être entendu, la méthode que vous utilisez ici ne permet pas à votre collègue de vous entendre vraiment, que choisissez-vous ? »*.

On n'est pas obligé d'être champion de karaté pour supporter la colère et se faire respecter, si vous êtes une petite dame d'un mètre cinquante, vous pouvez faire cela très bien, ça dépend de votre compétence personnelle à supporter ça, sans peur. Il ne faut pas avoir peur de la colère…

Ne pas avoir peur du puits sans fond de la tristesse

Pour la tristesse, ce que l'on peut observer, c'est que quand quelqu'un est dans la tristesse, il pleure, il pleure pour de vrai, il sanglote et il pleure, il pleure, il descend au fond de son puits, et on peut avoir l'impression que cela ne s'arrêtera jamais. De ce fait, certains, quand ils vont accompagner la tristesse, l'arrêtent assez vite de peur que cela ne s'arrête plus.

> *Imaginez…*
> Votre client arrive à l'entretien avec un visage particulièrement triste et, à votre question pleine de bienveillance « *Bonjour, ça n'a pas l'air d'aller très fort, que se passe-t-il ?* », le voilà qui s'effondre en larmes… Au milieu de ses sanglots, vous finissez par comprendre que sa période d'essai ne va pas être confirmée… que sa situation financière est délicate… qu'il ne voit pas son avenir avec sérénité… qu'il attendait beaucoup de ce job… etc. N'ayez pas peur, quand il aura pu exprimer tout ça, si vous ne l'avez pas interrompu, quand il aura pu aller « au fond du puits », de lui-même il séchera ses larmes pour passer à la phase suivante. De lui-même il vous signalera quand il est temps pour lui de réfléchir. Et, en cours d'échange, s'il recommence à pleurer, c'est qu'il en a encore besoin, qu'il y a encore pour lui une zone pleine de larmes qui ne demandent qu'à sortir. Quelle chance il a alors si vous le laissez s'exprimer !

Donc, il ne faut pas avoir peur que cela ne s'arrête pas. N'ayez pas peur, car, quand la personne a fini de pleurer, elle a fini de pleurer, mais quelquefois, c'est long, et évidemment, douloureux, et puis… Comme il est triste de voir quelqu'un qui pleure ! C'est vraiment triste ! Mais si vous craignez que cela ne s'arrête pas, vous n'allez pas être aidant.

Ne pas avoir peur de se sentir envahi par la joie de l'autre

Vous savez sûrement qu'il y a des gens qui ont du mal à supporter la joie des autres, n'est-ce pas ? Car que se passe-t-il dans l'expression de la joie ? Lorsqu'une personne ressent et exprime sa joie, elle est – comme pour la colère – un peu envahissante ! Cette personne a un paquet d'énergie, elle en met partout, et en plus, elle a l'air d'être très très bien !... Elle n'est plus en contact avec vous, elle est tout à sa joie. N'ayez pas peur de vous sentir envahi – d'autant plus que parfois la personne heureuse vous saute littéralement dans les bras ! physiquement ! : « *Je suis content ! !... Youpi !... Génial !...* ». Elle vous arrose de sa joie, elle fait du bruit, elle gêne même peut-être les voisins, et vous, vous ne savez pas forcément comment vous comporter par rapport à ça.

> ***Imaginez…***
> Vous arrivez pour un rendez-vous professionnel bien classique et vous savez, en fonction de votre contrat, que vous avez à mener une séance très productive… Vous y retrouvez votre client en pleine excitation « *Vous ne savez pas ce qui m'arrive ? !.... je viens d'avoir une promotion extraordinaire pour moi !... on m'a proposé ceci… on m'a proposé cela… c'est génial !* ». Si vous n'êtes pas à l'aise avec ces débordements de joie, vous n'allez pas trouver les mots pour le suivre dans sa joie ; vous allez vouloir chercher à bloquer ce processus pour vous remettre à la tâche. Il suffirait pourtant de lui octroyer quelques minutes pour qu'il vous raconte comment il vit tout ça. « *je suis content pour vous, racontez-moi ça, ça m'intéresse…* » Si vous lui donnez cet espace, il sera plus facilement disponible pour travailler ensuite.

Il s'agit donc de ne pas avoir peur de se sentir envahi par la joie de l'autre et de ne pas se sentir jaloux non plus. En effet, nous pouvons être tenté parfois de nous demander pourquoi l'autre vit cela et pas moi, n'est-ce pas ? Si de mon côté j'ai un peu de mal avec ma propre joie et mes propres zones de joies, je peux me sentir jaloux de la charge émotionnelle qui rend l'autre beau et enthousiasmant. On peut voir chez certaines personnes qui ont un problème avec la joie cette forme de processus de blocage des nourritures qui pourraient les rendre heureux, joyeux. Or, comme nous l'avons dit, pour rester efficace dans votre métier d'accompagnement, il est intéressant de n'être ni gêné ni jaloux de la joie exprimée par l'autre

3. PERMETTRE

Le troisième mot – et nous n'avons encore rien « fait » – est « permettre ». Nous avons vu que pour « recevoir », je me tais et que pour « supporter » je me tais aussi. À présent, il va peut-être falloir commencer à faire quelque chose pour la personne, à lui signaler quelque chose.

J'entends « permettre » au sens d'« être disponible et donner des Permissions ».

> *« L'enfant qui grandit a besoin d'une série de Permissions pour développer complètement ses capacités… Son but est de remettre la personne en contact avec son Enfant Libre ».*

Pour ceux qui connaissent un peu l'Analyse Transactionnelle, voici la formule qui illustre bien ce que l'on veut dire par « donner des permissions » : *« Tu peux exprimer ta colère »*. Cette phrase toute simple semble facile à prononcer. Et il en existe beaucoup d'autres : *« C'est OK de pleurer, si tu as du chagrin… C'est OK de dire ta colère… »*. Je crois que nous avons tous appris cela quelque part, mais est-ce que nous le disons avec nos tripes ? Parce que c'est cela que notre interlocuteur entend, il entend au delà les mots… comme savent le faire les enfants.

Imaginez…

Il est 18 heures, la Maman lit dans son fauteuil, sa petite fille veut aller jouer avec sa copine Éloïse : *« Dis… maman… t'es d'accord ? »*. Mais Maman n'est pas d'accord, elle pense que l'heure du bain approche, que le dîner… que ceci… que cela… Or, ce jour-là, elle n'ose pas dire « non » ; elle espère que sa fille va se lasser dans sa demande. Mais, non, la petite insiste : *« Dis… maman… je peux aller jouer chez Éloïse ? »*. De guerre lasse, la Maman dit « Ok… d'accord ! ». La petite fille, au lieu de courir pour retrouver sa copine, se penche vers sa mère, lui tourne la tête vers elle avec ses mains, et lui dit : *« T'as pas la figure qui dit pareil ! »*. Alors la Maman dit vraiment ce qu'elle avait à dire *« Bien, non, en réalité, je ne suis pas d'accord. »*. Et la petite de répondre : *« Ok ! »*, avant de repartir tout simplement jouer dans sa chambre…

Écoutez les enfants et souvenez-vous que, si vous donnez une Permission, elle doit être en accord avec ce que vous ressentez vraiment à l'intérieur, sinon l'autre captera l'incohérence de toute façon.

Le plus de l'AT J'utilise le concept des États du Moi pour donner des repères sur ce que l'on peut appeler la disponibilité ou la Permission – les États du Moi Fonctionnels dans leur dimension positive.

La patience du Parent Nourricier (PNr)

Classiquement, on admet que pour accompagner quelqu'un dans les émotions, il nous faut mettre de l'énergie dans le Parent Nourricier. Et à quoi le Parent Nourricier est-il occupé dans la relation à l'autre ? Il est occupé à se montrer ouvert physiquement (il a l'air de s'intéresser, il regarde la personne, il se tait, patient), parce que, quelquefois, quand la personne suit son chemin émotionnel, c'est un peu compliqué – donc il est bon d'être patient. C'est le Parent Nourricier qui a cette compétence. Patient, voire encourageant, il va prononcer des phrases du type : « *Tu peux continuer, dis-m'en plus, ne t'inquiète pas, je suis là, allez ! vas y ! rentre dedans ! tu peux t'exprimer, tu peux raconter, tu peux prendre ton temps, tu peux pleurer, tu peux être en colère, tu peux dire vraiment ce que tu penses…* ». Il est inutile de formuler des phrases comme celles-ci. Mais si la personne accompagnante se contente de cela, ce n'est pas suffisant. En effet, l'émotion de la personne accompagnée lui arrive en pleine face, cette dernière s'exprime un peu dans tous les sens et cela peut ne pas être si facile à réguler.

La protection du Parent Normatif (PNf)

Donc de l'autre côté, pour moi, je mets le Parent Normatif, celui qui surveille un peu comment les choses se déroulent – très délicatement - mais pour border un peu les contours émotionnels de la personne – pour éviter qu'elle ne se fasse du mal ou qu'elle ait des gestes qui peuvent la blesser, par exemple. Le Parent Normatif surveille aussi que l'environnement ne vienne pas parasiter ce qui est en train de se passer : on ne laisse pas une émotion s'exprimer devant la porte d'un ascenseur, par exemple, on fait rentrer la personne dans un endroit tranquille pour la protéger.

Le Parent Normatif prend son rôle très tranquillement : il surveille et contrôle que les choses se passent bien ; il est garant des frontières. Et puis il est occupé à montrer son respect, c'est-à-dire que, quoi que dise ou fasse la personne, elle reste une personne respectable. De même, si ses propos sont parfois un peu malheureux, comme lors de l'expression de la colère, elle reste respectable... Et l'émotion apportée est respectable aussi en tant que telle : c'est ce que j'appelle le respect.

La connaissance de l'Adulte (A)

Maintenant, s'il n'y avait que ça (PNf + PNr), c'est comme si la personne fonctionnait dans la relation avec uniquement le Parent, cela n'irait pas non plus, n'est-ce pas ? Essayez de manifester une émotion à quelqu'un qui n'utilise que le Parent, vous auriez l'impression d'avoir un bonhomme bizarre en face de vous. Donc, il y a quelque chose qui est de l'ordre de ce que l'on peut appeler « la connaissance », dans le sens très large du terme. Je pense que, dans le monde, il n'y a pas une seule personne qui n'ait jamais vu ou senti de la colère, je pense qu'il n'y a pas une seule personne qui n'ait jamais vu ou senti de la joie, etc. Avons-nous perdu cette connaissance ? Ce serait dommage. Si tel est le cas, peut-être avons-nous intérêt à recommencer à observer les autres, à nous documenter, à lire des ouvrages, à échanger avec des collègues. La connaissance est dans l'Adulte, prenez-le dans le sens « je sais, je connais, j'ai expérimenté... ».

Nous avons tous une connaissance émotionnelle et elle peut être variée, elle peut avoir été encouragée plutôt dans ce chemin ou plutôt dans celui-là. Ce que je veux dire par là, c'est que chacun, en fonction de là où il est né, a été influencé par des paramètres culturels pour exprimer ses émotions, que ce soit dans sa famille, dans son milieu social ou même dans son pays. Alors, si l'expression extérieure est différente pour chacun d'entre nous, cela ne veut pas dire que nous n'avons pas une certaine connaissance de l'émotion en tant que telle. C'est cela que j'appelle la connaissance et celle-ci nous est utile pour « permettre » l'expression émotionnelle, la guider pour que son chemin le plus aidant pour la personne.

La raison-nance de l'Enfant Libre

Enfin, aux côtés de la patience, de la protection et de la connaissance, il y a la « raison-nance ». Je souhaite ici évoquer deux significations avec le même mot. Il s'agit des verbes « raisonner » – pour le lien que l'émotion a avec notre raison, notre capacité à réfléchir dessus – et « résonner » – pour le lien avec la vibration que l'émotion déclenche chez nous.

Notre Enfant Libre, lui, connaît les émotions – donc il entre en contact avec une sorte de raison-nance… Je n'ai pas envie d'utiliser un autre mot car il désigne bien un processus instinctif, naturel, quelque qui se joue dans nos tripes…. Raison-nance… En fait je cherchais un terme exprimant l'image d'un coup de gong avec le son qui finit par entrer dans notre ventre… Ce serait donc quelque chose comme ça. Si j'exprime mon émotion à quelqu'un qui n'a aucune raison-nance, je vais avoir l'impression d'être face à un barreau de chaise – et parallèlement, si c'est moi qui raisonne face à l'émotion de l'autre, comment vais-je raisonner ? Est-ce que je raisonne avec mes propres douleurs, ou bien avec mon expérience personnelle ? Je peux aussi avoir une connaissance interne, de l'ordre d'une ancienne blessure et alors soit celle-ci n'est pas résolue et c'est un problème, soit j'ai résolu cette blessure et elle sera aidante pour moi et pour l'autre.

Vous avez sans doute rencontré des personnes qui vous ont dit : « *vous ne pouvez pas comprendre* ». Je m'intéresse beaucoup à cette phrase car, même si parfois ils disent cela, parce qu'ils ne savent pas exprimer ce qu'ils ressentent et même si nous pouvons quand même leur apporter de la compassion, je pense que parfois, effectivement, nous ne pouvons pas tout comprendre : car nous ne pouvons pas entrer en raisonnance.

Illustration

J'ai eu à entendre le chagrin d'un homme qui venait de perdre brutalement son fils, quelle est mon expérience du deuil ? J'ai pleuré lors du deuil d'un membre de ma famille… j'ai pleuré lors de la mort brutale d'un proche… mais la perte d'un fils pour un père ? Non, je n'ai jamais eu à la vivre, alors il y a sûrement des zones internes que je ne connais pas dans une telle situation. *« Ce n'est pas dans l'ordre des choses »* me disait-il en larmes. Intellectuellement je comprends ce qu'il dit, je ressens pour lui une grande compassion et je sais aussi que je n'aurais jamais pu lui dire *« je vous comprends »*, je n'aurais pas été honnête.

La connaissance puissante

Tous ces éléments réunis, à savoir la connaissance dans le sens large du terme (Adulte), la protection (Parent Normatif), la permission (Parent Nourricier) et la raisonnance personnelle font que je suis puissante pour mon interlocuteur. Je peux donc l'accompagner avec compétence et efficacité.

La capacité de l'Enfant à « comprendre », sans rien d'intellectuel, ce qui est en train de s'exprimer et la connaissance expérientielle de l'Adulte à des niveaux différents, c'est cela qui va donner de la puissance ; c'est cela qui va permettre à la personne de pouvoir apporter, vraiment, un bon accompagnement. Et cette puissance, vous pouvez l'avoir pour tel ou tel type d'émotion, pas forcément pour toutes... enfin, pas tout de suite... Et c'est bien comme ça, nous ne sommes pas talentueux pour tout et nous sommes entourés de confrères qui, eux, peuvent être complémentaires si l'un de vos clients en a besoin.

Le chemin émotionnel

Imaginons maintenant que je n'ai plus de problème avec l'émotion en tant que telle et que j'ai acquis la disponibilité nécessaire pour m'occuper des émotions de l'autre, puisque j'en ai « une certaine connaissance ». Je peux donc me centrer sur mon travail avec mon client. Lorsque celui-ci ressent une émotion, c'est que, pour lui, il y a eu un stimulus... quelque chose qui vient de se produire, conséquence de l'émotion qui s'est installée en lui. Cette émotion enclenche un chemin qu'elle aura à parcourir du début à la fin. C'est ainsi qu'à un moment donné, la personne est calme, puis, elle reçoit une turbulence (le stimulus) qui n'avait pas pris rendez-vous et, au bout de quelque temps, à partir du moment où elle s'en donne les moyens, la personne retrouve l'état dans lequel elle était au départ. C'est ce que l'on appelle l'**homéostasie**.

Je suis au départ dans une relative homéostasie, c'est-à-dire que j'ai une certaine stabilité, et quelque chose va arriver et perturber mon homéostasie. Il va y avoir une charge émotionnelle. Ensuite il y a une action à opérer et quand la décharge émotionnelle est terminée, la personne retrouve son équilibre avec la même stabilité qu'au départ. Le système retrouve son homéostasie (excepté si la « trace » laissée par l'émotion est trop intense).

Alors, en ce qui concerne cette charge, puis cette décharge, quand l'intervenant est dans la phase « permettre », cela signifie qu'il doit avoir la patience d'attendre, et laisser son client suivre son propre rythme et parcourir son chemin émotionnel jusqu'au bout. Bien sûr, ce n'est pas toujours facile, soit parce que le temps est limité, soit parce que notre client n'en a pas l'habitude et il résiste à montrer ses émotions et à les exprimer à fond.

S'il s'agit de la phase « donner des permissions », l'intervenant doit laisser le client envahir le terrain, et faire cette partie du chemin, dire tout ce qu'il veut exprimer de sa souffrance émotionnelle. Il faut le laisser faire ça, car s'il nous dit sa souffrance, et c'est en général ce que le client veut faire, le processus reste naturel. Quand une personne ressent une émotion, elle cherche quelqu'un à qui la dire – quelle que soit l'émotion –, à sentir que l'autre se laisse toucher.

C'est cela que la personne vient chercher auprès de nous, il faut donc se laisser faire. Enfin, elle attend également de nous que nous nous impliquions dans le processus.

4. AIDER

S'impliquer signifie « aider » puisqu'il s'agit bien d'aider le processus à se dérouler. Alors, que peut-on faire pour « aider » ? Voici quelques éléments techniques utiles face aux quatre émotions de base que sont la peur, la colère, la tristesse et la joie.

Offrir un contenant à la peur

Il faut faire cela en premier lieu pour éviter que la peur n'éclate partout. Pour votre client, ce peut être tout simplement fermer les portes et les fenêtres, ou bien lui mettre une couverture sur le dos (ou son manteau, si vous ne disposez pas de couvertures)…

C'est symbolique quand je parle d'« offrir un contenant ». Quand les gens ont de grosses décharges de peur à faire, ils tremblent et peuvent avoir l'impression qu'ils vont éclater. Ils peuvent avoir besoin d'être pris dans les bras. Souvenez-vous de l'histoire du petit garçon qui était tombé sur les rochers et que j'ai serré dans mes bras[1]... Le fait de tenir dans les bras peut permettre à la personne de rentrer dans sa peur. Tout dépend en fait de la situation. Votre préoccupation est que la personne sente qu'il y a un contenant, qu'elle peut se lâcher et qu'elle ne va pas exploser – c'est ce dont les gens parlent quand ils sont dans la peur. L'aide peut s'arrêter là. Si je m'en tiens là, la personne aura la sensation d'un certain apaisement et c'est déjà une bonne chose. Elle pourra reprendre ses activités même si tout n'est pas réglé pour elle. Mais si je choisis de prolonger mon accompagnement, c'est que je suis dans un contrat d'accompagnement qui me demande un travail plus long, un travail où je vais « ouvrir la parole » pour aider la personne à aller jusqu'au bout afin qu'elle se libère complètement de sa peur.

Donc, la faire parler absolument. Il faut aller la chercher au fond de sa peur, qu'elle vous la dise, qu'elle la nomme : « *Dis-moi, qu'est-ce qui se passe ? de quoi as-tu peur ? tu peux me la dire cette peur* ». La faire parler, la regarder et lui demander de rester en contact avec le regard, avec votre regard, pour qu'elle ne parte pas à l'intérieur d'elle-même. Que ses yeux ne partent pas à l'intérieur de sa peur. Il faut capter la personne, lui dire « *Regarde-moi, reste en contact avec moi* ». Ensuite, vous poussez un peu sur la manette de l'accélérateur : c'est-à-dire que vous l'obligez à regarder et à parler de ce dont elle a peur – de ce que moi j'appelle « le musée des horreurs » : « *Regarde en face ce qui te fait tant peur – vas-y ! Rentre dedans et dis-moi toutes ces horreurs que tu vois – oui ?... et encore... oui et quoi d'autre ?... et encore... et quoi d'autre ?...* ». Appuyez sur l'accélérateur pour l'aider à regarder et à dire. Dans ces moments-là, vous n'avez aucune idée de ce que la personne va dire, vous avez juste à la suivre en l'encourageant à continuer, sans vous arrêter à ses hésitations. Quand elle dit « *Mais je suis ridicule* », vous

---

[1]. Voir p. 36, la présentation du cas.

pouvez lui dire éventuellement « *Non… pas du tout… continue* ». À un moment, vous sentirez tout simplement qu'elle est parvenue au bout de son chemin.

Illustration
Jean travaille dans une entreprise où il existe une procédure particulière pour nommer quelqu'un « cadre ». Il s'agit pour le candidat, proposé par sa hiérarchie, de se présenter devant une commission constituée des membres du CODIR (comité de direction) et de certains autres cadres de l'entreprise, soit environ quinze personnes. Le candidat doit présenter, pendant vingt minutes, son service et les améliorations qu'il imagine, puis répondre à un « bombardement » de questions qui ont pour objectif de tester sa capacité à rester stable « quoi qu'il arrive ».
Jean me sollicite pour que je l'aide à réussir son « passage cadre ». Il s'est déjà présenté à un premier « passage » et il a été débouté par le jury de son entreprise. La raison du refus qui lui a été notifiée vient du fait qu'il avait perdu ses moyens lors de l'exposé et lors du jeu des questions-réponses auquel il fut soumis.
Suite à un premier travail de clarification de la situation et de l'essentiel de son besoin, nous cherchons ensemble à entrer en contact avec les peurs qui lui restent à l'idée de se retrouver en face du prochain jury :
MOI. – Imaginez-les tous les huit… là… en face de vous.
JEAN. – Hum…
MOI. – Vous les voyez ?
(Il se met à se raidir, il n'ose pas regarder les huit coussins que j'ai posés au fond de la pièce)
MOI. – Regardez-les et quand vous les voyez… dites-moi ce que vous voyez.
JEAN. – Ils rigolent.
MOI. – Ils rigolent… hum… hum… et quoi d'autre ?
JEAN. – Ils préparent des questions vaches.
MOI. – C'est quoi des questions vaches ?
JEAN. – Des questions dont je n'ai pas la réponse.
(Son front commence à perler de sueur)
MOI. – Imaginez que l'un vous pose une question vache.
JEAN. – Pfouuu !
MOI. – Qu'est-ce qui se passe ?
Jean. – C'est l'angoisse !
(Il se tord les mains, transpire de plus en plus)
MOI. – On continue ?
Jean. – Oui.
MOI. – Ok… vous n'avez pas la réponse… et alors ?
Jean. – Je me sens de plus en plus mal… j'ai envie de disparaître.
MOI. – Hum… hum…
JEAN. – Et ils recommencent à rigoler.
MOI. – Hum… hum…
JEAN. – J'ai envie de disparaître.

MOI. – Et… ?
JEAN. – Je vais sortir de la pièce.
MOI. – Et ?
JEAN. – Tout le monde va se moquer de moi.
MOI. – Et… ?
(il semble sortir d'un mauvais rêve)
JEAN. – J'ai l'air ridicule mais c'est vrai que c'est ce que j'imagine.

Nous avons pu ensuite reprendre les éléments tranquillement, il était revenu dans « l'ici et maintenant ».

Éventuellement, en fonction d'un certain nombre de paramètres culturels, vous pouvez toucher la personne ; mais si vous choisissez de le faire, ce peut être tout simplement du bout du doigt, sur le bout de sa main, un tout petit toucher. Toucher, c'est comme lui dire : *« Je garde le fil avec toi – tu peux rentrer dans ta peur, tu n'es pas tout seul, n'est-ce pas ? Il y a ce petit fil avec moi, tu vois, je te touche la main pour que tu sentes ce fil »*. Attention, les paramètres culturels, ce sont l'âge de la personne, son statut, la nature de la relation etc. Et c'est là toute la difficulté quand on veut accompagner les émotions : il s'agit de trouver sa juste place avec son client, la juste distance physique. Pour le client ci-dessus, j'avais observé qu'il acceptait de regarder sa peur en face si je me mettais un peu en retrait, pas en face, assez loin de lui. Lorsque j'étais plus près, c'est comme s'il était rassuré et il n'arrivait pas à entrer en contact avec sa peur.

Offrir une stabilité à la colère

Comme pour la peur, offrir « un contenant » pour la colère peut être aidant pour commencer. Fermer la porte, par exemple, peut permettre à la personne de crier à souhait. Cela peut être, également, l'isoler dans un endroit où elle ne pourra pas prendre à témoins d'autres personnes présentes. En effet, si une personne est en colère, elle attache beaucoup d'importance à ne pas perdre la face et s'il y a des spectateurs, elle risque d'augmenter son énergie de colère et ne pas accepter les éléments de la réalité.

Le « contenant » peut-être également d'établir un mini-contrat avec elle en commençant l'échange en premier par ce type de phrase : *« Tu veux me parler de ta colère maintenant ? tu veux que je t'écoute ? »* – *« Oui »* – *« Ok, vas-y, je t'écoute »*. Et si jamais ses propos deviennent insultants, vous avez alors à intervenir et sans tarder, toujours pour offrir « un contenant » : « *C'est ok que tu sois très en colère, ce que je te demande c'est de ne pas m'insulter, je ne le ferai pas envers toi non plus* ». Il peut être parfois utile de rappeler à la personne en colère que tout en ayant le droit d'être en colère, elle n'a pas pour autant le droit de casser ou d'abîmer ce qui l'entoure : « *C'est ok de s'agiter, de marcher de long en large, de faire des grands gestes, de dire de vilains mots, mais… ne rien abîmer !* ». Quand vous faites cela, d'une certaine façon vous la rassurez sur sa capacité de violence qui pourrait la déborder et aller beaucoup plus loin que ce qu'elle veut en fait, vous lui offrez le contenant protecteur et c'est rassurant.

Mais avec l'expression de la colère, il vous faut également « offrir une stabilité » à la personne, une stabilité humaine. Parce que si la personne qui est en colère voit que vous avez peur et que vous rasez les murs, elle ne va pas se sentir en sécurité. Il faut offrir une stabilité en face de la personne, une forme de contre poids. Ce peut être, par exemple, en se tenant debout, bien ancré dans le sol. Sans reculer, même si elle fait « grrrrrr ! » Il ne faut pas non plus être mou devant sa colère, comme si vous n'étiez pas vraiment concerné. Cette attitude risque de lui donner envie d'escalader pour vous contraindre à réagir. Il vous faut être dense, stable, sereinement fort. Il s'agit donc de se tenir en face de la personne et de reformuler ce qu'elle dit, comme elle le dit, sans interprétation. D'ailleurs, ce qu'elle veut surtout c'est être entendue, être écoutée, dans le bon sens du terme. Les gens en colère disent : « *Mais tu m'écoutes ? ! Tu comprends ce que je te dis ? Ce que tu peux dire ne m'intéresse pas, ce que je veux, c'est juste ceci : Est-ce que tu comprends pourquoi je suis en colère ?* ». Et « être entendu » signifie bien « être compris ». Cela ne veut pas dire pour vous que vous devez être d'accord avec elle. Ce qui est important, c'est que vous ayez compris, dans ce que la personne a exprimé, dans sa cohérence à elle, que telle ou telle situation a pu la mettre hors d'elle.

Illustration

Marc est commercial. Son meilleur ami Bertrand travaille dans la même entreprise. Notre contrat de travail concerne ses relations professionnelles avec ses collègues et avec ses clients. En effet, il reconnaît être parfois trop

agressif avec eux et souhaite comprendre le pourquoi de ces réactions dans un but de pacification.
Lors d'un entretien, Marc se montre furieux et très agité.
Moi. – Tu sembles particulièrement agité, tu veux m'en parler avant que nous commencions ?
Marc. – C'est à cause de Bertrand ! il est impossible ce mec !
(Comme si, moi, je le connaissais ce Bertrand ! Mais bon, ce n'est pas grave, on verra ça plus tard…)
Moi. – Et ?…
Marc. – *Mais tu ne comprends pas !* Je n'ai pas du tout apprécié ce qu'il m'a fait ! Je ne l'aurais jamais cru capable d'une vacherie pareille…, etc.
(Il marche de long en large, fait de grands gestes, tape sur les coussins)
Moi. – Ce que je comprends, c'est que tu es très en colère contre lui.
Marc. – Ah ! tu vois !
(Je ne sais toujours pas l'objet de sa colère, il est temps que je clarifie un peu)
Moi. – Bon… ton copain Bertrand…
Marc. – Ce n'est plus un copain après ce qu'il m'a fait !
Moi. – Ok… Bertrand ? Il t'a fait quelque chose que tu n'apprécies pas, c'est quoi ? que je te comprenne.
Marc. – Mais il a récupéré un contrat qui était pour moi !
Moi. – Oh !… si réellement il a fait ça, je comprends que tu sois si en colère contre lui.
(Je ne confirme ni n'infirme ses propos, je reconnais juste la logique de sa colère)
Marc. – Mais il l'a fait !
Moi. – Comment le sais-tu ?
Marc. – C'est l'assistante qui m'a dit que mon client avait demandé à lui parler, alors, tu vois !
Moi. – Et tu as vérifié avec Bertrand ?
(Là, il me regarde ébahi…)
Marc. – Ben…
(Marc m'informera plus tard que son client avait appelé Bertrand pour des raisons totalement personnelles, nous avons beaucoup ri ensemble de sa grosse colère…).

Reformulez donc ce que dit la personne, sans interprétation. Car, quand elle suit son chemin, elle arrive à dire ce qui est important pour elle. Et si elle vous entend répéter ce qu'elle a dit, elle peut rectifier elle-même, jusqu'à ce qu'elle trouve le mot juste. Votre travail serait donc de chercher… Vous devez chercher à comprendre la souffrance qu'elle vit. C'est quoi cette souffrance ? Quitte à lui demander deux ou trois fois *« Je ne comprends toujours pas suffisamment pourquoi tu es en colère »* ; *« Qu'est-ce qui se passe pour toi ? »* ; *« Qu'est-ce que l'autre a fait ? »* et *« Qu'est-ce que toi tu ressens qui fait que tu es tant en colère ? »*

Cherchez le cœur de la colère, le cri, le cri du cœur de la colère. Alors en attendant qu'elle parvienne à exprimer le cœur de sa colère, elle dit un peu n'importe quoi sur un peu n'importe qui, de manière un peu n'importe comment. Cela n'a aucune importance, vous êtes pour le moment simplement occupé à chercher le cœur de sa colère ; vous cherchez quelle est sa souffrance à elle.

Parfois, il peut être utile de mettre un coup d'accélérateur sur sa colère, un accélérateur un peu provocateur : *« Je ne comprends pas pourquoi tu es en colère, je ne comprends pas pourquoi, si l'autre t'a insulté, que du coup tu sois en colère, ça n'a pas l'air si grave que ça »*. Ce faisant, on pousse un peu en provocation pour que la personne arrive à dire le cri du cœur. Et vous savez que lorsque l'on entre en contact avec la vraie souffrance de la personne, on peut alors la comprendre plus facilement. Car tant que l'on n'a pas trouvé le cri du cœur de quelqu'un qui est en colère, on a du mal à dire que l'on comprend – on a du mal à accéder à la connaissance de ce que vit la personne.

Offrir de tenir un fil pour la tristesse

Pour la tristesse (vous vous rappelez que la personne la vit comme un puits sans fond ?), je propose d'offrir un fil, une main : *« Tu peux descendre au fond du puits, je ne te lâche pas la main, tu peux couler, couler, couler, couler, je suis là, je tiens la corde, ne t'occupe pas de ça, moi je te remonte si tu en as besoin »*. Il s'agit, encore une fois, de faire parler la personne, qu'elle ne pleure pas toute seule. Et, de même, si on met un peu l'accélérateur, elle dira plus facilement sa tristesse. Il suffit de lui ouvrir l'espace. Une manière d'accélérer le processus est de lui faire ressentir la perte. Car la personne pleure sur quelque chose, sur quelqu'un, sur la perte ou le manque. En la faisant parler sur ce qu'elle a perdu, ce qu'elle n'aura plus, sur le définitif, on accélère le processus. On insiste plusieurs fois jusqu'à ce que les pleurs s'arrêtent, on répète *« Donc ça veut dire que tu ne pourras plus ceci…. cela… avec cette personne ?… »*

Illustration
Isabelle participe à un stage de « gestion du stress » organisé par son entreprise. Les salariés y sont en effet très exposés au stress professionnel. À la fin d'une journée Isabelle demande à me parler « quelques minutes ». Le contrat que j'avais passé avec l'entreprise stipulait un certain quota d'entretiens indi-

viduels si je l'estimais nécessaire ; je sais par expérience que ce type de séminaire peut déclencher des réactions émotionnelles sur un autre plan que purement professionnel, que je dois permettre aux personnes une certaine confidentialité et qu'il m'apparaît protecteur d'offrir cet espace, soit pour simplement permettre à une personne de « poser son émotion », soit pour l'orienter vers un professionnel pour un travail futur.
Une fois avoir obtenu de la part d'Isabelle la raison de cette demande, j'accepte un entretien d'une demi-heure. Elle a vécu l'incendie total de sa maison, toute sa famille a été sauvée, mais ils ont tout perdu.
MOI. – Que veux-tu obtenir de ce moment avec moi ?
ISABELLE. – Juste poser un peu mon chagrin car je me sens envahie.
MOI. – Alors… tu veux bien me parler de ce chagrin ?
(Isabelle pleure en silence…)
MOI. – Tu pleures… tu veux me dire pourquoi ?
ISABELLE. –… J'ai tout perdu… ma maison… mon jardin…
MOI. – Dis-m'en plus sur ce que tu as perdu.
ISABELLE. – Toutes mes affaires, mes photos…
(Pendant quelques minutes, Isabelle va ainsi énumérer un certain nombre de choses qu'elle souffre d'avoir perdues, des petits détails touchants, des objets plein de souvenirs… le tout entrecoupé de pleurs)
Parfois, Isabelle s'arrêtait :
ISABELLE. – C'est trop dur…
MOI. – Je comprends… je suis là…
(Je lui prends la main)…tu peux continuer…
ISABELLE : C'est trop dur…
MOI. – Je comprends…
(Et sa litanie de souvenirs perdus reprend…)
MOI. – Et tout ça… définitivement tu ne les verras plus, n'est-ce pas ?
(Bien sûr, Isabelle a encore pleuré et à chaque fois je reprenais la liste des choses qu'elle avait évoquées)
MOI. – Ça va pour toi maintenant ?
ISABELLE. – Oui, ça va mieux.
MOI. – Prends soin de toi, rentre tranquillement te reposer, tu vas être un peu fatiguée ce soir.

Si vous faites cet accompagnement, faites en sorte que la personne aille jusqu'aux sanglots, sans craindre de s'y noyer et sans vous en inquiéter non plus, ce sont ses sanglots qui vont être libérateurs. C'est vrai que ce peut être très triste de voir quelqu'un pleurer sur une perte, une perte définitive, mais ne la consolez pas en cours de route, vous risqueriez de stopper le processus. Faites-lui confiance, le plus important pour elle c'est d'oser entrer dans son chagrin et de tout lâcher sans réserve. Une fois qu'elle a fini de pleurer, elle a fini de pleurer, elle y arrive toute seule (souvenez-vous de la petite fille qui pleurait sur l'absence de sa baby-sitter...). Si vous l'arrêtez avant, elle va garder en elle une zone de tristesse, et cette tristesse non terminée risquera de resurgir sans crier gare. Grâce au fil que vous tenez pour elle, vous offrez à la personne la possibilité d'exprimer toute sa tristesse et de s'en libérer.

Offrir le contact pour la joie

Pour la joie, mon expérience m'a appris que, lorsque quelqu'un est heureux de quelque chose, il n'a qu'une envie, que l'autre l'entende, et de la lui raconter, cette joie ! Alors, si vous voulez accompagner l'émotion de joie de quelqu'un, particulièrement quand cette personne n'arrive pas à la ressentir : cherchez le contact avec elle, avec ses yeux, ou bien par le toucher. Cherchez le contact avec elle pour qu'elle puisse s'exprimer. C'est plus souvent des personnes qui n'arrivent pas à exprimer leur joie qui nous consultent, pour les autres..., nous n'avons qu'à les suivre dans leur joie... c'est facile.

Quand quelqu'un est dans la joie et qu'il n'arrive pas à l'exprimer, il peut lui suffire de voir que vous aussi vous ressentez de la joie, de la joie pour lui, pour commencer à la ressentir. Il a besoin de voir que vous avez les yeux qui brillent, que vous êtes intéressé, c'est ça qu'il va chercher, qui va le stimuler. Ne soyez pas jaloux en vous disant « pourquoi lui et pas moi ? ». Facilitez, au contraire, l'excitation en demandant : *« Et alors ? Tu es content ? Je ne le vois pas assez, tu n'as pas l'air... tu dis ça d'une manière tellement neutre, détachée... »* Faites monter l'énergie, aidez-le à décupler, comme on dit, à « lâcher », à se lâcher, pour montrer combien il est joyeux, heureux.

Illustration
Dans une entreprise, le chef de service des commerciaux a instauré un rituel de félicitations quand un des membres de son équipe a réussi un beau contrat.
Lors d'une de mes interventions, je suis invitée à participer à ce rituel. Le participant concerné par ces félicitations, Alain, m'a dit clairement, devant tous ses collègues, qu'il n'est pas à l'aise dans ce type de circonstances, mais que, puisqu'il s'était engagé pendant le séminaire à être plus naturel, moins distant, il me demandait mon aide. Belle occasion pour faire des entraînements ! J'ai suggéré à chacun de bien rester centré sur lui et de le faire parler de sa réussite : *Alors, raconte ! il était comment ton client ?*

> ALAIN. – Bof ! normal… comme d'habitude.
> (Cela commençait bien timidement…)
> MOI. – Pourtant tu as réussi au-delà de ce qu'on pouvait espérer, tu as bien dû faire quelque chose pour ça, non ?
> ALAIN. – T'as sans doute raison.
> MOI. – Alors… Tu t'y es pris comment ? raconte !
> (Chacun s'est pris au jeu et l'a relancé). – C'est vrai !…. t'as fait ça ?… c'est super !…
> (À un moment, il s'est lui aussi piqué au jeu et c'est devenu très sympa)
> ALAIN. – En fait, c'est génial, je suis ravi ! C'est la première fois que je réussis un coup pareil !

Je m'étais mis comme critère qu'il devait « lâcher prise », arriver à lui permettre de rentrer en contact avec sa joie et, si le moment le permet, qu'il l'exprime avec le rire, le mouvement corporel, le petit pas de danse au besoin… bref, ce qui culturellement est acceptable. En un mot : montrer qu'on est content, le montrer avec tout le corps.

Vive les sportifs ! Vous les voyez lors des matchs, ce sont de beaux modèles d'expression d'explosion de joie, n'est-ce pas ? Ils ont une manière belle de s'exprimer, on voit de grands gaillards qui hurlent, qui sautent, qui se congratulent généreusement… au moins c'est exprimé, c'est libéré. On peut ne pas oser encourager un homme ou une femme, par pudeur culturelle, à exprimer cette énergie de joie, mais on peut chercher avec eux jusqu'où aller. Ça vaut le coup.

5. APAISER

Maintenant que les émotions ont été exprimées jusqu'au bout, il s'agit de passer à l'étape suivante : comment « apaiser » la décharge émotionnelle.

Normaliser la peur et chercher des options opérationnelles

Apaiser la peur, c'est la rendre banale, dans le sens noble du terme, c'est-à-dire « humainement naturelle », normale.

> **Illustration**
> Reprenons l'exemple de Jean qui va se présenter de nouveau au rituel de « passage cadre »[1] et qui est dans la peur. Si son patron, qui l'y a encouragé, lui dit :
> PATRON. – Oh ! Écoutez Jean, cela fait des années que dans cette entreprise les managers le font, il n'y a pas de quoi en faire toute une histoire !
> JEAN. – Oui, mais moi j'ai raté la première fois ! Je suis désolé, mais moi j'ai la trouille.
> En revanche, si le manager lui dit :
> PATRON. – Je comprends que vous ressentiez de la peur, c'est normal après un premier échec, c'est normal, ne vous en inquiétez pas, si vous voulez, on peut voir ensemble si je peux vous aider.
> Quel bonheur !

Vous voyez ce que signifie « rendre banal » dans le très beau sens du terme. Quand vous y réfléchissez, c'est vrai que la peur, en fait, est respectable, simplement parce qu'elle existe pour la personne et que ça ne lui sert à rien qu'on la dénie ou qu'on la minimise. C'est « normal » que Jean, qui avait raté son « passage cadre » et en avait un très mauvais souvenir, soit dans la peur rien qu'à l'idée de se retrouver devant les personnes qui l'avait récusé une première fois, etc.

Alors, une fois ce premier travail accompli, l'étape suivante est de chercher avec la personne concernée des options opérationnelles pour elle. Il est bien clair que ce n'est pas à vous à en donner, mais à elle d'en trouver. En effet, les options qui pourraient vous convenir ne sont pas forcément valables pour autrui. Chercher des « options opérationnelles », cela signifie pour la personne qui a réellement peur, qu'elle doit trouver elle-même ce qui va la rassurer.

La méthode à utiliser à ce moment-là et qui se montre la plus efficace, c'est d'« impliquer » l'autre dans cette recherche en lui disant, par exemple : « *Ok, je comprends que tu aies peur, je le vois. Qu'est-ce qui serait bon pour toi, pour que tu traverses ça ?* ».

Bien sûr, nous pouvons avoir des idées (c'est même mieux, ça peut être utile parfois), mais nous devons surtout commencer par

---

1. Voir p. 84, la présentation du cas.

nous taire. « *C'est toi qui as peur, c'est toi qui sais de quoi tu as peur... il n'y a que toi qui peux savoir ce qui va te rassurer, vraiment* ».

Parfois la personne hésite à donner ses idées, soit parce qu'elle se sent ridicule – et vous aurez alors à la rassurer sur le fait que, ça aussi, c'est normal, de se sentir ridicule dans ces moments-là, mais que ce n'est pas grave... on cherche quand même des options – soit parce qu'elle sait qu'elle ne vous a pas encore dit toutes ses peurs – et là, vous aurez à remonter à la phase précédente pour qu'elle les nomme.

Si elle n'a réellement pas du tout d'idée, vous pouvez lui en offrir, mais avec prudence, sans insister. La méthode serait de lui en donner deux : l'une qui va vers la gauche et l'autre complètement vers la droite, et en terminant en lui disant qu'une troisième peut peut-être être trouvée par elle. Ainsi elle sera encouragée à choisir vraiment. Lorsqu'elle aura fait son choix, n'hésitez pas à lui demander la raison de son choix et en quoi elle est sûre que cette option va être la bonne.

Illustration

Dans l'exemple de Jean[1] qui doit de nouveau se présenter à son « passage cadre », il a trouvé deux options qu'il a estimées bonnes pour lui :
– La première : faire des entraînements avec huit de ses collègues qui joueraient le rôle de « méchants jurés », le bombardant de « méchantes questions », et qui, en cours d'entraînement, prendraient le rôle de « jurés normaux » pour expérimenter une bonne ambiance.
– La seconde : se donner une image apaisante sur laquelle il pouvait se concentrer en cas de stress en situation, image qu'il a symbolisée par un petit dessin en haut de son bloc de papier.
(Il m'a téléphoné le soir de sa réussite, il était fier de lui !)

Cela nous permet de faire avec notre client un beau travail sur les Méconnaissances : chercher avec la personne des options opérationnelles pour elle, pour que la peur s'apaise. Il y a beaucoup de problèmes culturels quand on veut aborder la peur. Sommes-nous convaincus qu'il y a des options pour cette personne qui est dans la peur ? Sommes-nous convaincus que des options peuvent exister ? Sommes-nous convaincus que cette

---

1. Voir p. 84, la présentation du cas.

personne a la capacité à dire : « cette option ne me va pas », et « cette option, je la prends et elle me va bien » ? Ce n'est pas si évident que ça de travailler sur la peur, comme si c'était une émotion encore culturellement difficile à évoquer en France.

Reformuler le dommage de la colère

Pour la colère, c'est en reformulant le dommage que l'on peut trouver une voie vers l'apaisement. Par la reformulation du dommage subit par l'autre (« *Donc c'est ça qui se passe pour toi ?* »), nous exprimons notre propre « compréhension » et mettons en mots ce que nous en avons compris : « *Ce que tu es en train de dire, c'est que : parce que l'autre a fait ça, tu t'es senti comme ça, c'est ça que tu dis ? Hé bien !, Je comprends ta colère, ça a un sens pour moi* ».

Ainsi, si vous comprenez le sens de sa colère, vous allez pouvoir le lui dire : « je comprends le sens de ta colère, si l'autre a fait ce que tu dis, ce n'est pas acceptable ». Alors que si vous n'en comprenez pas vraiment le sens, vous allez simplement pouvoir lui dire : « oui, je vois, tu as l'air très en colère ». En fait, comprendre le sens de sa colère, c'est comprendre quelle douleur ressent cette personne pour qu'elle ait tant de colère ?

Illustration
Dans l'exemple de Marc et de son ami Bertrand[1], en fait, convaincu que Bertrand lui avait « piqué son client », Marc s'est senti trahi, trahi par son ami. Il était convaincu que Bertrand avait été déloyal et sa douleur était profonde, sincère. Bien sûr, il a ensuite compris qu'il avait imaginé tout ça sans avoir rien vérifié, mais dans l'instant, sa douleur était « vraie ».

Et quand quelqu'un est entendu dans sa colère, respecté, il peut s'apaiser, en tout cas, en partie.

Dans l'hypothèse où le dommage est réel, je peux reconnaître sincèrement la souffrance ressentie par mon client, je peux compatir, mais cela n'apportera pas tout l'apaisement attendu. Il faudrait que la personne qui est responsable de ce dommage le reconnaisse aussi. Et là, ce n'est pas toujours facile à obtenir. Parfois la personne a disparu (a changé de région, est décédée…),

---

1. Voir p. 86, la présentation du cas.

parfois elle est accessible, mais elle refuse de reconnaître sa responsabilité, parfois encore, la distance hiérarchique et ses convenances ne permettent pas à votre client d'exiger cette reconnaissance... Alors, ce que vous aurez à faire avec lui, c'est de lui proposer de vous exprimer à vous, ce qu'il voudrait exprimer à la personne, pour qu'ainsi il fasse l'expérience de dire quand même tout ce qu'il aurait voulu dire en vrai. Prenez le rôle de son interlocuteur et n'hésitez pas à lui signaler s'il est crédible ou pas dans son expression. Ainsi, quand vous aurez à dire *« oui, je comprends pourquoi tu es en colère contre moi et je te présente des excuses »* que ce soit pour de vrai, parce que vous l'avez senti.

Encourager à aller au fond de la tristesse

Ce qui va apaiser la tristesse – en toute logique par rapport à ce que nous évoquions précédemment – c'est d'encourager l'autre à descendre, sans crainte, jusqu'au fond. On va lui dire : *« Et qu'as-tu encore qui te rend triste ?... et quoi d'autre... ?... et encore ?... et... ? »* Et aussi : *« Plus jamais tu ne pourras ceci... plus jamais tu ne pourras cela »*. Mais si la personne n'a pas fini d'exprimer sa tristesse, elle se remettra à pleurer de plus belle. C'est alors que, tranquillement, vous reprendrez : *« Donc, plus jamais, plus jamais tu n'iras... »* ou bien *« Plus jamais tu ne travailleras dans cette entreprise, tu ne verras plus tes collègues, etc.... Je comprends cette tristesse, je la sens »*. Jusqu'à ce que la personne ait terminé sa boucle émotionnelle, et qu'elle vous dise d'elle-même : *« C'est ça »*. À ce moment-là, quand elle dit spontanément : *« Voilà, c'est pour cela que je suis triste »*, c'est le signe qu'elle est arrivée au bout du processus, qu'elle est apaisée.

Ce qui va apaiser la tristesse dans ce processus, c'est l'attitude patiente et compatissante que vous aurez auprès de la personne. Elle a besoin de sentir que vous êtes près d'elle, que vous avez la patience d'attendre qu'elle fasse tout son chemin, que si elle se plaint vous ne la jugez pas, vous la comprenez, vous comprenez sa souffrance, sa douleur. C'est ce partage qui fait du bien à la personne, ce sentiment de se sentir relié à quelqu'un dans la souffrance.

> ***Illustration***
> Dans l'exemple d'Isabelle qui avait vécu l'incendie de sa maison[1], nous avons terminé notre entretien par un échange : *« Prends soin de toi, rentre tranquillement te reposer, j'ai été touchée par ta tristesse, ce que tu viens de vivre avec ta famille est très douloureux… je comprends ta tristesse et j'imagine la leur »*.
> C'est une phrase que j'ai dite sincèrement et elle l'a senti. Nous n'avions pas besoin de mots supplémentaires.

Partager la joie et se réjouir

On peut se demander pourquoi faudrait-il « apaiser la joie ». En effet, la joie est considérée comme une émotion agréable. Alors pourquoi ne pas la laisser durer ? En fait, mes réflexions concernent plutôt les personnes qui, quand elles reçoivent un stimulus qui leur apporte de la joie, sont incapables de la partager avec les autres. Et comme ils ne l'expriment pas, ils gardent leur charge émotionnelle et, de ce fait, comme la joie nous relie aux autres, ils peuvent avoir un manque au niveau de leur compétence relationnelle.

C'est notre rôle de les aider pour que leur énergie se remette à circuler avec les autres et qu'ainsi ils obtiennent les bénéfices de cette joie. Nous pouvons nous réjouir pour l'autre et formuler clairement que nous « partageons » avec lui sa joie. Il est intéressant de formuler ce partage avec des mots et avec le ton, jusqu'à ce que la personne n'ait plus besoin de nous pour accéder à ce niveau d'énergie. À un moment, elle dit très tranquillement : *« Voilà je suis super content »*. Attention, elle sera très vite prête à repartir dans sa joie…. À vous de suivre ! Car ce n'est pas toujours si facile d'écouter l'autre dans sa joie et de la vivre avec lui, pour lui.

> ***Illustration***
> Dans l'exemple avec Alain[2], quand un de ses collègues lui disait : *« Jamais je ne t'ai vu comme ça ! Ça fait plaisir !*
> *– Toi aussi, t'en as réussi de belles, non ?* rétorquait-il.

---

1. Voir p. 88, la présentation du cas.
2. Voir p. 90, la présentation du cas.

– C'est vrai mais aujourd'hui, il ne s'agit pas de moi, mais de toi. C'est bien de toi qu'il est question, alors savoure ! »

On peut vite avoir envie aussi de partager ses propres joies, mais là ils ont été vigilants et ils sont bien restés centrés sur Alain. Ils ont sorti le champagne, l'ambiance était chaleureuse et Alain a été ravi d'être ainsi le centre du monde.

« J'ai réussi mon contrat ! Je ne me suis jamais montré comme ça, c'est super, et en plus, ça a l'air de vous plaire ! » finit par dire Alain.

On a tous ri et certains sont même venus lui donner de grandes tapes dans le dos !

6. RÉPARER

Le dernier mot du chemin est « réparer ». Dans ce processus d'accompagnement, si la personne vous demande de l'aider, c'est qu'elle a sans doute quelque chose à réparer par rapport à l'émotion qu'elle apporte. Lorsque le client est là avec son émotion, nous pouvons profiter de cet instant précieux pour l'aider dans le processus à réparer quelque chose afin qu'il en fasse une expérience positive.

Pour la peur : être calme et sans peur

Qu'est-ce qui est réparateur par rapport à la peur ? Deux éléments essentiels : être calme et ne pas avoir peur. Si nous sommes impatient qu'il en termine vite, ou si nous nous sentons agité à l'idée de ne pas savoir quoi faire pour qu'il sorte de sa peur, nous ne l'aidons pas. Notre calme, par contre, lui enverra un message de confiance : confiance en lui, en sa capacité à retrouver la paix, en sa capacité à trouver comment sortir de sa peur et confiance en l'autre.

L'autre élément concerne notre capacité à être près de lui sans peur. Nous savons que la peur fait peur, qu'elle est contagieuse et qu'en général les personnes qui la reçoivent envoient comme message en retour : *« Ne t'inquiète pas… ce n'est pas grave… ça va passer… »*, bien sûr, ceci pour se rassurer eux-mêmes. En fait, si au fond de nous nous avons peur, nous en bloquons l'expression chez l'autre. Puisque celle-ci nous incommode, notre interlocuteur n'ira pas jusqu'au bout ; en effet, puisque nous sommes capable de sentir sa peur, de son côté, il sentira également la nôtre et cela ne le tranquillisera pas, bien au contraire. Si nous sommes inquiet, c'est qu'il a bien raison d'avoir peur !

Pourtant, c'est notre calme intérieur qui a le plus de force pour permettre la réparation. Alors, si nous voulons aider la personne à faire une expérience positive, il s'agit tout simplement d'être calme et sans peur auprès d'elle. Quand il sent que je suis calme et tranquille, il peut, jusqu'au bout, traverser sa peur. Et cette expérience que je vis avec mon client est réellement apaisante pour lui : pour une fois sa peur n'a pas fait peur !

Pour la colère : s'intéresser avec respect

Quand on observe l'accompagnement de la colère, on remarque souvent, chez celui qui écoute, des réactions de rejet ou de désaccord, soit au niveau du contenu de ce qui est dit, soit de la forme utilisée, soit aux deux niveaux en même temps. Ces réactions sont souvent indicatrices de nos propres limites ou incompétences et non de l'inadéquation de l'expression de colère.

En effet, si une personne est en colère, c'est que quelque chose d'important s'est passé pour elle, quelque chose qui la révolte ; alors, c'est à nous à faire la part des choses, à ne pas nous arrêter en premier à la forme utilisée ou au choix de certains mots. Ce dont elle a surtout besoin, c'est de notre réelle écoute, c'est de sentir que nous sommes intéressé par elle en tant que personne et par sa souffrance, que nous la comprenons.

Il est inutile de lui dire que nous avons peut-être un autre point de vue qu'elle sur la situation, ou que nous aurions réagi autrement à sa place, ou encore que nous aurions dit les choses différemment… elle n'est pas là pour nous écouter mais pour être écoutée, être comprise.

La colère fait souvent suite à un sentiment de non-respect. La personne ne s'est pas sentie respectée, ou bien ce qu'elle a dit ou fait n'a pas été respecté, ou encore ses valeurs ont été bafouées… Le minimum que nous puissions faire pour l'aider à réparer sa souffrance, c'est de lui montrer notre propre respect. Nous pouvons le lui manifester de plusieurs manières : soit nous la respectons en tant que personne, soit nous respectons sa souffrance, soit nous respectons sa manière de réfléchir à sa situation…

Et c'est cette expérience qui sera réparatrice : l'expérience de notre respect, du respect que nous lui manifestons.

Pour la tristesse : être dans la confiance dans les facultés de l'autre

Quand la personne traverse sa tristesse elle vit intensément son chagrin car elle réalise vraiment que ce qu'elle a perdu, elle ne le retrouvera pas. Elle peut également se sentir profondément seule même si nous sommes auprès d'elle, et c'est un sentiment que je trouve naturel car, pendant qu'elle pleure, elle est occupée à revivre tous les instants qu'elle a perdus, à dérouler son film. Ce film, je ne le connais pas, c'est le sien, je sais juste qu'elle souffre, et que ce qu'elle vit est triste.

Ce qui est réparateur face à cette tristesse, c'est notre confiance en l'autre : « *J'ai confiance, tu descends au fond de ta tristesse et je sais que tu vas remonter plus tard, doucement* ». Il s'agit d'une confiance réelle en sa capacité à traverser sa souffrance et à retrouver la paix ensuite, confiance en sa capacité à ne pas rester dans une tristesse dépressive, confiance en sa capacité à renouer avec la vie.

Si vous restez près d'elle, dans le lien, sans la presser et avec un accueil inconditionnel, vous lui montrez, sans le dire, votre confiance. Elle a besoin de faire cette expérience, elle qui vit l'expérience d'une perte, elle a besoin de sentir que vous êtes là, confiant en sa capacité à renouer le lien avec vous puis avec le reste de sa vie.

Pour la joie : partager

Et pour la joie, nous savons qu'un des premiers pas réparateur est de reconnaître sa joie et de la vivre vraiment au contact d'autres. Pour quelqu'un qui rencontre des difficultés avec cette émotion, notre rôle sera souvent de l'aider à contacter cette joie qui est la sienne, pour qu'il puisse la ressentir pleinement. Ce qui sera alors réparateur sera son expression spontanée dans le partage avec nous et pour certains, ce moment est difficile à atteindre.

Souvent donc, avant que cette joie ne soit ressentie, nous aurons à l'imaginer pour lui, à nous « la figurer », à nous en réjouir et à trouver les mots et le juste ton pour le convaincre. Nous nous réjouissons pour lui, nous ressentons cette joie et nous la lui passons comme un fluide. Comme si, en quelque sorte, nous partagions notre propre joie pour lui, avant qu'il n'y parvienne.

Ce partage se fera pas à pas, à petite dose, en veillant bien à rester en contact avec lui, pour l'amener crescendo à résonner avec nous. Notre talent se mesurera à notre capacité à le suivre pas à pas dans sa joie, ni trop vite ni trop lentement. Lorsque nous le verrons exprimer librement tout le plaisir que cela lui procure nous serons dans le partage, sincèrement, et là, il expérimentera en interne la force de vie de la joie.

En conclusion de ce cheminement…

✓ 1. Recevoir.

✓ 2. Supporter.

✓ 3. Permettre.

✓ 4. Aider.

✓ 5. Réparer…

Voilà ce que je voulais vous dire à vous qui accompagnez des personnes et êtes confronté à leurs émotions. Lorsqu'une émotion surgit, n'oublions pas qu'elle est utile à la personne et qu'elle le relie aux autres, ces autres dont nous avons tous besoin. Dans chaque émotion, il y a un cœur émotionnel à découvrir et à entendre avec respect.

Rappelez-vous

Ce que je peux faire
Commencer par se taire : moins je parle, mieux l'autre se porte.
Faire confiance à l'autre.
Suivre et ne pas dépasser.

Ne pas faire
Rassurer trop vite.
Étouffer par trop de compassion.
Interpréter l'autre dans son cheminement.

4

QUELQUES EXEMPLES D'INTERVENTIONS

Vous trouverez ci-après des exemples tirés de ma pratique professionnelle en organisation. Vous y découvrirez une mise en pratique de la démarche décrite dans les pages précédentes. Ces exemples concernent des émotions vécues dans des relations duelles ou dans un groupe. Vous y trouverez des idées à adapter à vos pratiques ; en effet, chaque personne est différente et chaque situation spécifique. Votre talent viendra de votre capacité à intégrer des idées complémentaires à vos pratiques et de votre expérience.

1. MARC, PIERRE ET LUC OU LA RÉGULATION DE LA COLÈRE

Je dois mener un travail de cohésion dans une équipe de cinq commerciaux et leur patron. Nous en sommes à la seconde intervention et un climat de confiance permet aux participants d'être plus sincères et directs entre eux. Chacun a prévu, au début de la rencontre, le thème qu'il voulait aborder, c'est le tour de Marc qui implique Pierre dans son instant de régulation. Pierre a précédemment donné son accord pour entendre ce que Marc avait à lui dire.

Marc annonce qu'il est furieux contre Pierre car celui-ci lui a fait une remarque qu'il estime inacceptable :

« *Marc, quand tu es en entretien commercial, tu ne regardes pas le client, mais c'est moi que tu regardes, tu imagines l'effet que ça fait sur le client !* »

Marc s'en est plaint violemment à son patron, Luc, qui lui, de son côté, a rétorqué « *tu devrais plutôt remercier Pierre !* »

Depuis Marc ne parle plus ni à Pierre ni à son parton, il est furieux et souhaite : « clarifier la situation – s'expliquer ».

Une fois obtenu le contexte qui avait « permis » à Marc de se mettre en colère et vu la tension présente le jour de l'intervention, j'ai choisi de mettre en place une procédure pour faciliter l'expression de la colère *in vivo* et, en même temps, favoriser une réelle écoute entre les trois protagonistes : si quelqu'un a envie de prendre la parole, il fait un signe de la main et attend que l'on s'adresse directement à lui. Cette procédure a été acceptée par tous.

CHRISTINE CHEVALIER. – Marc, veux-tu me raconter pourquoi tu es si énervé ?

MARC. – Mais il faut me laisser être moi-même ! Ce n'est pas en m'en mettant plein dans le crâne… Un conseil, je suis d'accord, mais j'en ai trop supporté ! Ne me faites pas c… r ! J'en ai assez entendu, et en plus, il faudrait que remercie Pierre pour son conseil ! Ça, c'est trop fort !

CC. – Pierre, quel était le sens de ta remarque ?

PIERRE. – Et bien… Marc ne regarde pas le client, ce n'est pas poli, et cela m'inquiète vis-à-vis du client.

CC. – Hum, hum… d'accord, je vois, et toi Luc, quel était pour toi le sens de ta remarque « tu devrais plutôt remercier Pierre » ?

LUC. – Pour moi, c'est gentil de la part de Pierre de lui faire cette remarque, c'est pour l'aider, alors il doit remercier…

CC. – Ça fait partie de tes valeurs ?

LUC. – Oui, l'entraide entre collègues… alors on remercie au lieu de se braquer !

CC. – Ok, je comprends. Donc c'est une valeur importante pour toi et je comprends que tu veuilles la défendre. Simplement, la forme que tu prends est un peu… moralisatrice : « remercier ».

LUC. – Hum…

(Marc fait un signe de la main)

CC. – Marc ?

MARC. – Il est hors de question que je pardonne à Pierre quoi que ce soit !

CC. – Tu veux dire que quand Luc te parle de « remercier » tu penses qu'il faut « pardonner » ?

MARC. – Ben… je suis assez fier et je n'aime pas pardonner !

CC. – Je comprends que pour toi ce soit quelque chose de difficile d'entendre une remarque – tout le monde ne fonctionne pas pareil, mais je peux comprendre que tu fonctionnes différemment.

Dis-moi, est-ce que la remarque de Pierre était vraie ? est-ce que tu ne regardes pas ton client quand tu lui parles ?
MARC. –… Parfois oui.
CC. – Ok, chouette que tu l'aies remarqué aussi !
(Luc fait un signe de la main)
CC. – Luc, si tu estimes que tu dois intervenir, c'est pour « quoi » ?
LUC. – Je dois défendre le respect entre collègues et l'entraide, sinon où va-t-on ! En plus, je trouve que les engueulades entre collègues, ce n'est pas bon pour l'ambiance.
CC. – Ok, c'est super de voir combien tu prends tout ça à cœur !… Alors, si tu t'y prenais différemment, tu dirais quoi ?
LUC. – Pierre te donne une indication, c'est important que tu l'écoutes et que tu en fasses quelque chose, c'est plus neutre comme ça, non ?
CC. – Tu peux vérifier avec Marc si tu veux.
LUC. – Marc… tu sais, si Pierre a dit ça, c'est plus pour t'indiquer quelque chose d'utile que pour te démolir.
CC. – Marc ?
MARC. – Hum…., je suis quelqu'un de fier, il faut en tenir compte – il faut me laisser être moi-même – il faut en tenir compte – moi je veux bien qu'on me dise des choses, mais il faut faire attention à la manière dont on me parle – faut être gentil avec moi !
CC. – *Gentil* ? Je ne suis pas sûre que ce soit la question, ton collègue n'est pas « méchant » avec toi, non ?
MARC. – Non c'est vrai… mais si vous étiez plus gentils avec moi, moi je pourrais être plus facilitant dans les relations.
CC. – Ce que tu demandes n'est pas acceptable, tu commences par faciliter les choses d'abord et eux feront le reste, c'est 50/50, tu comprends ?
MARC. – Hum…
CC. – Dis-moi… le mot « correct » à la place de « gentil », conviendrait mieux, non ?
MARC. – Oui c'est ça, « correct ».
CC. – Tu ne l'as pas trouvé correct quand il t'a fait la remarque ?
MARC. –… En fait, j'ai du mal à accepter les remarques de qui que ce soit.
CC. – Je comprends que ça te soit difficile parfois… cela dit, a-t-il été incorrect avec toi ?

MARC. – En fait, non.
CC. – Et quand tu as été voir Luc, est-ce que tu as été « correct » en parlant de Pierre ?
MARC (rires). –… Ben, pas trop, car je l'ai traité de tous les noms d'oiseaux !
CC. – Et que penses-tu maintenant de la remarque de Luc ?
MARC. – Sur le fond, il a raison, mais… bon !
CC. – Si tu es d'accord sur le fond de sa remarque mais pas sur la forme… tu peux le lui dire.
MARC. –… Tu sais, Luc, j'étais énervé, t'as raison de me renvoyer dans mes buts mais… si tu m'avais dit ça autrement, j'aurai compris.
(Luc fait un signe de la main)
MARC. – Oui ?
LUC. – Si je t'avais dit : « Marc, tu n'as pas apprécié la remarque de Pierre, ok – mais il y a des choses ici qui sont non négociables, on se respecte entre collègues, tu dois écouter cette remarque et en tirer des conclusions », hum ?…
MARC. – Ça passe mieux.
LUC. – Que tu ne supportes pas les remarques, moi ça m'est arrivé, et je n'aime pas beaucoup non plus, tu as l'impression que je ne te comprends pas, ok, alors dis-moi à l'avenir les choses pour que je te comprenne mieux.

Ce que ces personnes avaient réussi à faire ensemble était, tout simplement : s'écouter, se comprendre et se manifester du respect.

RAPPELEZ-VOUS, FACE À LA COLÈRE DE L'AUTRE

Ce que je peux/dois faire
Chercher la « vraie » raison de la colère.
Canaliser les débordements.

Ne pas faire
Ne pas juger, surtout pas, jamais.
Ne pas prendre parti.

2. FRANÇOISE OU LA RÉGULATION DE LA PEUR

Discussion avec une personne qui veut s'inscrire en groupe de formation et qui dit en avoir peur ; elle a demandé à en parler avec moi pour l'aider à prendre sa décision définitive.

CC. – Pourquoi penses-tu que, pour rentrer en formation, il faut t'apprivoiser ? qu'il y a un danger pour toi ?

FRANÇOISE. – La crainte d'être jugée par toi, car il faut montrer ce qui me gêne.

(Je démarre ici le processus d'énumération des différentes peurs, sans y répondre, sans apporter quoi que ce soit comme réassurance)

CC. – Hum… hum… et quoi d'autre encore ?

FRANÇOISE. – Ben, tu peux faire un diagnostic psychologique ; tu vas avoir accès à des choses de moi que je ne sais pas, tu es une spécialiste, tu vas tout comprendre de mes problèmes, tu vas dévoiler mon non verbal.

CC. – Hum… hum… et quoi d'autre encore ?

FRANÇOISE. – Que tu ne répondes pas à mes questions et que je parte encore une fois avec un vide,

CC. – Hum… tu vois encore autre chose ?

FRANÇOISE (rires). – … Non, je crois que la liste est complète !

CC. – Chouette ! maintenant tu veux bien qu'on reprenne ça petit à petit ?

FRANÇOISE. – Ok.

CC. – Quand on a peur, il y a des choses justes et d'autres qui ne le sont pas, ok ? On fait le tri ensemble ? Je commence si tu veux, puis tu continues…

FRANÇOISE. – D'accord.

CC. – « Crainte d'être jugée »… Ici tu n'es pas jugée, nous parlerons de ce dont tu as besoin, de ce que tu veux partager, tu demanderas là où tu veux qu'on réfléchisse ensemble et nous resterons dans ce cadre.

FRANÇOISE. – Oui, mais si je dois montrer ce qui me gêne ?

CC. – En formation, on cherche d'abord à voir toutes les belles choses que tu fais, et quand tu te sentiras à l'aise, tu pourras évoquer ce qui te paraît plus difficile, seulement quand tu le voudras.

FRANÇOISE. – Ok, mais même si je n'en parle pas, toi tu verras des choses, et tu pourras faire un diagnostic sur moi.

CC. – C'est sans doute vrai que je « verrai des choses » et, autant que faire se peut, je te les dirai, si c'est utile par rapport à ta demande. Si ça ne l'est pas, je ne m'arrêterai pas dessus, je laisserai ça dans un coin, je serai avec toi, ici et pas ailleurs.
FRANÇOISE. – Et pour mes questions ?
CC. – Je trouve chouette les questions ! Si tu as des questions, elles seront les bienvenues, c'est ça qui fait avancer en formation et si jamais je ne réponds pas à une question, tu pourras me demander pourquoi.
FRANÇOISE. – Hum.
CC. – Tu me crois quand je te dis tout ça ?
FRANÇOISE. – Oui.
CC. – Il reste quelque chose dans le tiroir que tu ne m'as pas encore dit ?
FRANÇOISE. – Il me reste une appréhension mais… c'est comme la piscine : tant qu'on n'a pas été dedans, on peut rester dans la peur.
CC. – Belle image !… As-tu besoin de quelque chose de plus pour prendre ta décision ?
FRANÇOISE. – Non, ça va… je saute dans la piscine !

3. XAVIER OU LA RÉGULATION DE LA PEUR

Xavier est chef de service. Il a sollicité un coaching pour trouver des options devant sa difficulté à supporter l'agressivité d'un de ses collègues dont il est responsable. Après avoir établi notre contrat de travail, puis créé la confiance suffisante entre nous, nous abordons le thème de notre séance :
CC. – Pouvez-vous me décrire le comportement de votre collègue ?
XAVIER. – Quand je rentre en réunion, il me toise en croisant les bras d'un air supérieur et ironique, quand je dis quelque chose, il me critique ouvertement « *C'est ridicule* », il a des phrases assassines « *Vous savez, vos idées on n'en a rien à faire ! Vous pouvez toujours essayer, mais on ne fera pas ce que vous demandez, personne ne vous suivra !* »
CC. – Et de votre côté, comment réagissez-vous ?

XAVIER. – Je pique un fard, j'ai la gorge nouée, je n'arrive plus à parler, je bafouille.
CC. – Dans quelle émotion êtes-vous ?
XAVIER. – La peur !
CC. – Et les autres personnes présentes ?
XAVIER. – Ben, elles ne disent rien, regardent ailleurs. En fait, elles ont peur pour elles aussi et préfèrent faire comme si elles ne voyaient rien.
CC. – Donc, ce monsieur est très fort... il fait ce qu'il veut et personne ne bronche, c'est ça ?
XAVIER. – Mais, comment voulez-vous... ! Il est odieux et personne n'a envie de supporter ce qu'il me fait vivre !
CC. – Oui, je comprends parfaitement... et donc, vous rendez service à tout le monde ?
XAVIER (rires). –...
CC. – Ok, vous avez raison de rire, nous n'allons pas laisser ce monsieur nous faire peur ici, n'est-ce pas ?
XAVIER (rires). –.... Mais bon, et alors ?
CC. – Posons les choses tranquillement si vous voulez bien : quand vous voyez le comportement de ce monsieur, vous êtes « bousculé » au niveau émotionnel, et avec du recul, vous en pensez quoi de son attitude ?
XAVIER. – C'est inacceptable, tant envers moi que vis-à-vis du service !
CC. – Ah ! en voilà une opinion bien nette ! et pourquoi dites-vous que c'est « inacceptable » avec tant de puissance ?
XAVIER. – Mais on ne doit pas se comporter comme ça ! c'est dévalorisant et ça pourrit l'ambiance du service, les gens ont peur, et en plus, on est une société de service, ça ne donne pas une bonne image vers l'externe.
CC. – Donc, au niveau de ce que vous pensez, ça marche bien, vous avez des repères nets de ce qui peut se faire ou ne pas se faire, n'est-ce pas ? si on en a besoin, ce niveau-là il « marche bien ».
XAVIER. – Oui, mais ça ne m'aide pas.
CC. – Patience ! Revenons à votre peur... quand commencez-vous à avoir peur ?
XAVIER. – Dès que je sais que je vais le voir et particulièrement en réunion, car il se sent en force.

CC. – Ok, donc, rien qu'à l'idée de le voir, la peur s'installe ?
XAVIER. – Oui c'est ça, j'ai les mains moites et je ne pense qu'à ça.
(Je veux ici rendre la peur « normale » et utile)
CC. – C'est normal ce qui vous arrive : la peur vous sert à quelque chose, la peur est là car vous imaginez un danger, et la peur vous prépare à affronter ce danger – ce qui manque pour vous c'est « quoi faire avec cette peur ? »
XAVIER. – Je ne savais pas que la peur était « utile », en tout cas, moi, elle m'inhibe !
CC. – En fait, la peur nous informe d'un danger, maintenant il s'agit de savoir s'il est réel ou imaginaire… Qu'est-ce que vous imaginez qu'il va vous arriver ?
(Je souhaite lui faire exprimer toutes les « horreurs » qu'il imagine pour que sa peur soit nommée au plus près de ce qu'il vit)
XAVIER. – Je vais perdre tous mes moyens.
CC. – C'est-à-dire ? Racontez-moi tout ce que vous imaginez de pire qu'il pourrait se passer ?
XAVIER. – Je vais me mettre à bredouiller…
CC. – Hum… hum…
XAVIER. – Au pire, je me mets à pleurer et je sors de la pièce en pleine réunion…
CC. – Si vous imaginez cela, je comprends combien vous devez avoir peur…
XAVIER. –…
CC. – Donc, si je reformule ce dont nous venons de parler… Vous avez peur car vous allez rencontrer un monsieur très désagréable, qui va se moquer de vous et vous dévaloriser sans vergogne… et vous vous imaginez perdre vos moyens au point de vous mettre à pleurer et de sortir…
XAVIER. – Oui.
CC. – Et en même temps, votre observation et votre réflexion vous font dire que ce monsieur dépasse les limites de l'acceptable dans cette situation…
XAVIER. – Oui ! c'est inacceptable !
CC. – Et quand vous avez peur… vous perdez votre pensée…
XAVIER. – Oui…
CC. – Et ça… il le sent…

XAVIER. – Hum…

CC. – Quand les personnes ont peur par anticipation, c'est souvent parce qu'elles imaginent *à l'avance* qu'elles vont perdre.

XAVIER. – C'est exactement ça, je pars battu d'avance ! Mais bon, je ne vois pas quoi faire…

(Je vais maintenant l'accompagner pour qu'il trouve un ou plusieurs options « fiables » pour lui)

CC. – Quand on a peur, tout ce qu'il y a à faire c'est de trouver ses ressources pour ne plus avoir peur ou en tout cas, la gérer pour qu'elle ne nous submerge pas au point de perdre ses moyens. Ok pour chercher vos ressources ?

XAVIER. – Mouuuuuiii…

CC. – Vous n'avez pas l'air convaincu ?

XAVIER. – Ben, je vois pas…

CC. – Vos ressources sont dans votre attitude physique, votre capacité à rester en contact avec votre pensée et… le soutien de personnes fiables.

XAVIER. – C'est-à-dire ?

CC. – dans votre entreprise, qui peut comprendre la situation et la trouver, comme vous, absolument inacceptable ?

XAVIER. – Mon patron, mais il me laisse me débrouiller !

CC. – Qui d'autre ?

XAVIER. – Un de mes collègues, chef de service aussi, il est d'ailleurs très en colère contre le mec et m'a plusieurs fois dit : *« Il n'a pas intérêt à se trouver sur ma route celui-là ! »*

CC. – Voilà donc deux ressources de poids que vous pouvez emmener avec vous quand vous rentrez dans la pièce !

XAVIER. – Ah oui ! faire comme ci j'avais des acolytes à côté de moi !

CC. – Si vous les sentez à côté de vous, vous allez vous sentir plus fort, non ?

XAVIER. – Sûr ! et quoi d'autre encore ?

CC. – Chouette de voir que vous changez d'énergie !

XAVIER. – C'est vrai qu'en pensant à eux je me sens dans mon bon droit…

CC. – Voyons au niveau physique ?

XAVIER. – Mains moites, gorge et ventre noués…

CC. – Avant de rentrer « dans l'arène », que pouvez-vous faire au niveau physique ?

XAVIER. – Prendre un temps de préparation au lieu d'y aller, à peine sorti d'une autre activité.

CC. – Super ! et dans cette préparation… qu'allez-vous faire ?

XAVIER. – Respirer ! respirer un grand coup, faire des mouvements, marcher… en fait, je me crispe et c'est ça qui ne va pas… Je peux même m'octroyer carrément quinze minutes rien que pour ça !

CC. – Vous vous voyez le faire ? protéger ce temps ? ou bien avez-vous besoin de prévoir quelque chose avec votre assistante pour que vous ne soyez pas dérangé ?

XAVIER. – Bonne idée « je ne suis là pour personne » ! pas difficile à mettre en place…

CC. – Bien… il nous reste maintenant : quand vous rentrez dans la pièce ? à quoi vous allez penser pour éviter de « descendre dans l'émotion » ?

XAVIER. – Ah oui ! penser au lieu de ressentir ? !

CC. – Exact !

XAVIER. –….En fait, ce mec, c'est lui qui est ridicule et mon opinion est juste, quoi qu'il dise ou fasse, je reste avec mes idées, je ne les changerai pas… Je dois plus penser qu'il a tort de fonctionner comme ça et qu'il se ridiculise, plutôt que de penser que je suis nul !

CC. – C'est vrai, ça ?

XAVIER. – Mais bien sûr que c'est vrai ! En fait, je suppose même que je ne vais plus le regarder de la même façon

CC. – C'est-à-dire ?

XAVIER. – Je ne vais même pas le regarder du tout comme je le faisais avant. Je vais me centrer sur le job à faire et sur les personnes sympas du groupe…

CC. – Et s'il fait un commentaire ?

XAVIER. – Il n'a pas intérêt !…

CC. – Hum…

XAVIER. – Bon… S'il fait un commentaire, je peux… ne pas répondre… ou bien ne pas répondre du tac au tac… ou penser à mes acolytes… C'est marrant, je ne vois plus les choses de la même manière !

CC. – Comment vous sentez-vous ?
XAVIER. – Plus cool et… plus stable.

RAPPELEZ-VOUS, FACE À LA PEUR DE L'AUTRE

Ce que je peux faire
Rester calme.
Faire parler des choses qui font peur.
Aider la personne à trouver des options rassurantes.

Ne pas faire
Ne pas rassurer, ne pas jouer au pompier.

---

4. ODILE OU LA RÉGULATION DE LA TRISTESSE

Odile travaille dans un service où elle accueille des personnes en grande difficulté au niveau financier. Elle a la responsabilité de trouver avec elles des options réalistes. Elle est souvent confrontée à des situations particulièrement délicates du fait des situations familiales et sociales des personnes dont elle s'occupe.

Sa demande auprès de moi : retrouver la paix après avoir été bouleversée à la suite d'un rendez-vous.

ODILE. – Je n'arrive pas à me remettre du dernier rendez-vous de la semaine dernière.

CC. – Hum… hum… « tu n'arrives pas à te remettre »… Que veux-tu dire ?

ODILE. – Je suis effondrée, toute retournée, je n'arrive pas à l'oublier, passer à autre chose.

CC. – Tu veux dire que tu es triste ?

ODILE. (les larmes aux yeux) – Oh oui… très triste… Je pense à cette femme et ses trois enfants… plus un rond… le mari qui les a plaqués…

CC. – Je vois combien tu es touchée… dans ton job, tu rencontres beaucoup de gens comme ça, y a-t-il quelque chose de spécial avec cette famille ?

ODILE. –... On a le même âge, trois enfants... moi, j'ai tout et elle plus rien...
CC. – Hum... hum...
ODILE. (Elle pleure)
CC. –...
ODILE. – La vie est mal faite !
CC. – Hum... hum...
ODILE. – Ce n'est pas juste... elle s'est faite avoir par le système... elle n'a pas d'éducation... ne sait pas se défendre...
CC. – Es-tu en colère ou triste ? ou les deux ?
ODILE. – Un peu en colère mais en fait très triste... quelle vie elle doit avoir !...
CC. – Tu es triste pour elle ?
ODILE. – Oui.
CC. – Parce qu'elle a tout perdu ?
ODILE. (se remet à pleurer) –... Oui, elle a tout perdu !
CC. – Oui, elle a tout perdu... C'est la réalité de cette femme, tu travailles dans un service où vous faites tous un boulot super pour aider ces familles... De quoi as-tu besoin pour t'apaiser, toi ?
ODILE. –... D'en parler.
CC. – Ça, c'est ok et tu le fais très bien.
ODILE. – Me distancer de cette histoire... c'est sa vie, pas la mienne.
CC. – Juste.
ODILE. – Je crois que ce que j'ai vu aussi, c'est sa détresse... elle suppliait doucement... et moi je suis en face avec ma vie...
CC. – Hum... hum...
ODILE. –...
CC. – Est-ce que tu croyais que tu devais faire quelque chose de spécial pour elle ?
ODILE. – Oui en fait, si j'avais pu lui enlever sa détresse...
CC. – Et maintenant, tu en es où ?
ODILE. – J'ai compris mon malaise.
CC. – Et ?....
ODILE. – C'est sa vie, pas la mienne.
CC. – Et ?
ODILE. – Je peux compatir, lui montrer que je compatis, mais ce n'est pas la peine que je me rende malade.

CC. – Comment te sens-tu maintenant que tu en es là ?
ODILE. – Calme.
CC. – Je trouve chouette le chemin que tu viens de faire ; c'est normal que tu ne sois pas insensible aux souffrances des personnes que tu rencontres, mais il est normal aussi de garder une distance avec ces souffrances ; ce n'est pas pour ça que tu ne restes pas une personne humaine.

RAPPELEZ-VOUS,
FACE À LA TRISTESSE DE L'AUTRE

Ce que je dois faire
Aider la personne à pleurer.

Ne pas faire
Ne pas la cajoler.

---

5. LOÏC OU LA RÉGULATION DE LA JOIE

Loïc est consultant/coach *freelance*. Il vient régulièrement en supervision pour obtenir le soutien dont il a besoin pour réussir ses interventions et pour développer de nouveaux clients « en direct ».

Aujourd'hui, il m'annonce qu'il a réussi à décrocher un contrat important chez un client où il était en concurrence avec deux autres confrères. Dans notre entretien, il ne montre pourtant pas un grand enthousiasme…
CC. – Je te félicite !
LOÏC. – Merci.
CC. – Et ?
LOÏC. – Quoi ?
CC. – Tu es content ?
LOÏC. – Oui.
CC. – Pourtant, tu n'as pas l'air content ?
LOÏC. – Si, si, je suis content, mais bon…

CC. – Tu sais, je suis vraiment ravie pour toi ! C'est une superbe réussite d'être celui qui est retenu entre trois confrères !
LOÏC. – Hum…
CC. – Tu n'as pas l'air de réaliser que c'est un vrai succès, tu avais une chance sur trois, donc rien n'était gagné au départ, bravo, bravo, bravo !
LOÏC. – Oui… c'est vrai.
CC. – Et tu te souviens ? Quand tu as préparé ton offre, tu n'étais pas sûr d'être choisi, tu étais inquiet de ton positionnement vis-à-vis des autres.
LOÏC. – C'est vrai, j'avais oublié… en fait je ne réalise pas.
CC. – Mais c'est super ! je suis ravie, vraiment !
LOÏC. – Merci.
CC. – Je ne te dis pas ça pour que tu me dises « merci », mais pour que tu te réjouisses avec moi.
LOÏC. – C'est vrai… c'est sympa en fait.
CC. – Tu en as parlé à quelqu'un, à un copain ?
LOÏC. – Non, pourquoi ?
CC. – Pour célébrer ça avec lui, pardi !
LOÏC.…
CC. – Tu en connais un qui serait ravi pour toi ? qui sait se réjouir des bonnes nouvelles ?
LOÏC. – Oui.
CC. – Il s'appelle comment ?
LOÏC. – Yann.
CC. – D'accord, alors, en sortant d'ici, tu vas l'appeler et organiser une rencontre autour d'un verre pour faire une petite fête avec lui, c'est ça qu'on fait quand on est content.
LOÏC. – Ok.
CC. – Hum… attends… parlons un peu plus de tout ceci… dis-moi en quoi, en fait, tu es content.
LOÏC.… J'ai un nouveau contrat.
CC. – Oui !… et pourquoi es-tu content en fait ? Ça ne se voit pas trop quand tu en parles…
LOÏC. – Je suis content car j'ai réussi l'entretien de sélection.
CC. – Et…
LOÏC. – Que ce n'était pas gagné d'avance et qu'on était trois sur les rangs.

CC. – Vas-y encore ! Donne-moi d'autres détails…
LOÏC. – Mais je vais avoir l'air un peu bête…
CC. – Tu vas plutôt avoir l'air d'un homme heureux et c'est de circonstance !
LOÏC. – Bon… en fait, je le voulais ce contrat, je m'étais super préparé et ça a marché…
CC. – Tu es sur la bonne voie… continue…
LOÏC. – Il y en avait deux autres, mais c'est moi qui suis passé en tête !
CC. – Oui !
LOÏC. – Ça va me faire plein de boulot et en plus une belle référence.
CC. – C'est vrai, c'est super !
LOÏC. – Et puis c'est un client en direct, ça c'est super, je vais pouvoir être chef d'orchestre sans passer par un intermédiaire, j'ai un peu peur mais c'est un beau défi !
CC. – Ça c'est chouette aussi !
LOÏC. – Et puis, tu sais, pendant la présentation, en fait, je me sentais en pleine forme, je suis sûr que ça a été un élément déterminant pour le client, je me voyais faire ! Ah ça c'est marrant ! Tu vois, après coup ça me revient, c'est sympa !
CC. – Hé bien ! voilà ! T'as l'air vraiment content maintenant !
LOÏC. – En fait, c'est vrai… je me sens en pleine forme… c'est marrant, au début je ne m'en rendais pas compte… j'appelle mon copain en sortant… il aura tous les détails… on va passer un bon moment !

RAPPELEZ-VOUS,
FACE À LA (NON) JOIE DE L'AUTRE

Ce que je peux faire
Relancer la pompe.
Se réjouir avec, vraiment.
Le faire vivre l'instant, ressentir l'événement.

Ne pas faire
Ne pas le laisser rationaliser ou parler d'autre chose.

Partie
III INTERVENIR EN SITUATIONS DE CRISE : CONFLIT, VIOLENCE/AGRESSIVITÉ

Cette troisième partie a pour objet la gestion des situations de crise. Je vous propose tout d'abord un éclairage sur tout ce qui peut aider à la résolution de conflit. Je détaille ensuite différents repères pour comprendre certains éléments en jeu dans la violence et l'agressivité. Enfin je partage des expériences concernant des interventions que j'ai été amenée à conduire auprès de personnes ou de groupes ayant été confrontés à des chocs violents de natures différentes. Je propose alors des procédures d'intervention, tant au niveau des interventions possibles que de ce que chacun peut faire pour se protéger des conséquences de ces chocs.

5

ACCOMPAGNER (OU NON) LES CONFLITS

Nous avons tous fait l'expérience qu'un incident banal peut dégénérer très vite en un conflit sérieux, surtout s'il n'a pas été pris en compte au démarrage. Nous pourrions apprendre à anticiper sur tout ce à quoi l'incident banal peut mener, car si celui-ci dégénère, nous arrivons vite au conflit. Et si nous en sommes à ce stade, nous aurons à rechercher un équilibre entre le gain et la perte que chacun devra négocier avec l'autre.

Mais tant que l'une des parties soupçonne l'autre, il est impossible à cette dernière de prouver que les soupçons de son adversaire ne sont pas fondés, de plus lorsque quelqu'un est trop profondément impliqué dans une situation, il lui est difficile de prendre du recul sur la situation.

C'est pourquoi la présence d'une tierce personne joue un rôle fondamental dans le processus de résolution de conflits. Pourtant les personnes répugnent à impliquer quelqu'un dans leur conflit alors que c'est une méthode qui a fait ses preuves. Dans l'hypothèse où ils l'acceptent, encore faut-il que la personne qui s'implique se protège un minimum.

LE CONFLIT : DE QUOI S'AGIT-IL

Les types de désaccords

En pratique, on peut dire que les situations suivantes sont génératrices de conflit :

1. Deux personnes sont en accord sur la situation mais en ont des perceptions différentes : une même chose regardée par des personnes ayant les mêmes préoccupations et animées par les mêmes motivations peut malgré tout être vue différemment, par exemple : chacune possède une information différente, ou bien chacune met l'accent et la priorité sur un aspect particulier (cela peut aller jusqu'à se centrer sur un détail infime).

2. Deux personnes revendiquent en même temps la satisfaction de leur besoin. Leur désaccord se situe au niveau de « qui obtiendra satisfaction avant l'autre ? » La personne dont le besoin n'est pas pris en compte va se sentir frustrée. Sa réaction réflexe dans ce cas va être de se précipiter sur une solution, pour ne plus ressentir le sentiment désagréable. Cela dit, il y a de fortes chances que la solution proposée par l'un ne convienne pas à l'autre. L'apaisement ne viendra que quand les besoins de chacun seront pris en compte.

3. Face à une prise de responsabilité, chacun veut prendre la place « du chef », de celui qui décide, pour prendre le pouvoir.

La peur en jeu dans le conflit

Les protagonistes dans un conflit ont tous les deux peur de la défaite ; ce qui aura comme conséquence parfois de les freiner pour « entrer en conflit », ou, dans l'hypothèse où ils démarrent le processus de résolution, de maintenir le conflit aussi longtemps que possible, par peur de perdre.

Nous avons vu que lorsqu'une personne « a peur de perdre », cela la renvoie à un sentiment d'humiliation et que de ce fait elle va dépenser une grande énergie pour préserver l'image de soi. Ceci peut nous expliquer pourquoi, dans les conflits, l'énergie est très importante, voire violente.

Si vous souhaitez accompagner des personnes en conflit, un élément, pour tenir compte de ces sentiments, serait d'imaginer des « portes de sortie » afin que chacun « garde la face » et ne vive pas la fin du conflit comme une défaite.

Les valeurs en jeu dans le conflit

Il apparaît souvent, dans les conflits, une référence à des valeurs, comme si la morale, l'éthique, les valeurs étaient un facteur absolu qui allait « faire gagner » celui qui y fait référence. Bien sûr, chacun estime que ses propres règles morales sont supérieures à celles des autres et est certain de la justesse de sa position. Ce modèle est rigide et générateur de conflits, car ce dernier survient lorsque les règles se heurtent ou se contredisent.

Cela dit, si nous observons finement ce qui est évoqué, nous réalisons que chacun choisi ses références en fonction de la position qu'il veut défendre et s'il s'agit d'un autre conflit, il choisira une autre valeur mieux adaptée à la situation.

De plus, derrière les valeurs, nous « entendons » souvent les principes et les croyances autour desquels la personne s'est construite. De ce fait, elle n'est pas facilement prête à les modifier, même si vous essayez de lui faire comprendre que sa position « n'est pas logique ». Il est en effet plus confortable pour chacun de continuer à voir le monde avec ses lunettes...

« Établir » les faits

Il s'agit, ici, de faire le point sur les éléments de réalité. Les personnes disent qui elles sont et décrivent ce qui s'est passé, qui fait qu'aujourd'hui elles sont en conflit. Chaque personne a une version à raconter, il est important de les écouter toutes les deux avec le même sérieux.

Votre expérience peut être une aide précieuse pour clarifier la situation et éviter des interprétations erronées, mais elle est aussi un piège, car vous arrivez en présence d'un conflit avec vos propres lunettes...

LES MANIFESTATIONS DU CONFLIT

L'affrontement par la force

La personne utilise la menace, le chantage, la violence verbale.

L'adoucissement

La personne minimise les désaccords, reste dans le flou, n'ose pas donner les véritables raisons de son désaccord.

La fuite

La personne évite le sujet ou se concentre sur autre chose ; ou alors elle dramatise le conflit.

L'affrontement par la négociation

L'accent est mis sur la résolution du problème dans le respect des personnes et dans le but d'arriver à une solution où chacun est gagnant.

LES MÉCANISMES DE RÉSISTANCE

La rationalisation

Mécanisme qui a pour but de justifier nos actions pour des raisons en apparence très logiques ; nous déguisons les vraies motivations.

La forme réactionnelle

Adoption de comportements à l'opposé de ceux que nous n'aimons pas en nous-mêmes pour cacher nos véritables sentiments ou motivations.

Le déplacement

Le déplacement d'un sentiment (agressivité ou hostilité, ou autres) vers une personne ou un objet ou autre que la personne ou l'objet primitif.

La projection

C'est la tendance à attribuer aux autres nos propres sentiments ou motivations (diminution de notre anxiété provoquée par la reconnaissance de désirs ou d'instincts inavouables).

Le plus de l'AT QUE SE PASSE-T-IL EN LANGAGE AT ?

Le Parent Normatif Persécuteur et l'Enfant Adapté Rebelle négatif

> *Le Parent Normatif Négatif cherche à diminuer son interlocuteur en incluant un rabaissement ou une dévalorisation.*
>
> *L'Enfant Adapté Rebelle Négatif reproduit des modèles de comportements de rébellion de l'enfance qui ne sont plus adaptés à sa situation de grande personne.*

Au démarrage de la résolution d'un conflit, il n'est pas rare que la confiance arrive, mais il y a toujours un moment où l'un des partenaires sent que sa victoire n'est plus possible. Il va donc chercher à s'en sortir avec les honneurs :

« *ne jamais renoncer* » *ou bien* « *résister jusqu'à la mort* »

Mais l'autre estime que le premier doit être puni et est réticent à le laisser se tirer d'affaire : il est à genoux, on doit l'achever. Or, l'humiliation n'est pas faite pour améliorer la relation ! L'objectif dans ce cas est d'établir sur l'autre une domination qui permettra ensuite d'intimider l'adversaire… et notre tendance naturelle à nous défendre contre les accusations bloque complètement la recherche de meilleures options…

Si vous travaillez avec des gens qui manifestent un comportement de Persécuteur ou de Victime de type Rebelle, la personne espère toujours que **l'autre** va changer. Vous devrez faire comprendre à la personne que ce n'est pas comme ça que ça marche.

La victimisation

Que la personne arrête de mettre de l'énergie dans l'espoir de changer l'autre. En effet, si elle n'a plus personne à qui résister, elle n'aura plus de raison d'être en colère et se trouvera libre d'agir de manière responsable. Vous aurez à l'encourager en la soutenant et valorisant ses efforts, elle ne reconnaît pas ses capacités. Elle a besoin d'être aidée à accomplir les changements nécessaires.

Son principal problème est son manque d'estime de soi. Elle se sous-estime et a trop pris l'habitude d'établir des relations de dépendance.

Beaucoup de patience et de doigté sont nécessaires. La personne est d'une extrême sensibilité et ressent parfois sincèrement de la tristesse d'avoir des relations tendues avec ses Persécuteurs, malgré le fait que ceux-ci ne font qu'accentuer ses sentiments négatifs et abaissent d'autant son estime d'elle-même.

Le sentiment d'impuissance

Il s'agit d'aider la personne à accepter son sentiment d'impuissance et de lui permettre « d'aller mal » un moment. Puis de faire un travail de recadrage, par exemple en lui montrant la différence entre l'état actuel de victime (lié à l'instant de l'incident) et son identité propre. Ensuite, l'aider à regarder la réalité telle qu'elle est pour ensuite mobiliser ses ressources personnelles à faire face.

La Collection de Timbres

> *« Les timbres cadeaux des supermarchés permettent d'obtenir une ristourne ou un objet après accumulation.*
> *De même une personne peut accumuler frustration, sentiments, pour en réaliser une collection. La collection peut être quotidienne ou de longue durée. Ces ressentiments peuvent permettre à la personne une autorisation d'un comportement normalement prohibé. »*[1]

Il s'agit donc d'un mécanisme que la personne met en place : elle ressent des sentiments qu'elle « décide » de ne pas exprimer, en tout cas, pas à la personne concernée.

---

1. Mavis KLEIN, « Mettre au jour le sentiment-parasite », *AAT*, vol. 6, n° 24, 1982.

Illustration

Après vingt ans de brimades par son patron, un collaborateur donne sa démission et fait un scandale qui le « grille » dans son milieu professionnel, définitivement.

Il y avait une souffrance liée aux brimades de son patron. À chaque brimade, il s'est refusé à exprimer ce qu'il ressentait, il en a fait un Timbre, la souffrance a continué, il a continué sa Collection, il a encore eu une souffrance, il n'a toujours rien dit, ni rien fait et… un jour, il a craqué. Il a pu ainsi « justifier » sa souffrance, un peu comme si celle-ci lui donnait du courage ou le droit de s'exprimer et il s'est débrouillé pour obtenir son « bénéfice » : il s'est autorisé à faire un scandale dans le bureau de son patron, auquel un certain nombre de salariés ont assisté (il a liquidé sa Collection de Timbres de ressentiment) et il a obtenu son « Bénéfice Négatif » (sa mise au chômage). Un autre aurait pu choisir de se faire une dépression, ou une violence envers lui-même (suicide, accident de la route) ou bien une violence envers quelqu'un (le patron par exemple) : le « passage à tabac », la destruction du bien d'autrui, bref, toute activité destructive…

Demander à notre client d'accepter d'examiner ses collections de Timbres peut lui être très pénible. Car ces sentiments reflètent souvent des expériences plutôt négatives de sa première enfance.

Quand les sentiments négatifs sont intériorisés, ils se transforment en ressentiments et quand la personne en a suffisamment accumulés, elle peut se dire : « là, c'est le comble ! » et les échanger (liquider d'un coup sa collection) en accomplissant des performances délibérément minables :

- ✓ Ralentir ou saboter la production.
- ✓ Se sentir justifié de feindre une maladie (ou de s'en faire une « pour de vrai »).
- ✓ Dénigrer son directeur, un subordonné ou un collègue (licenciement…).

Quand la personne collectionne les Timbres elle finit par porter en soi un fardeau qu'elle peut, soit décharger sur quelqu'un, comme nous venons de la voir précédemment, soit se faire souffrir elle-même avec des souffrances ou des maladies psychosomatiques :

- ✓ Maux de tête.
- ✓ Problèmes gastro-intestinaux.
- ✓ Problèmes respiratoires.
- ✓ Troubles du système nerveux.
- ✓ Dermatoses.
- ✓ Hypertension…

Vous pouvez commencer à dépenser plus d'énergie à vivre dans le présent si vous arrêtez de collectionner les Timbres. Pour cela il faut tout d'abord prendre conscience de la façon dont vous vivez actuellement. Il vous suffit d'écouter les mots indicateurs d'un risque de démarrage de Collection : « *Je note… je l'ai dans le collimateur… j'en ai ras le bol… la goutte d'eau qui fait déborder le vase… alors là, c'est trop !… * »

Cela dit, quelqu'un qui fait sérieusement une Collection de Timbres a toujours beaucoup de mal à y renoncer, en effet, les timbres psychologiques existent en tant que souvenirs émotionnels et aucun d'eux n'est jamais complètement épuisé tant que n'intervient pas une sorte de décharge de l'énergie emmagasinée.

LE MINIMUM REQUIS POUR INTERVENIR

Si vous décidez d'intervenir dans un conflit, vous devez avoir conscience des répercussions sur votre personne que votre intervention risque d'engendrer. Vous devez absolument penser à vous protéger et surtout à rester en vigilance constante.

L'autorité fonctionnelle

C'est l'autorité que vous aurez à manifester, elle doit être exprimée par le Parent et contrôlée par l'Adulte, ce dernier évalue la situation et décide d'intervenir en pleine conscience des buts dont il est responsable. Les messages peuvent être exprimés par le Parent Normatif ou Nourricier, remplissant la fonction de Protection ou Permission.

Pour éviter la confrontation inutile

- ✓ Expliquer les règles de fonctionnement et le pourquoi faire telle ou telle chose.
- ✓ Établir des mini contrats en définissant les règles et l'objectif à atteindre.
- ✓ Valoriser et encourager.
- ✓ Demander les avis et en accepter une part.
- ✓ Ne pas réprimander mais expliquer les conséquences.
- ✓ Canaliser les pulsions en proposant de différer ou de pratiquer de grandes inspirations.
- ✓ Demander de trouver eux-mêmes les solutions.

Le contrat

> *Le Contrat est l'énoncé de la responsabilité de chacune des parties. « Un Contrat est un engagement Adulte envers soi-même ou quelqu'un d'autre pour mener à bien un changement »*[1]

Dans un conflit, deux personnes (parfois plus) vont avoir à communiquer ensemble autour de l'objet de leur désaccord. Lorsque ces interlocuteurs s'engagent dans leurs échanges, ils doivent s'accorder explicitement sur les principes et les règles du jeu qui vont constituer les procédures de leurs échanges.

Vous avez à votre disposition trois des Quatre Clauses que Claude Steiner[2] propose comme nécessaires pour établir un contrat efficace, votre rôle sera alors d'accompagner les échanges pour passer ces clauses en revue avant de commencer tout travail :

Le plus de l'AT

La compétence :

> *« Avoir toutes ses facultés mentales, au point d'être dans la capacité de comprendre les conséquences de leur accord ».*

---

1. Muriel JAMES et Dorothy JONGEWARD, *Naître gagnant*, chapitre 9.
2. Claude M. STEINER, *Des Scénarios et des Hommes*, Desclée De Brouwer, 1984.

Au vu de l'enjeu du conflit, cela veut dire ici que si les personnes ne sont pas capables de parler de manière acceptable, elles n'ont alors pas la compétence pour passer un Contrat. Avant de commencer, vous avez à trouver une méthode pour apaiser les tensions afin d'arriver à un dialogue acceptable.

Le consentement mutuel :

> « *Pour qu'un Contrat satisfasse aux exigences du Consentement Mutuel, il est indispensable que les deux parties soient capables de spécifier ce à quoi elles consentent… Le Consentement Mutuel implique un ''effort mutuel''* »

Les deux personnes doivent se mettre d'accord pour passer un Contrat et sur les règles de fonctionnement pour traiter leur conflit et sur le respect de ces règles. Ex : tenir compte du principe de « réciprocité » qui marque la reconnaissance de l'autre comme interlocuteur effectif.

Puis se mettre d'accord sur le fait que chacun sortira gagnant du conflit.

La contribution réciproque :

> « *Tout Contrat doit être basé sur une ''gratification réciproque acceptable''* ».

Chacun va avoir à faire quelque chose pour contribuer à la réussite du contrat, chacun va avoir à donner quelque chose, chacun va avoir à lâcher (et donc « perdre ») quelque chose.

Une fois le conflit résolu, s'il y a une action à mettre en place, il est nécessaire d'obtenir l'engagement de chacun pour sa mise en œuvre : le « qui fait quoi ? » et l'accord sur la manière de vérifier que tout a été fait comme prévu.

Ex. : « *Nous pouvons écrire votre accord, dites-moi ce que vous voulez écrire* ».

Il peut être nécessaire d'évoquer le fait qu'une rupture de l'accord peut arriver et donc, de prévoir ce que chacun fera si cette situation arrive.

Le rituel de la signature d'un accord par toutes les parties sera un signe de reconnaissance du travail accompli en commun.

Développez votre niveau de conscience pour les Jeux

> « Un Jeu est une séquence relationnelle qui consiste en une série de Transactions effectuées dans un cadre donné, avec un début et une fin qui comporte un mobile caché, c'est-à-dire un niveau psychologique différent du niveau social, qui a comme résultat de valoir un bénéfice à chacun des joueurs »[1].

En fonction du principe « d'influence », tout échange communicatif est porteur d'enjeux et chaque interlocuteur cherche à s'assurer la maîtrise de la situation et à influer sur son partenaire en négociant avec lui à travers diverses stratégies. Le conflit se pose alors en termes d'agression et de victime. Chacun a tendance à penser que l'agresseur a un certain objectif à atteindre et que l'objectif de la victime est de résister à son agresseur. C'est la méthode perdant-perdant. On n'en sort pas !

Vous avez à développer votre capacité à analyser les Jeux et être capable d'expliquer en le mécanisme à travers le triangle dramatique.

Demander aux personnes de renoncer aux Jeux, exemple : Pourquoi suis-je en colère quand X fait ça ? Peut-être que j'espère quelque chose sur l'autre qui ne le concerne pas du tout...

RAPPELEZ-VOUS, FACE AU CONFLIT

Ce que je peux faire
Trouver la bonne raison du conflit.
Apprendre aux gens à parler du conflit sans se battre.
Chercher une zone d'accord (qui peut être, *« à partir d'aujourd'hui, tu vis rive droite et moi rive gauche... »*).
Faire mettre la balance à zéro (on tourne la page ≠ « faire la paix »).
Et surtout, rester vigilant.

Ne pas faire
Ne privilégier ni l'un ni l'autre.
Éviter de rentrer dans le conflit.

---

1. Eric BERNE, *Des Jeux et des Hommes*, Stock.

6

LA VIOLENCE ET L'AGRESSIVITÉ

Si vous voulez ouvrir un débat sur la nature humaine lors d'un dîner entre amis, abordez le thème de l'agressivité et de la violence… vous êtes assuré que chacun y participera d'une manière ou d'une autre ! En effet, nous avons tous une expérience personnelle à relater en matière de violence. Certains ont été de simples spectateurs, certains en ont souffert directement et en gardent encore des traces à vif, d'autres encore avanceront des méthodes « clé en main » pour faire face à tout type d'agressivité… En clair, avec un thème comme celui-ci, vous êtes sûr d'avoir une soirée animée !

En revanche, dans votre métier de formateur, de coach ou autres métiers, vous vous êtes peut-être trouvé démuni face à des situations où la violence éclatait ; vous avez peut-être eu à gérer des situations délicates où l'agressivité des uns ou des autres risquait d'entraver le bon déroulement de votre intervention…

Ma contribution personnelle à la construction de l'édifice de la non-violence – et ma motivation – comporte deux volets :

✓ Aider ceux qui souffrent d'avoir été victimes de violence ou d'agressivité.
✓ Transmettre à ceux qui le souhaitent des méthodes pour qu'ils puissent, à leur tour, aider les premiers.

Ma réflexion s'organise sur deux niveaux :

✓ La synthèse, dans un premier temps, d'écrits et réflexions qui peuvent nous informer sur les mécanismes d'agressivité et de violence, et sur les diverses réactions chez ceux qui les subissent.
✓ Puis, la présentation de repères d'intervention possible. Certaines de ces interventions pourront peut-être apporter des réponses et

aider ceux qui ont souffert ou ne veulent plus souffrir, d'autres sont à l'intention de ceux qui veulent agir face à l'agressivité.

REPÉRER LA VIOLENCE

Il existe toutes sortes de violences, des « petites », des « moyennes » et des « grandes »… Je tiens, avant de commencer, à apporter une précaution afin que l'on comprenne bien où je me situe : tout ce que je vais développer ci-après concerne ce qu'il est possible de faire « hors pathologie » et « hors thérapie ». J'encourage donc tous ceux qui sont concernés par ce thème, à ne pas hésiter à consulter leur médecin, un thérapeute, voire un avocat ou la police… Lorsque la situation dépasse le seuil de l'acceptable, il ne faut pas hésiter à se faire aider par un professionnel, que ce soit en tant qu'agresseur ou en tant qu'agressé.

Pour commencer à réfléchir, regardons les définitions du dictionnaire :

> *Violence : force intense, impétueuse – force qu'on use contre le droit, la loi – Violent : qui dépasse toute mesure*[1].
> *Violence : force exercée par une personne ou un groupe de personnes pour soumettre, contraindre quelqu'un ou pour obtenir quelque chose*[2]
> *Agressivité : tendance à attaquer – forme de déséquilibre psychologique se traduisant par une hostilité à l'égard d'autrui* [3]

L'agressivité en lien avec la nature humaine

Agressivité et violence sont des termes emprunts de subjectivité

En effet, ce qu'évoquent les mots « agressivité » et « violence » est propre à chacun de nous et donc bien différent. Les réactions que déclenchent ces mots ou leur mise en actes sont fonction de notre éducation, de notre culture et de notre environnement et procè-

---

1. Le *Nouveau Larousse Élémentaire*.
2. Le *Trésor de la Langue Française*.
3. Le *Petit Larousse Illustré*.

dent d'un certain nombre de paramètres innés mais également de nos propres expériences et de nos « représentations ».

Il vous suffit de regarder ce qu'il se passe dans certaines familles : le fait de partir en claquant une porte violemment peut, chez certains, ne pas être relevé comme un problème, alors que dans d'autres cas, ce geste est considéré particulièrement impoli ; élever le ton, crier voire menacer quelqu'un sera accepté ici et réprimé là ; frapper une personne, casser des objets… insulter, humilier… à chaque famille son histoire, à chaque famille sa réponse, à chaque culture son point de vue.

En fait, ceci est le résultat de toutes nos conduites adaptatives et successives au fur et à mesure des années et ce, du fait même que nous sommes des êtres humains qui évoluent, dans des cultures qui évoluent aussi. Bien sûr, notre famille a joué un rôle primordial dans la transmission de notre culture, car c'est elle qui prévaut dans notre prime éducation : elle nous a appris (ou pas…) à réprimer nos tendances agressives, elle nous a accompagné pour développer notre psychique et pour organiser l'expression de nos émotions (ou pas…) ; et c'est tout cet ensemble qui est à la base de l'expression de nos ressentis, de nos sentiments (cet ensemble de réactions corporelles, de conduites et de représentations mentales…).

Un enfant se développe correctement grâce à la mise en mots d'un adulte pour donner du sens à la situation. « *Si tu te comportes comme ceci, c'est parce que tu ressens cela… mais, même si tu ressens cela… tu ne peux pas te comporter ainsi… etc. tu dois… etc.* »

Nous n'avons pas reçu les mêmes « enseignements ». Voilà pourquoi nous avons tant de réactions différentes face aux manifestations d'agressivité et de violence auxquelles nous assistons ; voilà pourquoi nous n'extériorisons pas nos ressentis de la même façon.

Ainsi, dans les développements ci-après, il ne s'agira pas de poser ce que l'on « doit » exprimer ou pas, ni ce qu'il est « acceptable » ou non de faire, mais plutôt d'analyser les situations où la violence est en jeu en terme de souffrance. L'objectif que nous nous fixons est donc de réfléchir, pour toute situation où il y a souffrance pour soi-même, pour un de nos proches ou pour un de nos clients, comment s'en protéger et/ou retrouver l'apaisement.

L'agressivité comme comportement instinctif

À travers les travaux des nombreux chercheurs qui se sont penchés sur le thème de l'agressivité, je me suis intéressée à ceux de K. Lorenz[1], car il en parle comme d'un « comportement instinctif », profondément ancré dans tout le règne animal, bien qu'à des degrés divers. Pour lui, l'agressivité aurait pour fonction la survie individuelle et celle de l'espèce. On peut faire l'hypothèse que, parfois, si un humain fait montre d'agressivité, c'est qu'il est, lui aussi, concerné par une forme de « survie ». Cette notion de réaction instinctive, nous la retrouvons par exemple, lorsqu'une mère sent que quelqu'un veut faire du mal à son enfant ; elle est capable de trouver en elle, sans même prendre le temps de réfléchir, une telle énergie d'agressivité qu'elle en arrive à repousser l'agresseur. Même si ensuite, elle se demande comment elle a pu trouver toute cette force !

Alors ce comportement instinctif, que nous comprenons comme fort utile en cas d'agression sur un enfant, peut jaillir, de la même manière, d'un seul coup, chez quelqu'un pour solutionner une situation où sa survie est en danger. Et ceci peut vous surprendre. D'un autre côté, quelqu'un peut « croire » que sa survie est en danger, alors qu'il ne s'agit que de son interprétation de la situation. Parfois encore, la personne vous « fait croire » que sa survie est en danger, mais ce n'est pas le cas, elle utilise l'énergie d'agressivité pour vous dérouter, vous faire peur ; en fait elle est un excellent acteur, bien crédible si nous n'observons pas finement la situation.

Illustration

J'accompagne une équipe avec comme objectif d'aider ses membres à instaurer entre eux de la coopération. En plein milieu d'un échange, je vois l'un de ses membres, Pierre, réagir avec violence face à son collègue, sous prétexte que celui-ci l'aurait regardé avec un air dévalorisant. Le niveau d'intensité de son agressivité et la nature de ses propos étaient tellement disproportionnés que tout le monde en fut surpris. On peut se demander, face à cette situation, « s'il y a mort d'homme »… d'autant plus que le collègue n'avait rien dit de particulier. Après un échange avec Pierre, il nous a

---

1. K. LORENZ, *Trois Essais sur le Comportement animal et humain*, Le Seuil, 1974.

informés qu'il était particulièrement fatigué, que la veille, il avait été insulté par son beau-père sous prétexte « qu'il n'aimait pas sa manière d'être » et que, de ce fait, il était très sensible à tout ce qu'il pouvait décoder comme un signe de malveillance à son encontre. Si je n'avais pas pris le temps de l'écouter et de l'aider à s'exprimer, il aurait reçu en retour beaucoup d'agressivité de la part du groupe et ainsi la chaîne se serait prolongée ; nous aurions perdu une occasion de réussir la coopération souhaitée.

Concernant le collègue agressé, au fur et à mesure où Pierre exprimait les raisons pour lesquelles il s'était énervé contre lui, passée une première période où il avait envie de répondre par agressivité lui aussi, il a manifesté son mécontentement à son collègue de manière calme et accepté de « passer l'éponge ».

L'agressivité en lien avec la culture et l'éducation

L'agressivité : une flamme à intensité variable

Les travaux de F. de Waal[1] proposent de comparer l'agressivité à une « petite veilleuse qui brûle en nous ». Ainsi, selon les espèces, selon le sexe ou la fonction, la flamme sera plus ou moins vive. Elle peut être transformée en un grand brasier dans des circonstances exceptionnelles (des problèmes importants dans notre société par exemple : fermetures d'usine, grèves, catastrophe naturelle...) ; mais elle peut également être ravivée et entretenue en permanence par des stimulants sociaux. Les médias savent largement nous documenter sur les zones où l'agressivité se vit, car la douleur et la frustration des personnes concernées perdurent...

> *Imaginez*
> Chacun de nous sait se comporter de manière « acceptable socialement », notre éducation s'est chargée de nous l'apprendre (enfin, dans la plupart des cas...), et pourtant, lors de situations exceptionnelles (une grève par exemple), chacun peut se voir repousser les limites de son comportement « bien élevé »... Imaginez que nous ayons enregistré une vidéo un jour de grève, lorsque vous tentez de monter dans le dernier train... vous seriez peut-être surpris de votre attitude, non ?... votre petite flamme s'est, ce jour-là, transformée en brasier !

F. de Waal pense également que certains aspects du comportement humain sont trop universels pour être entièrement liés à la

---

1. F. de WAAL, *De la Réconciliation chez les Primates*, Flammarion, 1992.

culture. Par exemple, dans certaines sociétés, les garçons se comportent apparemment avec plus d'agressivité que les filles.

D'un autre côté, Elisabeth Badinter[1], philosophe, se refuse à parler de « violence de genre » (masculin ou féminin par exemple) mais plutôt de « droit du plus fort », et j'ai trouvé sa prise de position très intéressante. Pourquoi stigmatiser un genre ? Nous risquerions très vite, nous dit-elle, de nous laisser glisser vers des présupposés, par exemple que *« la masculinité se définit par la domination et l'oppression de l'autre sexe, que les femmes ignorent la violence »*, ce qui nous éloigne de notre objectivité. Toute personne, en position de domination, peut déraper dans la violence : *« dès lors que l'on assiste au partage des pouvoirs, qu'on appelle la démocratie, il est inévitable que de plus en plus de femmes tendent à en abuser, c'est-à-dire à être violentes à leur tour »*. Elisabeth Badinter nous invite à réfléchir sur le fait que, dans notre culture, depuis une trentaine d'années, l'épanouissement individuel et la satisfaction de nos désirs ont pris le pas sur le respect de l'autre et de la loi commune et cela concerne tant les hommes que les femmes. Cela nous confronte à notre incapacité de plus en plus grande à supporter la contrainte des devoirs et à confondre droits universels et désirs individuels.

L'agressivité en lien avec des douleurs non résolues des parents

Alice Miller et la transmission de la violence

Pour Alice Miller[2], psychanalyste, docteur en philosophie à Zurich : *« Si les châtiments corporels permettent de faire obéir un enfant dans l'immédiat, à long terme ils ne génèrent qu'angoisse et violence... Les gens qui connaissent leur propre souffrance et qui refusent de la minimiser, de la maintenir ou de la nier peuvent l'épargner à leurs enfants... Les émotions anciennes et les traces du vécu sont codées dans le cerveau, mais pas accessibles à la conscience... Ce n'est qu'au cours des thérapies que l'on retrouve parfois les souvenirs... C'est seulement à condition*

---

1. Elisabeth BADINTER, Conférence-débat, 16 juin 2005, Lyon (Amnesty International). Publiée dans *L'Express* n° 2816, oct. 2005.
2. ALICE MILLER, *C'est pour ton bien : racines de la violence dans l'éducation de l'enfant*, Aubier, 1984.

d'accepter de vivre en pleine conscience que nous épargnerons à nos enfants l'ignorance qui nous a si souvent fourvoyés.... ». Pour ceux d'entre nous qui nous intéressons à ce thème, peut-être est-il intéressant de nous interroger sur cette prise de position, même si nous ne voulons pas stigmatiser une personne en fonction de son histoire personnelle.

Salomon Nasielski et les trois ingrédients contre la violence

De son côté, Salomon Nasielski[1] évoque « l'équipement mental qu'il convient de fournir aux personnes, lors des différentes étapes de leur éducation » avec trois ingrédients qu'il estime indispensables et indissociables :

- ✓ La capacité à s'interdire certains comportements de façon absolue : vous vous êtes sans doute parfois surpris à penser « *Celui-là, on ne lui a pas appris ce qui ne se faisait pas !* ».
- ✓ L'aptitude, en particulier, à s'obliger à chercher, trouver et appliquer les actions adéquates qui permettent de reconnaître ces émotions, de satisfaire ses besoins et de résoudre les problèmes ou les conflits. C'est une attitude qui pourrait s'enseigner aux enfants très jeunes, dès qu'ils commencent à montrer des comportements agressifs et/ou violents ; si cela n'est pas fait à cet âge, cela devient plus difficile à exiger plus tard...
- ✓ L'élimination des options suicidaires, homicidaires et destructrices : un travail psychologique à entreprendre dans une démarche thérapeutique.

Chacun de ces professionnels apporte, de part ses expériences et recherches, un éclairage différent sur les raisons qui font qu'aujourd'hui les adultes peuvent entrer dans un comportement agressif, voire violent. Des éléments directement liés à la nature humaine depuis que le monde est monde, à notre culture et notre éducation, mais aussi des éclairages sur les douleurs non résolues

---

1. Salomon NASIELSKI, « La Violence : quelles alternatives ? ». Congrès nov. 2000, IFAT délégation Montpellier.

de nos parents ou les manquements dans notre éducation. Voilà pourquoi ils m'ont intéressée.

Comment réagir face à la violence ordinaire ?

> *Imaginez… La violence au volant*
> Vous êtes en voiture dans Paris, la nuit, il est environ une heure du matin, dans un endroit où vous ne pouvez ni doubler, ni vous échapper à gauche ou à droite. Devant vous, une voiture dont le conducteur (que j'appellerai le suiveur) est visiblement énervé. Ce qui devait arriver, arriva… : avec sa voiture, délibérément, il pousse violemment la voiture qui le précède, son conducteur (que j'appellerai Monsieur Dupont) stoppe immédiatement. Les deux conducteurs descendent de leur véhicule, le suiveur est très en colère et commence à insulter Monsieur Dupont, à le battre à coups de poings et à de coups de pieds, au point de le faire tomber par terre… vous êtes spectateur malgré vous… vous ne pouvez vous échapper… et vous savez qu'il faut arrêter ça !… faire quelque chose !… un homme est à terre… et ce, simplement parce qu'il ne roulait pas assez vite aux yeux de son suiveur… mais intervenir… comment ?… vous sentez instinctivement que, si vous intervenez, vous risquez de vous faire battre en retour…
> (Dans la réalité, il a fallu que trois hommes descendent de leur voiture et allient leur force pour stopper l'individu, quant à Monsieur Dupont… il a fini à l'hôpital). Nous ne saurons jamais pourquoi cet homme en est arrivé à un tel acte « gratuit » de violence, nous savons simplement qu'une telle violence existe.

Nous vivons dans un environnement où la violence et l'agressivité circulent : pays, quartiers, familles, écoles, entreprises… et, si nous ne sommes pas dupes avec nous-même, nous savons qu'il y a également de la violence et de l'agressivité en nous-même, en interne, même si nous ne l'exprimons pas, même si nous savons la réguler.

Alors, quelle attitude adopter ?

✓ Nous pouvons souffrir lorsque la violence ou l'agressivité se dirige contre nous.

✓ Nous pouvons nous sentir « sans armes » et sans réponse.

✓ Nous pouvons, en tant que professionnels, démunis de méthodes d'intervention, être inquiets que cette violence se retourne contre nous…

Je suis d'avis de regarder tout ceci en face, une compréhension de certains mécanismes peut apporter à chacun beaucoup d'apaisement et ainsi, au minimum, permettre d'éviter quelques erreurs d'attitudes. J'y vois, en tout cas, un intérêt réel, en tant qu'accompagnant, de savoir que cela existe, que cela se passe ainsi et que notre client l'a subi. En quelque sorte, nous pouvons apporter notre pierre à l'édifice de la non-prolifération de la violence et aider au soin des personnes qui ont souffert.

Reconnaître la violence chez les autres, chez soi

Si, de manière naturelle, nous regardons ce qui se passe chez les autres, nous avons également intérêt à regarder ce qui se passe en nous. En effet, tout comportement de l'autre (attitudes, gestes, mimiques, paroles…) qui a lieu en ma présence générera chez moi un comportement qui, à son tour, influencera celui de mon interlocuteur. C'est dans ce sens que l'École de Palo Alto[1] affirme « qu'on ne peut pas ne pas communiquer ». Il s'agit ici d'une différence fondamentale entre la relation ou le lien et la notion d'interaction : ce processus circulaire que l'École de Palo Alto nomme « *feed-back* » (ou rétroaction).

Face à tout ce que je peux recevoir de l'autre (comme à toutes les situations auxquelles j'assiste), je ne peux pas « ne pas communiquer ». Même si je ne veux pas réagir : je vais émettre des stimuli envers mon interlocuteur qui vont appeler, à leur tour, des réactions de sa part, qui elles-mêmes vont appeler ensuite chez moi… et ainsi de suite…

La contagion de la violence

La violence crée un problème : soit pour la personne elle-même, soit pour celui ou ceux qui la reçoivent. En effet, quand il se passe quelque chose de violent quelque part, cela crée un problème dans l'environnement ou pour quelqu'un. Chacun cherche à résoudre une partie de ce qui le concerne – c'est le signe que la situation de violence est le reflet d'une situation problématique.

Ainsi la violence naît d'un problème, à l'origine de la violence se trouve un problème. Notre travail sera donc d'aller à la source et de reconnaître ce problème.

---

1. Paul WATZLAWICK & John H. WEAKLAND, *Sur l'Interaction – Palo Alto*, Seuil, « Points Essais ».

Imaginez... Violence dans les transports en commun

Vous êtes dans le métro aux heures de pointe et le métro est bondé. Un jeune s'est installé, seul sur un espace où quatre personnes peuvent s'asseoir, il fait marcher un CD très fort, a mis ses pieds sur le siège devant lui et regarde les gens avec ironie. Malgré le nombre de voyageurs présents, personne ne lui dit rien... la tension est perceptible dans le wagon... une femme décide d'intervenir :
« Tu pourrais te pousser et laisser les gens s'asseoir ! »
« J'en ai rien à f....e ! », se met à hurler le jeune homme.
Et voilà, l'escalade est enclenchée, chacun veut trouver la phrase qui va arrêter le jeune homme et à chaque fois, il donne une réplique plus violente. Au bout d'un moment il décide de sortir, donne un coup de point à un homme qui tombe à terre, saute au-dessus des sièges et s'en va en courant. Les conversations continuent de bon train : « ces jeunes d'aujourd'hui !... et personne ne fait rien... et regardez ce pauvre Monsieur !... moi mes enfants s'ils faisaient une chose pareille... moi j'ai eu une de ces peurs... vous auriez dû ne rien lui dire... mais comment pouvez-vous dire une chose pareille !... c'est avec une attitude comme la vôtre qu'on en arrive à tout ça... ». En peu de temps la violence est arrivée à s'installer entre les personnes témoins de la scène. Personne ne peut rester neutre devant une scène de violence.

Le rôle des spectateurs

De plus, les interactions sont indissociables du contexte dans lequel elles se déroulent : dans la rue ? Face à des inconnus ? Seul à seul ? Dans une relation hiérarchique ?... L'environnement est en effet porteur de règles et de codes qui tendent à orienter les modes de communication. Nous en tenons compte inconsciemment et nous avons à les prendre en compte dans notre réflexion d'aujourd'hui.

Illustration... Le conducteur violent (suite)

Dans cet exemple, chacune des femmes des trois hommes a joué un rôle important, bien que silencieux. Elles sont, tour à tour, sorties de leur voiture et sans se consulter se sont regroupées, proches de la scène ; puis elles ont regardé, sans intervenir. Était-ce pour soutenir leur mari ? Pour manifester leur désaccord face à l'agresseur ? Ou encore pour manifester de la compassion envers l'agressé ? Un peu de toutes ces raisons sans doute. Je peux faire l'hypothèse que leur présence, leur regard, ont, d'une certaine manière, servi de « garde fou » car parfois, devant une femme, certaines limites ne se dépassent pas... en tout cas, ça vaut le coup d'essayer et c'est ce qu'elles ont fait.

Bien sûr, devant la violence et l'agressivité, je ne reste pas sans réaction. Que suis-je donc en mesure de faire, personnellement, pour prendre de la distance par rapport à ces manifestations de sentiments violents ou agressifs ? Et si je veux intervenir auprès des personnes manifestant de la violence ou de l'agressivité, que pourrais-je faire pour les contenir, mieux, pour les aider à réparer ?

Avant de répondre à ces questions, il convient de garder à l'esprit que :

- ✓ Pour arriver à contenir les manifestations de violence ou d'agressivité chez autrui, il faut d'abord avoir pris une réelle distance par rapport à sa propre violence.
- ✓ Pour pouvoir demander à l'autre de faire quelque chose par rapport à sa propre violence, il faut être capable d'avoir la même exigence pour soi-même.

Quand une personne en est arrivée au stade de la violence, qui peut être physique, verbale ou psychologique, elle n'est plus capable d'avoir accès à sa réflexion, elle ne peut plus réfléchir correctement avec vous. La personne n'accepte aucune responsabilité de ce qu'elle a fait, ni pour ce qu'elle dit ou pense à ce moment-là. C'est d'ailleurs une des raisons pour laquelle il est si « difficile » de se comporter face à elle, c'est un peu comme si nous avions tout à faire : nous protéger ET contenir la personne.

Le plus de l'AT

Si je prends le cadre de référence théorique de l'Analyse Transactionnelle, la violence résulte de la conjonction suivante :

- ✓D'une part, la personne concernée ne dispose pas, ou ne dispose plus, d'options d'actions utiles pour résoudre un problème, apaiser un conflit ou satisfaire un besoin.
- ✓D'autre part, la tension, née de la non résolution des problèmes ou des conflits, ou de l'insatisfaction des besoins, est telle qu'elle crée les conditions momentanées d'un comportement primitif, régressif.

> **RAPPELEZ-VOUS, SI VOUS REPÉREZ**
> **DES SIGNES DE VIOLENCE**
>
> **Ce que je dois faire**
> Ne pas attendre que la violence dégénère pour intervenir.
> N'intervenir que si je suis solide.
> Me méfier de la contagion.
> Prendre la violence au sérieux.
>
> **Ne pas faire**
> Éviter de se prendre pour Superman.

Comprendre le mécanisme de la violence

Il arrive que des professionnels me consultent pour obtenir de l'aide concernant des situations arrivées à un stade très critique. Il est même parfois presque « trop tard » pour intervenir comme on le ferait pour une situation normale, bien que très tendue. Sans vouloir inquiéter ni laisser entendre que la violence est partout, je vous propose simplement ici repères pour vous permettre, quand vous les rencontrerez, de vous poser les questions : Suis-je en face d'une personne capable de violence ? Si oui, dans quel domaine s'exprime cette violence ?

Il me semble que, quand nous sommes informés sur certains mécanismes, nous anticipons mieux les situations, donc nous intervenons plus tôt, avant que cela dégénère. La liste présentée ici n'est, bien sûr, pas exhaustive et peut être complétée par des éléments issus de vos propres observations…

Quelques critères de comportements violents

✓ La personne montre des signes de tensions, d'excitation, de non-acceptation de l'ennui, est irritable, agressive, impulsive, autoritaire et dominatrice : *« Fais ce que je te dis sans poser de questions… »*.

✓ Elle choisit et décide pour les autres : *« Vous devez… ! »* souvent compétitive, se valorise aux dépens des autres.

✓ Elle a la conviction que les autres lui sont hostiles, conteste systématiquement les décisions prises par les supérieurs, ne fait confiance à

personne, interprète les gestes normaux d'amitié comme des gestes d'agressivité.
- ✓ Elle se montre incapable de se tenir aux normes, aux lois, aux contraintes, habituée aux mensonges pour son profit, et incapable de loyauté à l'égard des personnes, des groupes, des valeurs sociales, elle viole les droits des autres.
- ✓ Elle parle en termes de conflit (gagner ou perdre) et pense plus à faire triompher son point de vue qu'à trouver une solution.
- ✓ Elle connaît tout, a toujours raison, n'écoute pas ou interrompt son interlocuteur, utilise des paroles rapides et coupantes ; elle ne tient pas compte de l'avis des autres, les déprécie pour atteindre son but, injurie et a recours à des images choquantes ou brutales…
- ✓ Elle est potentiellement suicidaire…

Quelques attitudes non verbales

Nous savons par expérience que bien des actes de violence se déroulent sans parole. Combien de personnes, ayant visiblement subi des violences, nous assurent qu'elles n'ont jamais entendu de propos agressifs ! Et elles ont sans doute raison et n'ont simplement pas reconnu l'importance des dégâts subis par d'autres modes opératoires :

- ✓ Gestes brusques, portes claquées…
- ✓ Yeux froncés, regards et mimiques désapprobateurs, sourire ironique.
- ✓ Chahut, manipulation bruyante d'objets pendant le discours d'autrui.

J'ajouterai que la transgression du rituel (par exemple : ne pas saluer un voisin sur le palier, entrer sans frapper dans le bureau d'un collègue…) est aussi le signe d'une agression, soit qu'elle soit ressentie comme telle par l'offensé, soit qu'elle soit voulue délibérément par l'offenseur.

> *Les Rituels sont programmés de l'extérieur par la tradition et l'usage social, il s'agit d'échanges stéréotypés entre individus. Ils suivent un déroulement et possèdent un contenu programmé au titre*

de l'environnement culturel et les usages sociaux du milieu considéré.

Illustration

Une de mes clientes, Christel, coach interne dans une grande entreprise, m'a relaté combien elle se sentait dérangée par l'attitude d'un de ses coachés. Après avoir étudié ensemble un certain nombre de commentaires ou la manière de parler de ce monsieur, nous avons fini par « isoler » son comportement : il entrait dans le bureau sans frapper, avant l'heure de son rendez-vous, s'installait même si Christel était au téléphone et à l'occasion prenait un de ses livres ou revue. Cette attitude était vécue comme intrusive par Christel et du coup, elle perdait sa puissance en face de lui. J'ai aidé Christel à trouver quelle option elle pouvait mettre en œuvre dès le début de la rencontre, afin que la limite soit posée sans une trop grande quantité d'énergie : Christel a choisi d'intervenir dès qu'il ouvrait la porte : se lever et se diriger vers la porte, en lui disant « je ne suis pas disponible, veuillez attendre quelques minutes dans le couloir, je viendrai vous chercher ».

Quelques croyances

Dès que vous allez vouloir contenir votre interlocuteur, ou le limiter, ce dernier risque de se défendre violemment. Comme il a construit tout un système pour rester dans sa cohérence, il s'appuiera sur ses croyances de base comme :

✓ La croyance en sa propre invulnérabilité : « l'avenir est aux agressifs », « la meilleure défense, c'est l'attaque ».

Exemple

Concernant une cliente directrice financière[1], dont je décris plus loin le problème, cette croyance concerne son patron. Celui-ci se montrait capable d'affronter les situations, dès qu'il était contrarié dans ses plans il réagissait avec violence. Son aplomb était déroutant et la violence de ses propos terrorisait tous ceux qui tentaient de s'opposer à ses décisions.

✓ La croyance que les événements sont ordonnés, prédictibles, contrôlables : « le monde est ce que je décide qu'il soit – j'ai des droits – dans ce monde il faut savoir s'imposer ».

✓ La croyance qu'elle est une personne vertueuse : « je n'ai jamais tort ! j'ai droit à une revanche... ».

---

1. Voir p. 193, la description du cas.

Les effets de la violence sur les personnes

Voyons maintenant les conséquences de toutes ces manifestations de violence sur l'être humain ; en effet, ce haut niveau d'énergie – physique et verbale – ne laisse personne insensible, ni la personne violente, ni celle qui reçoit cette violence.

✓ **Sur la personne elle-même** : stress, irritation, impatience, frustration, investissement d'une grande quantité d'énergie pour gagner.

Illustration
Le patron d'un de mes clients, Thierry, se montre capable, dans ses relations professionnelles, de comportements persécuteurs envers ses collaborateurs. Il est perpétuellement sous tension, profère des menaces, donne des ordres contradictoires et se montre impatient si ses ordres ne sont pas suivis, ni immédiatement, ni à la lettre. Il a l'air de se battre contre tout et tous. Chacun dit à son sujet *« un jour il finira par avoir une crise cardiaque ! »*

✓ **Sur les autres** : elle déclenche tout d'abord de la surprise face à l'événement, lorsque celui-ci survient avant que la personne ne se le représente, puis il bloque et effraye les passifs, attise les ressentiments, les résistances, les complots ; provoque des plaintes…

Illustration
Thierry, qui doit apprendre à vivre avec le patron décrit ci-dessus (en tout cas, en attendant de choisir quelle sera sa vie professionnelle future…), a commencé par ne pas réellement prendre au sérieux ce qu'il voyait :
« C'est temporaire… ça va lui passer… il doit être perturbé en ce moment… ».
Puis, il a réalisé la situation telle qu'elle était, et que celle-ci allait perdurer, alors il a essayé de se plaindre auprès de lui :
« Mais, Monsieur, je ne peux pas tout faire… et en plus, hier vous m'aviez dit le contraire… ».
Cela n'a fait qu'empirer la situation. Maintenant il est dans la phase où il a peur, peur de se faire une fois de plus critiquer, peur de faire une erreur fatale… Il commence à mal dormir, à sentir incompétent… etc.

Les émotions accompagnant les comportements violents

Lorsque nous écoutons ce que les personnes violentes nous disent, leurs propos peuvent facilement se synthétiser dans la phrase suivante : *« Cette personne ne devrait pas (ou n'aurait pas dû) se comporter comme elle le fait ! Elle devrait se comporter différemment ! »*.

Et c'est ainsi que les sentiments d'hostilité, de mépris ou de révolte apparaissent. L'hostilité et le mépris étant en général réservés à l'encontre des personnes et la révolte plutôt aux choses ou aux événements.

L'Hostilité

« Le conducteur qui roule dans Paris à vingt à l'heure et qui gêne ceux qui savent conduire vite, n'aurait jamais dû avoir le droit de conduire une voiture ! »

La personne qui ressent de l'hostilité est convaincue que les autres devraient l'accepter comme elle le veut et devraient s'abstenir soigneusement de lui causer tout ennui, tout inconvénient et toute douleur. Elle proclame haut et fort que ce qui se passe (ou s'est passé) ne devrait pas (ou n'aurait pas dû) arriver. Elle n'est plus en contact avec le réel et elle manifeste son hostilité envers celui qu'elle identifie comme le responsable de la situation. Pour elle, il y va de son honneur de réagir avec violence et hostilité quand on la contrecarre.

Illustration
Parfois, nous sommes appelés pour aider à apaiser des conflits entre collègues. Si nous en arrivons au moment de proposer aux personnes d'utiliser de nouveaux comportements, il n'est pas rare d'entendre comme première réaction ce que Jacques m'a un jour confié :
« Mais de quoi aurai-je l'air si je me laisse engueuler sans répliquer de la même manière ? Si je reste calme ? L'autre en conclura que je ne suis qu'une misérable lavette sans caractère. Il faut que je réagisse ! On m'a lésé : je dois me défendre... je ne veux pas avoir l'air d'une poule mouillée »….

En fonction du principe de « *feed-back* » expliqué précédemment, nous observons que les personnes finissent souvent par concevoir des sentiments d'hostilité envers ceux qui, selon eux, les méprisent, les attaquent ou diminuent leur valeur personnelle. Ainsi l'hostilité restera encore longtemps une émotion courante, surtout tant que nous continueront à croire que, malgré les inconvénients qu'elle nous rapporte (conflits en tous genres, stress…), elle nous permet au moins de sauvegarder notre valeur personnelle et une partie de notre dignité.

Le Mépris

Cette attitude traduit que l'on juge une personne indigne d'estime, d'égard ou d'intérêt : *« Il mérite bien la raclée que je lui ai passée, ce n'est qu'un misérable abruti ! »*

La Révolte

Pour la personne qui pense que tel ou tel événement n'aurait jamais dû se passer, que cette situation est très pénible, ou désagréable, ou pénalisante, ou frustrante, pour elle ou pour d'autres personnes, le sentiment de révolte suivra.

Illustration

Julie est directrice de marketing et elle aime beaucoup son travail. Son entreprise a décidé de se délocaliser et Julie reçoit avec violence cette information. La conséquence du choix de la direction lui procure de grands désagréments : elle aura quarante kilomètres à parcourir en voiture pour se rendre à son travail alors qu'avant elle s'y rendait tranquillement en métro ; elle part plus tôt de son domicile et rentre plus tard, ce qui fait qu'elle est moins disponible pour ses enfants… Lorsqu'elle est venue me voir « pour gérer son stress », la première partie de notre travail a été de donner une place à sa révolte de manière à l'entendre. Elle n'a d'ailleurs eu aucun mal à s'y mettre :
« Je trouve ça injuste pour moi ! L'entreprise n'aurait jamais dû déménager ! D'ailleurs je suis sûre que je ne suis pas la seule dans ce cas ! »
Tant qu'elle n'avait pas eu l'espace pour exprimer cette révolte, elle se montrait tendue dans l'entretien, se disait agressive avec ses collègues et me relatait qu'elle avait commencé à poser des actes violents pour « faire comprendre qu'elle était furieuse et qu'elle n'avait pas l'intention d'arrêter »… Elle était partie brusquement au milieu d'une réunion du Comité de Direction en claquant la porte, avait envoyé un mail à plusieurs collègues avec copie à son patron en informant qu'elle refusait dorénavant de s'occuper de tout ce qu'elle n'estimait pas directement lié à son travail…
Ce n'est qu'après cette phase qu'elle a commencé à se calmer et que nous avons pu étudier plusieurs options convenables pour elle.

L'émotion sous-jacente : peur ou anxiété

On peut faire l'hypothèse que la violence ou l'agressivité s'expriment à la suite d'un fort sentiment de peur ou plutôt d'anxiété. Pour nous qui souhaitons aider notre interlocuteur, l'important pourrait être de ne pas oublier que si notre client manifeste de l'hostilité, de la révolte, voire du mépris, c'est qu'il est avant tout anxieux, même si cette anxiété n'est pas immédiatement apparente, ni pour nous, ni *a fortiori* pour lui. En effet, nous avons tous fait l'expérience que l'anxiété est un sentiment toujours désagréable et douloureux pour celui qui l'éprouve ; alors, nous tentons de tout faire pour ne pas la ressentir. Nous utilisons, consciemment ou pas, un ensemble de comportements qui nous en détournent : se surcharger de travail, courir à gauche et à droite, faire mille choses en même temps, relever des défis stressants… et si nous sommes honnêtes avec nous-mêmes, nous savons que nous rendons les autres responsables de nos souffrances. Ainsi, il est naturel que notre hostilité se déclenche envers celui ou celle que nous identifions comme l'auteur de notre douleur.

L'organisme se prépare à l'agression

Cela dit, que l'origine de ces sentiments soit réelle ou imaginaire, dès l'instant que nos structures nerveuses ont perçu un danger pour notre survie et/où l'équilibre de notre organisme, des réactions instinctives vont se déclencher, la finalité pour nous (à court terme du moins) étant de mettre notre organisme en mesure de faire face à une éventuelle agression.

L'accumulation des agents stressants

Les événements extérieurs, perçus par les gens comme agressifs, se sont modifiés au fil du temps et surtout dans leur cadence ; dans l'histoire de l'espèce humaine, les mécanismes d'adaptation nécessaires à la survie laissaient peu de place à l'imagination, mais la civilisation a transformé la nature des stimuli agressifs. Des nouvelles agressions sociales se sont ajoutées.

Le combat pour être le premier, en tout cas, pas le dernier

> Quand vous faites la queue, pour attendre le bus ou dans un magasin, vous êtes souvent confronté aux bousculades agressives ; dans les embouteillages, c'est à qui arrivera à traverser le carrefour le premier, quitte à participer à la pagaille et à arroser de quelques noms d'oiseaux son voisin…

Le « grenouillage » pour réussir

> Vos clients vous racontent, parfois, combien ils ont souffert des manipulations de certains de leurs confrères : leurs idées sont récupérées comme étant les leurs, des rumeurs circulent à leur sujet pour les décrédibiliser vis-à-vis de leur patron...

Les difficultés de transport

> Bouchons, train ou métro bondés et parfois en retard... sans compter le nombre de grèves...

La pression de la ville

> Le bruit, la promiscuité, les bousculades, le monde sur les trottoirs ou pour faire son marché ou... le sentiment de solitude au milieu de la foule des anonymes !

Le risque de chômage

> Plus personne ne peut ignorer que son travail n'est pas « à vie » ; parfois même les patrons se permettent de le rappeler : *« Vous ne pouvez pas ignorer qu'il y a au moins dix personnes qui attendent derrière la porte votre poste ! »*

Les agressions d'origine familiales et/ou culturelles

> Les impératifs « moraux », « ce qui se fait ou ne se fait pas » en famille, au bureau...
> Si vous appartenez à tel ou tel groupe social, à telle famille, à telle entreprise, il y a des choses que vous ne pouvez pas évoquer, pas vivre, pas montrer. Si vous n'arrivez pas à vous adapter à ces « demandes », vous vous sentirez très vite non accepté, voire moqué ou rejeté.

Cette accumulation d'agressions, même minimes et dont la fréquence s'est accrue, ne s'est peut-être pas suffisamment accompagnée chez nous d'une « adaptation » de nos mécanismes d'adaptation ? Une autre de nos réflexions pourrait être fondée sur « et pourquoi pas, dans le fond ? Sommes-nous donc contraints d'accepter toutes ces agressions ? »... Mais cela serait l'objet d'un autre débat.

Le processus d'adaptation

Ainsi, le stress auquel est confrontée la personne déclenche un processus à deux niveaux :

✓ Elle cherche à comprendre la situation.

✓ Elle veut s'engager dans un processus de décision et d'adaptation.

Et c'est là où nous pouvons réellement l'aider, de manière à ce que son interprétation soit au plus près de la réalité. Nous devons pouvoir lui offrir un cadre de référence qui l'aide à réfléchir en toute indépendance. Puis, nous devons pouvoir l'accompagner dans son processus de décision de telle manière qu'elle trouve le chemin qui l'amènera à s'adapter à la situation ; et que cette adaptation soit une réussite pour elle.

Illustration... Thierry persécuté par son patron

Avec Thierry[1], qui souffrait de la persécution de son patron, nous avons eu toute une phase de prise de recul sur la situation : je l'ai invité à décrire le plus fidèlement possible les « méfaits » de son patron, à objectiver ses comportements puis à les analyser en tentant d'y retrouver des éléments de classification. Nous avons, pour ce faire, utilisé les concepts d'États du Moi Fonctionnels, de Jeux et de Positions de Vie.

Position de Vie : « Sans cesse l'homme évalue ses relations à un double niveau : quelle valeur a-t-il à ses propres yeux et à ceux de son compagnon, quelle valeur a sa relation à ses propres yeux et à ceux de son compagnon[2] »

Thierry a commencé à comprendre que le type de comportements que son patron manifestait peut se retrouver chez d'autres individus, que ceux-ci finissent par avoir tel ou tel impact sur la personne à qui ils s'adressent, et ce, quelle que soit l'identité de la personne.

Ensuite, une fois que nous sommes parvenus à nous mettre d'accord sur un certain diagnostic comportemental, Thierry a pu commencer à imaginer quoi faire et comment se comporter lui-même face à cette situation.

---

1. Voir p. 144, la présentation du cas.
2. Franck ERNST, « L'Enclos OK, une grille pour aller de l'avant avec l'autre », *AAT*, vol. 2, n° 6, 1978.

Une surcharge d'informations stressantes à traiter

Regardons un autre élément important : si l'on considère que nous subissons une surcharge d'informations à traiter, dans le sens « comprendre toutes ces situations stressantes », que, face à toutes ces informations, nous avons l'obligation d'y apporter des réponses rapides (malheureusement, nous n'avons pas toujours le temps de laisser passer une bonne nuit de sommeil...), que toutes ces informations se renouvellent à un rythme accéléré (l'agressivité au travail, les pressions de notre hiérarchie...), nous pouvons facilement imaginer que nous nous sentons vite débordé, voire incapable de faire face. Deux idées majeures peuvent alors cohabiter chez en nous :

✓ La perception d'un danger qui nous menace.
✓ Le sentiment d'être incapable d'éviter ce danger ou d'en anéantir la cause.

Les représentations du danger

Illustration

Jacques avait réellement peur d'être un jour dévalorisé, s'il ne se montrait pas fort, face à ceux qu'il estimait l'avoir lésé :
« *Mais de quoi aurais-je l'air si je me laisse engueuler sans répliquer de la même manière ?... je ne veux pas avoir l'air d'une poule mouillée* ».
Pour Thierry, il se sentait impuissant devant la persécution de son chef, il se sentait dépassé par les événements et restait bloqué au stade de la plainte, presque de la supplication : « *Mais, Monsieur, je ne peux pas tout faire... et en plus, hier vous m'aviez dit le contraire...* ».

Ces situations, vous en avez sans doute rencontré vous aussi, de près ou de loin. Alors, peut-être que nos réflexions vont faciliter en nous un certain sentiment de tolérance vis-à-vis de l'anxiété et donc une forme de compréhension de la violence que la personne utilise pour « repousser » tout ce qui lui paraît être un danger pour elle ?... Je ne veux pas dire « accepter », je veux simplement dire « comprendre ». C'est d'ailleurs, sans doute, le niveau de compréhension à atteindre en nous, si nous nous positionnons comme « aidant » dans les situations de violence ou d'agressivité...

La peur de perdre sa valeur personnelle

Il s'agit sans doute, là, de l'une de nos peurs les plus profondes car, pour éviter de perdre à nos propres yeux cette valeur que nous croyons menacée, nous sommes prêts à tout faire pour la récupérer. Nous sommes portés naturellement à nous évaluer nous-mêmes globalement et nous sommes entourés de personnes qui nous assènent leurs jugements globaux sur nous-mêmes des millions de fois tout au long de notre vie. Et bien sûr, tous les jugements négatifs comptent parmi les représentations les plus difficiles à déraciner en nous !

Il est donc impossible qu'un être humain parvienne à la maturité sans avoir profondément ancré en lui sa tendance à s'évaluer positivement et négativement. C'est évidemment l'évaluation négative de soi qui cause le plus d'ennuis et qui peut amener la personne à la dépression, ou bien à la violence, comme mécanismes de défense ; tout comme le jugement négatif sur les autres amène le mépris et aussi la violence. Bien sûr, nous avons tous fait l'expérience que le jugement positif sur soi, ou les autres, aura tendance à stimuler le sentiment de fierté personnelle, même si nous l'oublions parfois.

> *Illustration... Le « bouc émissaire » de la classe*
> Il n'est pas rare d'entendre des familles (et même des instituteurs) relater que tel enfant est devenu la bête noire de sa maîtresse, faisant parler de lui comme étant *« Paresseux, bagarreur, désobéissant et... dernier de sa classe »*, comme si, dès son arrivée dans la classe, les choses se seraient mal passées, au grand dam de ses parents. Si la situation n'évolue pas, et si l'école fait changer l'enfant de classe, sa nouvelle maîtresse peut dire de lui *« Il est gentil, c'est un très bon élève »*... Cela peut nous faire réfléchir... chacun est très bien comme il est, mais si X se retrouve en présence de Y, là les choses changent, et la dévalorisation de soi ou de l'autre circule.

Si le sentiment de valeur personnelle change en permanence, c'est que celui-ci dépend des caractéristiques, des goûts et des désirs de ceux que vous rencontrez. Et de plus, la personne qui évalue négativement les autres, le fait toujours à partir de l'observation d'actions ou de caractéristiques qu'elle a soigneusement sélectionnées : son style de vêtements, sa manière de parler, son métier, son aspect général, ses centres d'intérêts, etc. Elle les associe alors à une carence dans un domaine particulier, pour opérer ensuite un jugement négatif global. Elle lui envoie ainsi le message qu'elle est une mauvaise personne.

Illustration… Harcèlement sur l'apparence physique
Le chef de service de Madeleine[1] qui pointait négativement et systématiquement son aspect physique « vieillot », son manque d'aptitude à dialoguer selon son goût avec les clients ou son côté pointilleux quand il s'agissait de parler de ses statistiques, avait trouvé, chez elle, tous les points sur lesquels lui faire mal. En revanche, il ne disait jamais rien sur le travail qu'elle fournissait et le nombre d'erreurs très bas qu'elle commettait (raison d'ailleurs pour laquelle il l'avait gardée), il aurait été obligé de faire des commentaires positifs. À force de recevoir ce type de goutte à goutte dévalorisant, Madeleine avait réussi à se sentir « une mauvaise personne et une mauvaise professionnelle ».

Ainsi la personne qui s'est mis en tête qu'elle a besoin de réussir ce qu'elle entreprend pour pouvoir vivre honorablement, sera la victime privilégiée de ce type de mécanisme, tout autant que celle qui se figure avoir besoin de l'approbation des autres pour se sentir bien.

Les besoins qui pourraient être concernés

Une souffrance physique ou psychique

Nous pouvons comprendre ce que la personne essaye de faire avec ses comportements de violence : repousser quelque chose qui lui fait mal, quelque chose qui lui est littéralement insupportable. En tant qu'humain, nous détestons tous la douleur, et nous préférons, presque tous, vivre une vie où elle soit la plupart du temps absente, n'est-ce pas ? Alors, approfondissons le thème de la douleur. Celle-ci peut prendre plusieurs formes : une souffrance physique ou une souffrance psychologique, des ennuis de toutes sortes, des émotions désagréables (telles que l'anxiété ou l'angoisse).

Qu'il s'agisse de Thierry, de Julie, de Jacques… ou de tant d'autres, chacun souffre de la situation violente dans laquelle il se trouve aujourd'hui. Qu'il en soit responsable, ou pas, du reste. Ici ce n'est pas le moment, pour moi, d'étudier ce côté de l'histoire. Ils sont tous plongés dans une tranche de leur vie où leur histoire personnelle, leurs modes « culturels » de comportement, leurs « réflexes émotionnels », ont influencé leurs réactions. Et quand bien

---

1. Voir p. 155, la présentation du cas.

même ces modes de réactions ne sont pas adéquats pour sortir de cette situation, ce sont ceux qu'ils ont trouvés à partir de leur bagage antérieur. Ils essayent, en se comportant comme ils le font, tout simplement de s'occuper d'eux, parce qu'ils souffrent en interne.

Alors, quelles sont les souffrances que la personne cherche à résoudre ? S'il s'agit d'une blessure physique, elle cherchera à être soignée, mais si, en revanche, elle se sent en insécurité, elle aura besoin de réassurance. S'il s'agit de la crainte de perdre notre affection, notre attention, notre écoute ou notre respect (ou si elle se sent en manque), elle cherchera à les recevoir, à les obtenir et parfois, quel qu'en soit le moyen.

Le besoin de sécurité

Vraisemblablement, le premier élément concernerait notre besoin de sécurité, sans doute parce que c'est notre base, ce avec quoi nous arrivons à affronter la vie, depuis notre petite enfance. Et si nous n'avons pas ce sentiment de sécurité personnelle, ou si nous le perdons dans telle ou telle circonstance spécifique, nous risquons de nous sentir en danger, et nous allons tout faire pour la retrouver, quitte à se montrer agressif.

Illustration

Éloïse est chef de service dans une banque. Elle a sous sa responsabilité une assistante, Danièle, laquelle, à ses dires, fait tout pour la mettre en porte-à-faux. Elle vient me demander de l'aide pour cadrer son assistante et la contraindre à faire son travail en temps et heure. Lorsque nous étudions d'un peu plus près la situation, Éloïse commence à me montrer une autre facette de son comportement. Elle s'énerve beaucoup, me raconte avec mille détails combien son assistante est « *Nulle !* », combien celle-ci fait exprès « *de l'humilier devant son patron* », etc. Si nous n'avions pas pris le temps d'aller jusque-là, nous aurions perdu une belle occasion : celle de réaliser que le vrai problème d'Éloïse était, qu'au fond, elle n'était pas au contact avec son sentiment d'insécurité. « *Et si jamais les agissements de son assistante lui faisaient perdre son job !* ». Ainsi, à chaque fois que Danièle ne lui procurait pas le travail à la hauteur de ses attentes, elle le vivait comme un risque personnel. Ce qui l'amenait à des comportements persécuteurs vis-à-vis de son assistante. Elle tentait, violemment (et donc maladroitement), d'obtenir de son assistance une attitude « parfaite » et plus elle l'exigeait, plus son assistante faisait des erreurs.
J'ai organisé notre travail de la manière suivante :
– Une première étape pour recueillir les faits concrets qu'Éloïse reprochait à Danielle, je les ai listés sans apporter aucune correction.

– Une deuxième étape pour recueillir les réactions d'Éloïse en termes de phrases et d'attitudes : je les ai listés sans *feed-back* de ma part.

– Une troisième étape pour sélectionner, à partir de la liste de la première étape, les erreurs faites par Danielle et considérées comme pouvant « mettre en péril » Éloïse aux yeux de son patron. Ce travail a nécessité une négociation entre Éloïse et moi afin d'éliminer ce qui n'était pas important.

– Une quatrième étape pour analyser les phrases et attitudes listées à la deuxième étape, et ainsi trouver des options de commentaires et d'attitudes à mettre en place pour obtenir les changements attendus chez Danielle autrement que par la colère ou la dévalorisation.

– Une cinquième étape pour trouver les attitudes de Danielle qui pouvaient être appréciées par Éloïse et de ce fait, félicitées par elle.

Le besoin d'affection et d'amour

Sur un autre plan, si nous sommes concerné par notre besoin de recevoir **affection et amour**, que nous ne nous sentons pas stable à ce sujet, nous sommes, alors, particulièrement sensibles au regard des autres sur nous et à leur « approbation », même si ces personnes ne sont pas des personnes correctes avec nous. Nous risquons de vivre douloureusement certaines de leurs attitudes, que nous interpréterons comme du rejet, ou qui le seront réellement. Nous pouvons même aller jusqu'à leur « pardonner » leur dureté ou trouver toutes sortes de fausses raisons pour fuir les situations où nous risquerions d'encourir le rejet des autres. Plusieurs attitudes peuvent s'ensuivre, en fonction de notre interprétation de la situation : rationaliser les échecs, en se blâmant ou en blâmant les autres, en se fustigeant contre la mauvaise chance…

Illustration

Dominique est un éducateur spécialisé et, en tant que tel, il a la responsabilité d'encadrement d'un groupe d'adolescents en grande rupture familiale et sociale. Une partie de sa fonction consiste à poser des limites et à faire accepter celles-ci par les adolescents. Vu son type de travail, vous imaginez facilement que ces jeunes lui posent souvent des problèmes de limites non respectées : insultes, fugues, introduction d'alcool à l'internat, bagarres… que sais-je encore ! Quand Dominique m'a parlé de ses difficultés d'autorité, il me disait, à l'époque : *« J'ai besoin d'apprendre à être plus autoritaire… les jeunes ne m'obéissent pas… j'ai beau leur dire d'être sympas et de ne pas mettre la pagaille… ils n'en font qu'à leur tête… je n'arrive à rien avec eux… pourtant je les aime bien… »*.

La violence et l'agressivité

Nous avons, ensemble, pris le temps d'approfondir la question. Il s'est avéré que Dominique se sentait mal quand les jeunes étaient agressifs, même si ce n'était pas envers lui ; mais surtout, il avait peur de leur poser des limites, d'utiliser par exemple « *Une grosse voix... des sanctions... de tenir tête aux jeunes sans lâcher...* ». Il reconnaissait que tout cela était sans doute nécessaire pour les aider à se contenir et, petit à petit, se socialiser, mais... il avait peur de le faire. Nous avons tranquillement creusé cette peur ; il ne s'agissait pas d'un manque de compétences, non ; Dominique simplement interprétait que s'il était sévère avec les jeunes (donc « agressif » d'après lui), ils se détacheraient de lui, le rejetteraient et ainsi Dominique pensait qu'il perdrait leur affection. Une fois cette découverte assumée, Dominique s'est senti plus confortable pour envisager d'autres méthodes d'intervention avec les jeunes.

Notre travail a consisté à s'appuyer sur la ressource principale qu'il avait en lui : il ressentait une réelle affection pour eux. Au nom de cette affection, il pouvait leur donner ce qu'il n'avait pas réussi à donner avant : des limites. Leur donner des limites comme un « cadeau » qu'ils n'avaient jamais ou pas bien reçu. Bien sûr, son caractère n'a pas vraiment changé, il est resté quelqu'un de gentil, mais il a bien progressé sur sa capacité à mettre des limites, et il avait même trouvé une belle option : se faire soutenir par un collègue !

Le besoin d'attention

Pour prolonger notre réflexion, puisque nous venons d'évoquer le besoin d'affection et d'amour, nous pourrions facilement imaginer que concernant les autres besoins, ceux évoqués dans la première partie de ce livre, ils peuvent tout autant, en cas de manque profond, amener la personne à des actes agressifs :

 Illustration

Madeleine travaille comme statisticienne dans un service. Elle est la seule dans l'équipe à faire ce job, elle est beaucoup plus âgée que les autres et a un aspect physique qui « détonne » au milieu des « 25/30 ans branchés » que le nouveau patron a embauchés. Le patron a gardé Mathilde dans son Service, contraint et forcé, du fait de sa grande compétence professionnelle, mais « *il va lui fait payer très cher !* » : il l'a installée au fond d'un couloir, juste après les toilettes, dans un endroit où personne ne passe et... où aucun client ne pourrait jamais la voir ! Comme elle n'a besoin que d'un ordinateur pour travailler, comme elle reçoit tous ses chiffres par Intranet, comme elle n'a aucune raison de communiquer avec qui que ce soit... « *plus de téléphone !* » a-t-il décidé. Et ce patron s'étonne, en réunion de travail, de la trouver désagréable, grincheuse, boudeuse et tout juste polie, bref très agressive « *on ne peut rien lui dire !* ». Ce qu'il avait réussi à faire, c'était de lui retirer toute marque d'attention, même les plus minimes. Mathilde, elle, avait réussi à extorquer quand même quelques marques d'attention en rendant ses tableaux difficilement compréhensibles hors de sa présence... Les gens sont malins, n'est-ce pas, quand on les pousse à bout ? Elle contraignait son patron à avoir besoin d'elle une fois par mois.

Pour ceux qui sont intéressés par la suite de l'histoire, il nous a fallu un an de patience avec le chef de service, Madeleine, toute l'équipe et moi-même, pour apporter des changements profonds : nous avons tous travaillé ensemble pour décider d'une redistribution de l'occupation des bureaux, du traitement égal entre tous les membres de l'équipe, de l'effort de chacun pour relier Madeleine à toutes les activités du service et d'une communication sur de nouvelles bases... pour tous !

Le besoin de confirmation

Illustration
Vous avez sans doute déjà rencontré une personne qui se plaint ainsi : « Mon patron ne me donne aucune directive claire, il me dit toujours de prendre mes responsabilités ; quand il me dit que ce que je fais ne lui va pas, il me demande de tout refaire mais ne m'explique rien... je me sens perdu... si ça continue je vais craquer... ». On peut facilement persécuter quelqu'un de la sorte, ne lui donner aucune réponse précise, aucune confirmation ni dans un sens, ni dans un autre, et ainsi l'amener petit à petit à l'échec. Et c'est ce qui est arrivé à François : quand il est venu me voir, il était au bord de la grosse bêtise (dépression ? donner sa démission ?...) Après une consultation médicale que j'avais exigée, suivie d'un arrêt de travail donné par son médecin pour « se retrouver un peu », nous avons organisé un certain nombre d'entretiens, il a compris la manipulation de son patron (inconsciente sans doute) et la détresse dans laquelle il était plongé.

Notre travail a consisté à chercher plusieurs options résolutoires, fiables pour lui. Après avoir analysé ces différentes options, ne se sentant pas capable de rester avec son patron, il a décidé de demander à être muté dans un autre service, en impliquant le Directeur des Ressources Humaines (DRH), ce qu'il a réussi. Il avait obtenu de son Médecin, du DRH et de moi-même, la confirmation que la situation dans laquelle il se trouvait n'était pas acceptable, et qu'il était en droit de trouver un environnement professionnel correct. Il a pu ainsi retrouver ainsi, petit à petit, ses capacités d'initiative.

Le besoin de considération

Illustration... Jean et son jury de passage
Quant au besoin de **considération**, l'histoire de Jean[1], qui doit sacrifier au rituel de « passage cadre » dans son entreprise, a illustré un certain

---

1. Voir p. 84, la présentation du cas.

> nombre de comportements particulièrement désobligeants de la part de certaines personnes, membres de son jury. Je pourrais poser une hypothèse, mais simplement une hypothèse… : il est possible que l'un ou l'autre membre de ce jury, pour des raisons qui le concerne, ne se sente pas suffisamment « au top » vis-à-vis de ses collègues, qu'il se compare à eux et se dévalorise. C'est un peu comme s'il pensait qu'il fallait se montrer très brillant dans ses questions, très malin dans sa manière de déstabiliser le candidat, pour obtenir d'eux une certaine admiration ; c'est ainsi qu'il tente de satisfaire son besoin de considération, quitte à être le plus méchant, et cette manière de faire est, pour certains, une forme d'honneur.

Vous avez tous fait l'expérience que nous n'avons finalement aucun pouvoir de forcer les autres à nous approuver, à nous aimer, à nous donner ce dont nous avons besoin. Ce que l'un est d'accord pour vous donner un jour, peut déplaire à l'autre, et même, ce que l'un est d'accord pour vous donner un jour, cela peut lui déplaire le lendemain… Il nous est vraiment impossible d'avoir la certitude de recevoir la satisfaction de nos besoins et, pour certains, ceci est insupportable dans le sens littéral du terme.

En conclusion, j'ai évoqué soit des réactions agressives et violentes de la part d'agresseurs, soit des réactions de souffrances multiples de la part des victimes des agresseurs, réactions qui peuvent aussi être agressives, même si cela se manifeste, parfois, de manière plus subtile. Cela dit, si quelqu'un, à l'âge adulte, manifeste des comportements de violence, c'est peut-être qu'il s'agit de quelque chose qui, pour lui, ne date pas d'aujourd'hui. On peut faire l'hypothèse que leur origine est dans l'enfance et si c'est le cas, il s'agit pour lui une chose d'indispensable puisque, encore aujourd'hui, il le manifeste, comme quelque chose de « non terminé ». Et ce qui est essentiel pour un enfant, c'est qu'il soit respecté dans ses besoins. Ainsi, adulte, s'il réagit avec violence c'est comme pour nous signaler quand ses besoins « anciens » ne sont pas respectés, même s'il n'a pas vraiment conscience de la manière dont il s'y prend pour y arriver.

> **RAPPELEZ-VOUS,**
> **COMPRENDRE AVANT D'INTERVENIR**
> **SUR LA VIOLENCE**
>
> **Ce que je peux faire**
> Conscientiser, repérer et éviter les situations favorisant la violence (courage, fuyons !).
> M'occuper de ma propre sécurité.
> Comprendre que derrière la violence, il y a un besoin non satisfait.
>
> **Ne pas faire**
> Ne pas chercher les coups.
> N'intervenir que si je suis formé pour cela.

ANALYSER LA VIOLENCE

Les différents niveaux d'escalade

Une question importante à se poser, en tant que professionnel c'est jusqu'à quel niveau d'escalade peuvent aller l'agressivité de quelqu'un et ses manifestations de violence. Si l'agressivité peut être définie comme un comportement d'attaque, celle-ci est plus ou moins violente. Il existe toute une gamme d'agressivité, entre ces deux extrêmes : de l'agressivité pathologique, qui est destructrice et explosive, à une autre simplement gênante pour la vie en société. Comme nous l'avons vu précédemment, quelle qu'en soit la forme, le dénominateur commun en est la dévalorisation de l'autre et celle-ci se manifeste (et donc peut se détecter) par des paroles, des attitudes et des actes.

En revanche, dans le cas d'une agressivité plus masquée, il nous faut savoir interpréter ses subtilités : mensonges, crises de nerfs, fugues, divers troubles des conduites alimentaires ou autres, absentéisme, opposition significative, attitudes de rejet, indifférence, négligence, etc.

Si nous étudions les différents niveaux d'escalade, nous serons alors plus au fait de savoir si nous pouvons aider la personne, si nous en avons la compétence, sinon, nous devons l'orienter vers un professionnel plus compétent. Je vais donc m'appuyer sur les travaux de Jean-Pierre Noé[1] pour présenter les différents niveaux d'escalade de la violence et/ou agressivité en commençant par le plus grave.

1. *Le niveau dramatique de la violence : le meurtre*

Il s'agit ici du niveau le plus grave concernant la violence, car la personne va jusqu'à tuer quelqu'un. Celle-ci croit « qu'elle n'a pas d'autres moyens pour assurer sa survie ou son pouvoir » que de tuer l'autre. Elle n'a pas intégré l'interdit protecteur : « *tu ne tueras point !* ». Ne l'ayant pas intégré, elle continue à agir de façon instinctive, ce qui a comme conséquence qu'en cas de danger, elle tue.

Une chose est alors essentielle : rappeler la loi et, si elle a été jusqu'au meurtre, c'est bien sûr la prison. En effet, si elle n'a pas la compétence personnelle de l'intégrer la Loi, elle se trouve donc dans la dépendance que quelqu'un l'intègre pour elle et lui impose. Si elle est prête, elle peut aussi entamer un travail thérapeutique profond.

2. *La violence physique*

Nous savons qu'il y a encore beaucoup de personnes qui considèrent normal de battre quelqu'un, et qu'il n'y a, selon elles, pas d'autre option vis-à-vis de leur conjoint, de leurs enfants ou de quelqu'un d'autre. Peut-être que ces personnes n'en sont pas au stade de tuer, qu'elles n'y seront jamais, mais elles sont, cependant, capables d'aller jusqu'à la violence physique. Elles veulent « faire mal » : battre ou bousculer violemment une personne, envoyer des projectiles, envahir l'espace de l'autre, intimider en utilisant sa force... Elles peuvent se montrer très agitées, avec un comportement désordonné : gesticuler dans tous les sens (désorienté dans le temps et dans l'espace), fuir, être sourdes à tout ordre et inconscientes du danger, risquant éventuellement leur vie et celle de ceux qui l'entourent. De plus, ce comportement par son effet contagieux peut mettre les autres en péril. La violence appelle la violence malheureusement, nous l'observons tous les jours.

---

[1]. Jean-Pierre NOÉ, « Les processus de canalisation de l'agressivité », *AAT*, vol. 22, n° 86, 1998.

Ces personnes doivent être accompagnées pour résoudre leurs dysfonctionnements. C'est, une fois de plus, quelque chose qui ne peut se régler sans consulter un professionnel.

La décharge physique est essentielle pour permettre à la personne de réguler elle-même toute cette énergie qu'elle ne sait exprimer que par le corps. Comme aide au travail thérapeutique elle peut choisir de pratiquer certains exercices comme couper du bois, faire un sport de combat, pratiquer le squash ou des arts martiaux… tout ce qui lui procurera une intense décharge physique.

3. La violence verbale

Le troisième niveau concerne la violence verbale et nous disons même qu'il y a des mots qui tuent ; ici, il s'agit d'une violence verbale qui a comme objectif de faire mal au niveau psychique ; chercher à « tuer l'autre » d'une autre manière que purement physique. La personne peut se mettre à hurler, utiliser les insultes, un ton et un regard menaçants, les humiliations, trouver des phrases « qui tuent »…

Ex : la personne qui prend un rôle de « parent condamnant » : « *Tu es incompétent, condamné, rayé* ». Elle est sûre de son bon droit, peut justifier qu'elle avait bien raison et que, si elle vous condamne, elle est dans son droit.

Si vous discutez avec elle : « *Je trouve que tu es un peu dure !* » : elle vous rétorquera : « *Mais si je fais ça, c'est pour son bien ! Personne ne le lui dit, moi je le fais et j'en ai le droit !* »

Cela dit, la personne peut aussi faire tout cela de manière plus subtile et dans ce cas, le langage du corps aura toute son importance, car il traduit l'intention agressive d'un contenu verbal en apparence neutre. La personne utilisera des mimiques de désapprobations, des petits sourires dévalorisants, un haussement de sourcil, des silences provocateurs, etc.

Mais cette forme de violence est parfois difficile à définir ; dans une violence physique, la victime peut en faire la preuve, car elle aura une marque sur son corps ; dans le cas d'une violence verbale, la preuve sera plus difficile, car il s'agit de quelque chose de subjectif. Pour la victime, la situation est vraie, c'est son vécu, mais une autre personne pourrait le vivre différemment. Les paramètres culturels rentrent en jeu. La violence reçue dépend, d'une certaine façon, de la fragilité du récepteur, de l'intensité destructrice de l'émetteur, et du décalage entre les seuils d'énergie de l'un et de l'autre. Sur ce plan nous ne fonctionnons pas tous de la même manière.

En revanche, il peut être difficile à faire comprendre à quelqu'un qu'on s'est senti sous une forme de violence, c'est une expérience « personnelle ».

Les différents États du Moi fonctionnels concernés

Parent Normatif négatif et Enfant Adapté Rebelle négatif

Le Parent Normatif négatif prend position de Persécuteur. L'Enfant Adapté Rebelle négatif prend la position de Victime.

Figure 6.1

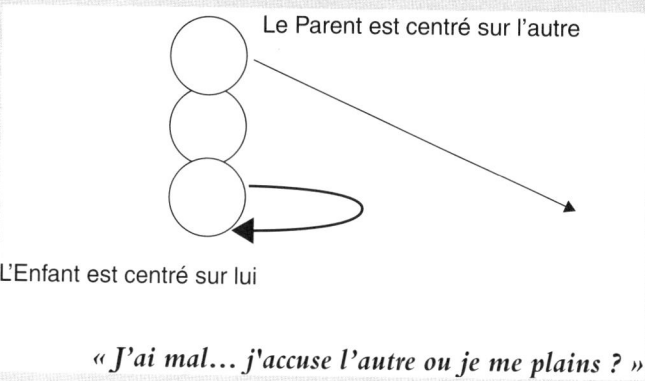

« J'ai mal... j'accuse l'autre ou je me plains ? »

Ils savent chacun exprimer l'agressivité et/ou la violence, simplement ils le font différemment.

Le Parent Normatif négatif

Il ne parle pas de sa propre souffrance, mais s'exprime en critiquant l'autre, en le dévalorisant, l'humiliant *« Tu es un imbécile ! Tu es responsable de ce qui t'arrive... tu n'avais qu'à pas... c'est de ta faute si... »*

La violence en lui, qu'il se met à exprimer à partir d'une position de Persécuteur, « tue » l'autre moralement, physiquement ou psychologiquement : *« qu'est-ce que tu fais sur terre toi ? »* ; et cette violence fait mal.

> Il tente de contraindre l'autre à changer par tous les moyens dont il dispose, soi-disant pour son bien, il veut « lui faire faire » ce qu'il estime préférable. Il peut recourir à des punitions diverses, le traiter d'idiot ou d'autres mots violents. Il se sent dans son bon droit : il a bien raison de décharger sa colère contre la victime !
>
> Il stigmatise toutes ses erreurs. Toutes ces attributions forment et renforcent une image péjorative qu'il veut que la personne ressente. Plus le jeu est dur et répété, plus celle-ci croira qu'elle est réellement « mauvaise » ou « méchante ».

Exemples de comportements persécuteurs
Donner des ordres contradictoires ou sans aucune justification, accompagnés d'une menace explicite ou feutrée ; lui parler sur un ton dur, sarcastique ou péjoratif ; l'accabler d'exigences trop nombreuses (mêmes mineures) ; l'inonder de travail ; s'arranger pour que l'autre ne puisse pas répliquer ou lui faire comprendre que, s'il exprime sa colère, « c'est inapproprié ou méchant ».

Exemple : le harcèlement moral au travail
« Toute conduite abusive qui se manifeste notamment par des comportements, des paroles, des actes, des gestes, des écrits, pouvant apporter atteinte à la personnalité, à la dignité ou à l'intégrité physique et psychologique d'une personne, mettant en péril l'emploi de celle-ci ou dégradant le climat social ».

> « Il s'agit d'agissements répétés destinés à dégrader les conditions de travail de la victime – ils doivent avoir pour conséquences avérées ou seulement prévisibles l'atteinte à la dignité, à la santé ou encore à l'avenir professionnel de la victime ».
> (Décret de la loi de janvier 2002)

L'Enfant Adapté Rebelle négatif

Manifester la violence avec cet État du Moi sert à se protéger, quitte à s'échapper, fuir. Les manifestations de colère/violence s'expriment à partir d'une position de Victime :

« Je suis contre ce que je supporte : j'en ai marre, je pars en claquant la porte, tout le monde me fait ch... r, je fais ce que je veux si je veux... ». La personne défend sa peau et rejette sur l'autre sa violence pour se protéger. Elle fonctionne « égoïstement » en restant centrée sur elle, espérant que le Persécuteur la laisse tranquille. Malheureusement, ça ne « marche pas »... La personne réagit en ayant de mauvais résultats, en refusant de travailler. Ou bien, puisque la « colère franche » lui est interdite par le Persécuteur, elle l'exprimera indirectement en faisant le souffrir au maximum ; elle peut, par exemple, ne rien faire (ou si peu) de ce que celui-ci lui demande.

En interne, la Victime a conscience des comportements qu'on lui reproche et en admet toutes les attributions. Son estime de soi tend vers zéro. Sans doute pense-t-elle qu'elle mérite bien d'être punie. Sur fond d'une image de soi aussi négative, elle risque bien de prendre des décisions destructrices. Le danger pour lui est fort car il peut en arriver à faire n'importe quoi

Le non-respect des rituels

Quelqu'un qui fonctionne à partir du Parent Normatif Négatif ou de l'Enfant Adapté Rebelle peut poser des problèmes d'attitude violente sur un des thèmes de nos conventions sociales : le non respect des rituels.

En effet, un rituel[1] est un code social « normatif » facilitant la communication et structurant les relations sociales. L'observation montre que dans la pratique, le fait de ne pas s'y conformer peut être vécu comme particulièrement violent :

Le rituel d'accès

Ce sont les salutations et les au revoirs. Ils sont influencés par le statut des participants et le type de rapports qu'ils entretiennent : on ne salue pas de la même façon un collègue ou son directeur, même si on les rencontre tous les deux quotidiennement.

Illustration

Lors de sessions de formation, il est intéressant d'observer comment un retardataire dit « bonjour » en arrivant ; cela peut aller d'un petit signe de tête discret à la cantonade à un serrement de mains systématique de chacun des stagiaires, quitte à interrompre le travail en cours. Chacun reproduisant, ici, ce qu'habituellement il fait dans son environnement professionnel : au formateur de ne pas s'en offusquer !

---

1. Erwin GOFFMAN, *Les Rites d'interaction*, Minuit, 1974.

Le rituel de confirmation

Il sert à confirmer l'image que chacun souhaite donner de lui-même, à exprimer l'attention et l'intérêt que l'on porte à autrui. S'excuser de déranger quelqu'un, c'est reconnaître implicitement l'importance que l'on confère à ses fonctions... La confirmation peut également prendre l'aspect d'un évitement ; il consiste à prendre soin de ne pas empiéter sur le territoire autrui, sur son espace personnel : ne pas lui souffler dans le visage en lui parlant ; mais aussi ne pas utiliser ses objets personnels, ne pas lire au-dessus de son épaule...

Ex. : Le coaché de Christel qui rentrait dans son bureau avant l'heure du rendez-vous[1].

Le rituel de réparation

Il est utile lorsqu'un incident risque de perturber la relation. Il a pour but de changer la signification de l'incident, de lui faire perdre son caractère offensant, et de lui donner ainsi une forme acceptable. Généralement, il suit l'incident, comme lorsqu'on formule une excuse pour avoir, même involontairement, bousculé quelqu'un.

Mais il peut également le précéder si l'on suppose qu'une action risque de heurter l'interlocuteur : c'est ce qui se passe lorsqu'on demande à quelqu'un l'autorisation d'utiliser son stylo ou son téléphone, objets qu'il pourrait considérer comme faisant partie de son territoire et relevant de son usage exclusif.

RAPPELEZ-VOUS, DANS LA RELATION PERSÉCUTEUR/VICTIME

Ce que je peux faire
Me faire respecter.
Demander de l'aide.
Décoder les manipulations violentes.

Ne pas faire
Ne pas mettre d'« huile sur le feu »...
Ne prendre personne de front.

---

1. Voir p. 143, la présentation du cas.

INTERVENIR EN SITUATION DE VIOLENCE

Préconisations générales

Qu'il s'agisse d'une intervention « individuelle » (je suis face à une seule personne), ou au sein d'un groupe (conflits ou agressivité dans une équipe), tout commence par des éléments qui vont être facilitateurs et apporter de la sécurité.

> *Illustration*
> Soit l'entreprise que j'appellerai « Fury » : un service (trois équipes plus les administratifs, soit 28 personnes), dont le travail est très prenant et stressant avec des clients souvent agressifs, dont les conditions matérielles de travail sont difficilement supportables (trois à quatre personnes dans un même petit bureau, peu d'espace à soi, un minuscule lieu de repos à partager entre tous…), et surchargé du fait d'un fort niveau d'absentéisme…
> Un jour, « l'équipe a craqué ». La goutte d'eau qui a fait déborder le vase : le chef de service (arrivé depuis seulement six mois) a pris la décision de demander à chacun de prendre à tour de rôle la permanence téléphonique pendant qu'il aurait une réunion avec les administratifs. Ce fut un tollé général ! Personne ne voulait avoir une chose de plus à ajouter à sa surcharge ! La révolte fut si violente que le chef de service, quand il a voulu aborder le sujet, s'est retrouvé, en réunion de service, comme devant un tribunal, face à ses salariés hurlants et agressifs, et qu'il a fini par quitter la pièce, sous la huée… Les trois adjoints, chacun responsable d'une équipe, ont choisi de ne pas intervenir, ni d'un côté, ni de l'autre… « absents » quoi !
> *Nature et objectif de mon intervention :*
> – Aider à ce que chacun retrouve un certain apaisement dans l'équipe (aussi bien le chef de service, les trois adjoints que les équipes).
> – Renouer le dialogue entre le chef de service et l'ensemble du personnel.
> Le tout permettant d'envisager l'avenir et de se mettre à une table de travail pour trouver, ensemble, des solutions opérationnelles. Cette troisième étape, nous l'avions évoquée comme une finalité en soi, mais j'ai choisi de ne pas intervenir sur ce niveau pour eux, afin ne pas mêler ce qui est de l'ordre de la régulation avec le reste. Il y avait déjà tellement de mélange chez eux !…
> *Temps de travail prévu :*
> Entretiens individuels avec le chef de service et ses trois adjoints (trois heures tous les mois) – groupe de régulation avec les équipes (groupe de trois heures tous les mois) – fin de l'intervention : deux réunions « en grand groupe » (tous les salariés ensemble) pour se parler.

Prendre soin de soi

Avant de nous occuper des autres, commençons par nous occuper de nous-même ! Si notre État du Moi Enfant ne va pas bien, nous serons plus occupée par nous-même que par la personne dont nous voulons nous occuper. Alors, même si nous ne disposons pas de beaucoup de temps avant notre intervention, nous pouvons toujours suivre tout ou partie des conseils de bon sens qui suivent :

1. Commencez par vous occuper de vous, de vos besoins, buvez un verre d'eau, isolez-vous un moment, marchez un peu… au besoin, passez un coup de fil à un ami pour vous sentir en lien et obtenir du soutien si nécessaire. Il n'est pas difficile d'organiser dans son planning un espace temps, juste avant de rencontrer son client, même si ce temps est vide, il peut toujours vous servir…

Chez Fury
Il m'est arrivé souvent, lorsque je me rendais chez Fury, d'appeler une collègue amie pour rire avec elle quelques minutes avant de rentrer dans l'entreprise.

2. Faites le vide avec vos autres préoccupations, rendez-vous disponible ; peut-être est-ce nécessaire de passez un coup de fil pour retarder un rendez-vous qui vous mettrait la pression en cas de prolongation de la séance (si vous avez à régler un problème à la maison avec un membre de votre famille ou un ami… éteignez le feu sous la casserole !…)

Vous pouvez toujours informer votre interlocuteur que vous avez besoin de quelques minutes pour vous rendre disponible, vous aurez ainsi l'esprit libéré et il appréciera.

Chez Fury
Chaque fois que je devais me rendre là-bas, je ne programmais rien avant, ni après. Je savais que le stress serait là.

3. Installez la pièce de telle sorte que cela vous convienne, n'hésitez pas à retirer des tables ou à transformer l'organisation des sièges. En cas d'intervention chez un client, demandez à visiter les lieux avant, ça pourra vous éviter certaines surprises…

4. Choisissez votre place avec soin, ni trop près, ni trop loin de la (ou des) personne(s), en tenant compte de votre propre « territoire » et de la facilité avec laquelle vous pourrez rester en contact visuel avec les personnes. C'est dans votre positionnement que vous pouvez signaler que vous êtes le conducteur du groupe et ça rassure ; d'autre part, si l'un de vous est mal installé, cela peut parasiter le travail.

5. Centrez-vous sur le fait que vous allez rencontrer des personnes, et que le résultat de votre intervention dépendra beaucoup de votre capacité à établir la relation avec elles et à la maintenir. Tout se joue dès le premier contact, votre capacité à créer le lien, à n'oublier personne dans un coin, et pendant l'intervention à traiter chacun avec équité.

Chez Fury

Au vu des tensions, j'ai délibérément décidé d'allonger le temps du café afin de contourner subtilement les manœuvres de « bouderies » de certaines personnes à mon égard, sous prétexte de demander du sucre… ça permet de commencer à se parler…

6. Préparez bien « l'ouverture » de votre intervention, même si vous ne disposez que de très peu de temps : qu'allez-vous dire une fois avoir dit « bonjour » ? Chaque démarrage est unique et spécifique, prévoyez, surtout pour chaque nouvelle intervention ce que vous allez dire ; s'il s'agit d'une intervention faite « en urgence », vous pouvez prendre le temps de réfléchir avant de structurer votre prise de parole.

Ce qu'il vaut mieux éviter

1. Évitez de répondre du tac au tac dans vos interventions.
Si vous répondez tout de suite à ce qu'il dit, il peut se sentir bloqué, ou bien vous pouvez, malgré vous, l'emmener sur un autre chemin que celui vers lequel il allait. Votre interlocuteur a en tout premier lieu besoin de « déposer » ce qu'il ressent, ce qu'il a dans la tête, sans entendre un quelconque commentaire de votre part.

2. Évitez de prendre la posture de « juge », de celui qui cherche les fautes ou les coupables, en somme une position de Persécuteur.
Parfois, vous pouvez vous sentir entraîné à chercher le responsable, qu'il soit dans la salle ou à l'extérieur, cela vous demande

beaucoup de capacité de neutralité, surtout si votre interlocuteur veut absolument vous convaincre qu'il a raison.

Chez Fury
Certains salariés de Fury auraient bien voulu que je leur confirme que leur chef de Service était un tyran…

Un bémol cependant : parfois, une personne a réellement été agressée, ce dont elle aura alors besoin, c'est que vous reconnaissiez le dommage qu'elle a subi.

3. Évitez de prendre la posture de « celui qui sait » et donne des directives.

Nous sommes sollicité parce que nous sommes reconnu comme compétent et en même temps nous n'avons pas à être « monsieur ou madame *je-sais-tout* ». Toute notre compétence sera dans notre art à faire en sorte d'aider notre interlocuteur à poser lui-même ses diagnostics et à trouver ses propres solutions. Souvenez-vous que vous n'êtes pas là pour convaincre ou proposer vos solutions, mais que chacun a la compétence à trouver lui-même ce qui est bon pour lui.

4. Évitez de faire des promesses, ou de dire que tout va s'arranger.

Attention aux moments douloureux ! Vous risqueriez de prendre une position de Sauveteur, les personnes n'ont pas besoin de nos promesses, ils ont plus besoin de notre soutien et de notre compréhension, ils trouveront tout seuls les solutions dont ils auront besoin.

Chez Fury
La situation était tellement explosive que, quand certaines personnes se montraient positives, elles me sollicitaient avec insistance pour être rassurée « Dites, vous croyez qu'on va s'en sortir, qu'on va pouvoir recommencer à dialoguer tous comme avant après ce qui s'est passé ? ».
Moi : « *Je ne sais pas* ».

5. Évitez de rire face à l'agressivité ou à l'usage de certains mots.

Quand quelqu'un est fort en colère, il peut dire « n'importe quoi », si quelqu'un rit, il peut l'interpréter comme une moquerie à son encontre ; si jamais cela se passait dans le groupe, vous aurez à estimer si quelqu'un s'en est senti blessé.

Ce qu'il est bon de faire

1. Parlez posément, naturellement, c'est vous qui allez donner « le ton » de la séance.

Il est parfois difficile d'être naturel, surtout en début de séance avec des personnes que vous ne connaissez pas… pensez simplement que plus vous êtes en contact avec vous-même, plus vous trouverez le ton juste.

2. Regardez chacun, y compris celui qui reste silencieux.

Sans nous en rendre compte, nous pouvons nous centrer sur « un allié » dans le groupe ou au contraire sur celui qui nous fait peur. Le regard direct est une marque de respect pour certains, d'encouragement pour d'autres, alors…

Regardez la personne en face quand elle parle, dans les yeux, et s'il s'agit d'un groupe, pensez à regarder chacun, sans privilégier ni le plus « actif » (cela ne ferait que l'encourager à occuper tout le terrain), ni celui qui reste toujours en silence, la tête basse (au risque de le rendre inconfortable, il sentirait votre pression).

Chez Fury
Deux femmes étaient particulièrement virulentes ; elles voulaient prendre le leadership du groupe et j'avais bien repéré combien elles me regardaient avec insistance. Chaque fois que mon regard les croisait, elles prenaient la parole. Je sais que parfois, j'ai délibérément décidé de ne pas les regarder pour diminuer leur facilité à intervenir.

3. Laissez la personne terminer ce qu'elle a à dire sans l'interrompre.

Nous avons tous souffert d'être interrompu… la parole est une première manière de réguler ce qui nous encombre. Si vraiment quelqu'un occupe trop l'espace, instaurez une règle de partage du temps de parole au nom de l'équité. Au besoin, signalez par avance que le temps de parole sera donné à chacun avec équité.

4. Admettez la gravité des faits sans minimiser.

Vous pouvez entendre des éléments douloureux, peut-être ceux-ci sont-ils difficiles à entendre par vous ou à relater par la personne ; attention à ne pas chercher à apporter de la douceur en minimisant ce qui est évoqué, aussi difficile que ce soit. Ce qui apporte du réconfort, c'est quand la situation douloureuse est entendue dans sa juste vérité.

> *Chez Fury*
> Le chef de service avait vécu comme une humiliation le fait d'être sorti de sa réunion sous la huée de ses salariés. Puis lors d'une de nos rencontres, c'est lui qui a commencé à minimiser « *Non, Monsieur, ce qui s'est passé est grave !* ». À partir de cet instant-là, il a commencé à remonter la pente et à « retrouver son costume de chef ». Il s'est adressé à ses Adjoints : « *Et vous, qui n'avez rien fait, ni rien dit à l'époque, qu'elle est votre position aujourd'hui ?* »
> Ils ont tous reconnu la gravité de l'événement.

5. Respectez l'autre et comprenez son vécu.

Parfois, vous ne choisissez pas les personnes avec qui vous travaillez (nous ne pouvons pas les rencontrer tous avant l'intervention), et nous ne sélectionnons pas non plus les vécus qui les concernent… Cela nous demande une réelle capacité d'accueil inconditionnel de l'autre et le minimum auquel il a droit : le respect.

Un bémol : par expérience, donnez-vous la Permission de ne pas travailler avec certaines personnes ou autour de certains sujets.

6. Tout faire pour aider la personne à réintégrer le présent et à se remettre à fonctionner dans son quotidien.

Votre interlocuteur va apporter ses souffrances, ses angoisses et vous allez l'aider à ouvrir des portes douloureuses. Ne perdez pas de vue qu'une fois votre intervention terminée, celui-ci va retrouver son quotidien ; prévoyez un temps pour qu'il s'y prépare.

> *Chez Fury*
> Une des difficultés était que je travaillais directement à l'intérieur d'une équipe professionnelle. Ma vigilance portait principalement sur le fait que tous les propos échangés dans nos rencontres devaient rester à l'intérieur du cadre professionnel. Chacun allait devoir continuer à travailler avec son collègue en attendant la prochaine rencontre.

7. Évitez d'intervenir dans des endroits ou sur des sujets qui peuvent trop vous bousculer.

En effet, vous devez vous attendre à être dérangé par les faits relatés et les émotions exprimées. N'allez, tout simplement, pas travailler dans des endroits où ce qui va être évoqué peut vous bousculer… vous ne serez pas aidant. Proposez un de vos confrères compétents sur le sujet.

8. Prenez soin de vous pendant l'intervention.

Si vous prenez soin de vous, indirectement vous donnez la permission que chacun fasse de même ; d'autre part, votre compétence n'en sera que préservée. Au besoin : buvez, bougez, respirez profondément…

Chez Fury
La tension et l'agressivité étaient parfois tellement perceptibles que j'ai été amenée à proposer des moments de silence pour que chacun (y compris moi) se recentre.

Le choix de l'environnement

Le choix de **l'environnement** où va avoir lieu l'intervention : voir page 228.

Les éléments de structure

Reportez-vous à la page 229. Les éléments à mettre en place sont les mêmes. Je vais illustrer ici quelques points de la procédure spécifiques à mon expérience chez Fury.

Émotions en forme de « montagnes russes »

Il a été intéressant pour les équipes de se rendre compte qu'en dehors de la colère que tout le monde avait repérée, la peur a été ressentie par bon nombre de participants, ainsi que la tristesse…

Réduire les malentendus et corriger les faux renseignements

J'ai eu cet échange avec une salariée qui m'assurait avec vigueur que les adjoints étaient partis juste avant la révolte des salariés :
Moi. – *Comment sais-tu cela ?*
Elle. – *Ben… ils n'étaient pas là.*
Moi. – *Tu veux dire que tu ne les as pas vus ?*
Elle. – *Ben… oui.*

Moi. – *Ok... ils étaient là. Ta collègue nous a dit ce matin, qu'elle était à côté d'eux.*
Elle. – *Ah ! bon ! ?*

Les éléments de Protection

Reportez-vous plus loin, à la page 233. Les éléments à mettre en place sont les mêmes.

Concernant mon expérience chez Fury, j'ai eu à « tenir bon » puisque les participants n'étaient pas volontaires, ils avaient agi en dépassant les limites de ce qui pouvait être acceptable au travail et ce que la direction (le directeur général et le chef de service) leur demandait en retour était de participer à ces groupes pour faire un travail de régulation afin de réparer leur geste. Le seul choix que je leur ai donné : ou ils s'engageaient sur toutes les règles ou ils sortaient de la pièce et je prévenais immédiatement de leur refus de coopérer. J'ai annoncé ma position puis j'ai attendu tranquillement... ça a pris un peu de temps... je les ai laissés parler entre eux, échanger leurs points de vue, puis chacun s'est engagé.

Pas de départs prématurés

J'ai eu une fois à signaler à une jeune femme qu'elle s'adressait à moi de manière que j'estimais insultante. Cela ne lui a pas plu et elle m'a menacée de quitter la pièce.
Moi. – *Tu t'es engagée à respecter les règles, donc tu ne sors pas.*
Elle. – *Je fais ce que je veux.*
Moi. – *Non, tu vas respecter ton engagement.*
Elle. – *Vous allez m'en empêcher peut-être ?*
   Je me suis levée, tranquillement.
Moi. – *Non, mais si tu veux être respectée, commence par respecter l'ensemble du groupe ici, et sortir en claquant la porte, ce n'est pas une manière respectueuse.*
Elle. – *J'en ai ras le bol !*
Moi. – *Ça, c'est ok... si tu veux qu'on te comprenne, il te suffit de parler...*
   Et elle a raconté pourquoi elle « en avait ras le bol ».

La violence et l'agressivité

Une seule personne s'exprime à la fois

Nous avions inventé le concept de « trousse », j'avais trouvé cette idée quand je me suis rendu compte qu'il n'y avait que moi qui prenais en charge la régulation de parole : celui ou celle qui avait la trousse en main pouvait parler. Il fallait donc attendre de l'avoir et donc la demander. Cela a calmé beaucoup les échanges.

Les éléments de Permission

Reportez-vous à la page 236. Les éléments à mettre en place sont les mêmes. Soit les permissions suivantes que j'ai utilisées chez Fury :

Penser autrement, avoir d'autres avis, être différent

Cette permission s'est révélée très bénéfique, puisqu'en fait, tout le monde n'était pas d'accord avec la révolte et la tournure violente des événements. Avec ces Permissions, les personnes ont pu s'exprimer et apporter de l'oxygène, de l'ouverture pour l'avenir

Avoir des besoins et des envies contradictoires avec les autres

Certaines personnes ont, par exemple, clairement demandé que les échanges diminuent en énergie agressive, et que les pauses soient utilisées pour se détendre et non pour continuer les bagarres.

Demander ce dont vous avez besoin

J'avais repéré une personne plutôt silencieuse, je suis « allée la chercher »…
Moi. – *Vous êtes bien silencieuse…*
Elle. – *Hum…*
Moi. – *Avez-vous envie de vous exprimer ?*
Elle. – *En fait, je ne sais pas où me situer dans l'équipe, j'aimerais bien savoir si tout le monde ici est d'accord avec ce qui s'est passé, parce que moi, la violence, je n'aime pas ça.*

Un silence s'est immédiatement installé, certains l'ont regardée avec stupéfaction, plus tard, ils lui ont dit qu'il n'aurait jamais imaginé qu'elle réagirait comme ça.

> ### Rappelez-vous,
> ### pour mener votre intervention
> ### dans un contexte de violence
>
> **Ce que je dois faire**
> Prendre soin de moi.
> Être le capitaine du bateau, le pilote de l'avion.
> Rester neutre.
> Traiter toutes les personnes avec équité.
>
> **Ne pas faire**
> Ne pas privilégier ceux qui souffrent au détriment des personnes violentes.
> N'attendre aucun soutien de personne (traversée du désert…).
> Ne pas dramatiser ce qui est grave.

Attitudes devant une personne ayant « reçu » de l'agressivité

Repérer ses préoccupations

Lorsque vous recevez une personne qui a été la victime d'une violence ou agressivité à son encontre (ou même en tant que spectatrice…), celle-ci a tendance à rester bloquée sur l'événement en lui-même ; comme si elle n'arrivait plus à s'en détacher, à tourner la page. Ou bien elle fait référence aux liens qu'elle fait avec un épisode ancien qui a été ravivé avec ce qu'elle vit aujourd'hui. C'est un peu comme si elle était incapable d'évoquer la suite des événements. Et en fait, c'est vrai, momentanément elle en est incapable.

Vous pourrez repérer un certain nombre de questions récurrentes qui la préoccupent :

Prévoir

Elle voudrait savoir si elle aurait pu prévoir l'événement : « *Aurais-je pu prévoir ce qui allait se passer ? Il y a peut-être quelque chose auquel je n'ai pas fait attention ?* »

Savoir

Elle cherche à savoir si elle n'aurait pas pu faire quelque chose de plus que ce qu'elle a fait : « *Si j'avais fait quelque chose, j'aurais sans doute changé le cours de l'histoire, non ?* »

Culpabilité – responsabilité

Elle se culpabilise et se demande quelle peut bien être sa part de responsabilité : « *Peut-être que j'aurais dû faire autrement ? Peut-être suis-je en fait responsable de ce qui m'arrive ?* »

Partir de la relation minutieuse des faits pour contacter le niveau émotionnel

Devant un choc, que ce soit suite à un épisode physique ou psychologique, le mécanisme mis en place, du fait de la peur, fait que la personne ne voit qu'un volet de l'histoire, et uniquement celui-là.

Illustration

Madame Colophon[1] est venue me voir. Au début de l'entretien, elle transpirait sa peur en me racontant des éléments de manière totalement désordonnée.
J'ai utilisé quelques principes du débriefing[2]. J'ai attendu qu'elle finisse sa première étape, qu'elle me dise : « *Voilà…* », un peu comme si elle avait fini quelque chose pour elle et que maintenant elle me signalait qu'elle était prête à être en contact avec moi. J'avais peu d'informations objectives sur son contexte, par exemple dans quel genre de boîte elle travaillait, quels étaient ses liens professionnels, le système hiérarchique, etc. Alors nous avons reconstitué l'histoire :
« *Vous êtes rentrée dans cette entreprise il y a combien de temps ? Est-ce que le patron que vous avez aujourd'hui est celui qui vous a recruté ? De quelle nature est votre travail ? Quel est votre niveau de responsabilité ?…* » Et ainsi, petit à petit, nous avancions dans l'histoire, jusqu'au moment où l'événement est arrivé : « l'ordre de son patron ». Je lui ai demandé de me raconter : « *À cet instant-là, où étiez-vous, quel jour était-ce ? Quelle heure était-il ? et avec qui étiez-vous ? Qui a entendu l'ordre ? À qui en avez-vous parlé ? Qu'ont dit vos collègues, leurs réactions…* ». Cela lui a permis au fur et à mesure de recontacter sa capacité de penser.

---

1. Voir p. 193, la description du cas.
2. Voir p. 238, la description de la méthode.

Le talent, ici, passera par des phrases très simples, très courtes :
- **un canal directif** : « *Dites-moi… racontez-moi… décrivez-moi…* »
- ou **interrogatif** : « *Où étiez-vous ? qu'avez-vous vu ? entendu ?… qui était près de vous ?… que faisait-il ?…* »

Attitudes pour les « premiers secours émotionnels »[1]

Vous pouvez vous trouver face à une situation d'urgence où vous ne disposez que de peu de temps pour aider la personne. Dans ce cas, vous pouvez utiliser la « trousse des 3 T » dont je vous donne ici la traduction : les Larmes (*Tears*), la Parole (*Talk*), le Temps (*Time*).

Larmes

Si vous aidez à libérer l'accumulation des émotions par les larmes, vous provoquez chez la personne un sentiment de bien-être et de « lâcher prise » (on trouve de l'adrénaline dans les larmes).

Parole

Si vous favorisez la parole, vous lui permettez de relater ce qu'elle a vécu et ressenti ; cela lui permet de ne pas s'enfermer sur des idées négatives et/ou circulaires : « *c'est de ma faute, j'aurais dû faire ceci ou cela, et si j'avais fait comme ceci…* ».

Temps

Informer la personne que le temps qui passe, comme lors d'une blessure physique, permet petit à petit à la situation extrême qu'elle vient de traverser trouvera sa place dans son histoire de vie. En quelque sorte, elle aura « rangé » cet événement dans une de ses boîtes à souvenirs et elle expérimentera qu'il y avait un « avant » et que naturellement il y aura un « après » le drame.

Attitudes face à une personne « difficile »

Il s'agit là de situations particulièrement délicates à mener qui concernent des personnes au comportement facilement violent,

---

1. En anglais, les 3 T : *Tears, Talk, Time*.

et, à moins d'être un spécialiste, ou d'y être contraint par une situation exceptionnelle, peu d'entre nous ont à les prendre en charge. Je vous propose une réflexion en cinq étapes que vous pouvez dérouler jusqu'au bout, si vous vous en sentez capable ; au besoin, arrêtez-vous à n'importe laquelle et passez le relais.

1. Le contact

Première étape essentielle, la prise de contact peut déjà apporter à la personne un élément d'apaisement. Faites preuve de compréhension et d'acceptation non critique, quoi qu'elle ait dit ou fait.

2. La non-présence d'un tiers

Deuxième étape indispensable à ne pas oublier. Même si vous ne vous sentez pas totalement sûr de réussir avec la personne en difficulté, veillez à ne pas introduire de tiers dans la relation. Ils seraient perçus par elle comme les « témoins de sa défaite » et cette situation ne ferait qu'augmenter son attitude violente pour garder la face.

3. L'autorité

La troisième étape consiste à se faire respecter par votre interlocuteur dans votre autorité. Si vous voulez être crédible à ses yeux, montrez votre capacité d'autorité, gardez le contrôle des échanges et de ce qu'il est possible de dire ou de faire en votre présence.

4. Son absence d'intérêt pour les autres

Cette étape vise à vous sensibiliser au fait que si vous parlez à la personne des autres et des torts ou du mal qu'éventuellement elle leur a faits, ceci ne l'intéresse pas voire l'agace énormément. Quand la personne est dans ces situations-là, le seul être qui l'intéresse, c'est elle-même et son bon droit. Elle est dans sa phase d'égocentrisme extrême.

5. Sa confiance en elle

La cinquième étape vous demandera de l'aider à construire et à renforcer sa confiance en elle. En effet, s'il est capable d'un tel niveau d'agressivité, vous pouvez faire l'hypothèse, qu'en interne, il n'est pas sûr de lui. De plus, il a également l'intelligence de se rendre compte que les autres ne sont pas forcément dupes de ses dysfonctionnements.

6. Sa demande d'attention

Vous devrez à cette étape trouver comment terminer votre entretien avec la personne. En effet, en raison de l'intérêt que vous lui portez, elle peut faire durer la situation.

Rappelez-vous, face à la personne victime d'agressivité

Ce que je peux faire
La faire relater les faits.
L'isoler.

Ne pas faire
Ne pas dramatiser.
Ne pas perdre le contrôle.

La violence à l'intérieur du groupe

Vous pouvez être amené à accompagner un groupe au sein duquel la violence et l'agressivité circulent, soit parce que ces sentiments concernent les membres du groupe entre eux, soit parce que le groupe a vécu une violence venue de l'extérieur.

La majorité des préconisations et concepts précédents vous seront utiles, je vais simplement préciser quelques éléments complémentaires.

Votre rôle

Rester tout au long le « leader du groupe »

Les personnes doivent vous sentir ferme et précis, vous leur apporterez alors un sentiment de sécurité. Vous serez observé par le groupe, les personnes guetteront tout signe d'hésitations ou suppliez l'une ou l'autre des personnes, vous perdez votre crédibilité de garant et risquez de générer de la peur, donc de l'agressivité.

La violence et l'agressivité

Vérifier que votre rôle est pleinement accepté

Les premières minutes de démarrage d'un groupe, organisez un tour de table pour obtenir l'accord de toutes les personnes présentes. Faites-le tranquillement afin d'estimer, pendant votre échange, si l'une d'entre elles montre une résistance. Il se peut que celle-ci prenne votre intervention comme un risque. Ce pourrait être le cas si elle démarre le processus dans une position de certitude au sujet de son bon droit et de sa légitimité.

Détecter les tentatives de restauration du conflit

Soyez vigilant, dès le début de votre intervention de tout signe de relance du conflit, de manière à intervenir tout de suite pour le désamorcer immédiatement.

Nommer les points de clarification et les accords

En prenant un élément, l'un après l'autre, au fur et à mesure de votre intervention, vous pourrez noter ce qui est clarifié pour chacun et préciser les points d'accords.

Faciliter l'expression des idées

Dans ce type d'intervention, toutes les idées, même si elles paraissent surprenantes, sont intéressantes à écouter. N'hésitez pas à stimuler toutes les personnes à les exprimer puis à échanger dessus.

Sortir du blocage

Un de vos rôles essentiels sera d'accompagner le groupe vers la sortie des situations de blocages ; encouragez le groupe à offrir des options de résolution, orientez les échanges dans cette direction.

Repérer quand les échanges « tournent en rond »

Un des risques, dans une telle situation, c'est que les débats ne soient d'aucune productivité, votre vigilance doit repérer ce mécanisme et dans ce cas, soit vous recentrez sur le sujet, soit vous pouvez proposer une petite pause.

Accélérer le processus de prise de conscience

L'important, pour les personnes, concerne leur prise de conscience concernant ce qu'ils ressentent et ce qu'ils pensent au sujet de leurs désaccords. Vous allez avoir, parfois, à « bousculer » un peu le processus, vous pouvez même être un peu provocateur si nécessaire.

Une stratégie particulière

Parfois, l'agressivité est si « forte » entre les personnes du groupe qu'il est difficile de leur demander de la réguler afin d'obtenir des échanges respectueux. Dans ce cas, vous pouvez organiser une « procédure indirecte » : tout ce que qu'un des membres souhaite dire à un autre vous sera dit directement, comme si vous étiez son interlocuteur ; demandez-lui de structurer ses phrases en utilisant, avec vous, le prénom de la personne à qui il veut s'adresser.

Figure 6.2

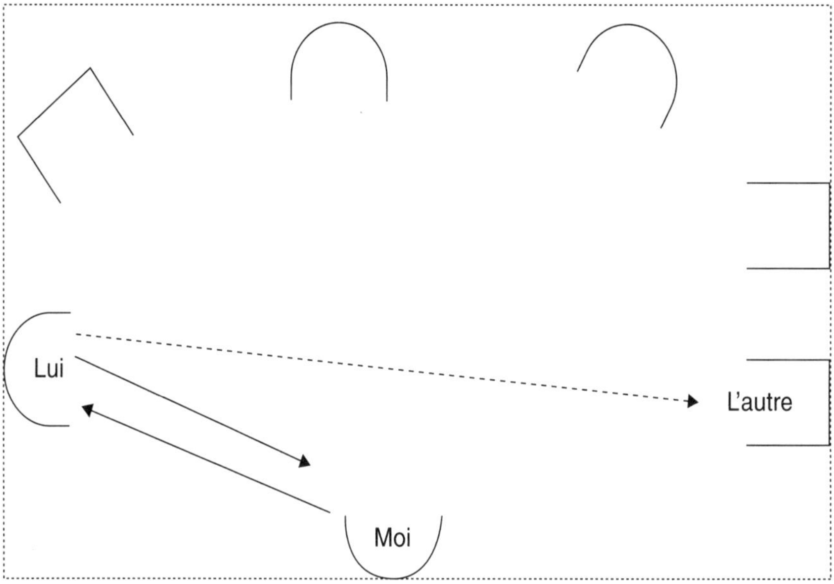

« Tu me dis à moi ce que tu veux dire à l'autre »

La procédure durera le temps nécessaire pour obtenir un certain apaisement. Vous vous abstiendrez de commentaires, exception faite des questions cherchant à clarifier les propos exprimés.

> *Illustration*
> J'ai été sollicitée pour accompagner une équipe de direction (cinq personnes). Leur métier demande une capacité à supporter un haut niveau de stress et à s'adresser aux personnes dont elles sont la responsabilité avec une grande courtoisie. Une méthode qu'ils utilisaient, pour se protéger des dérapages avec leurs interlocuteurs, était de gérer entre eux leurs tensions. Ils ont fait appel à moi, lorsqu'ils ont réalisé qu'ils n'arrivaient plus à « garder la distance » entre eux. Leurs échanges étaient chargés d'une telle agressivité qu'ils sentaient une sorte de « péril » pour leur équipe : des débordements qui auraient laissé des marques durables dans leurs relations. J'ai donc créé, pour cette situation, la technique présentée ci-dessus et ainsi, « reçu » en présence du collègue à qui la personne voulait s'adresser, les reproches ou autres manifestations agressives. Lorsque les tensions ont commencé à s'apaiser, nous sommes passés dans une seconde étape : chacun a pu s'adresser directement à son collègue pour demander ce dont il avait besoin pour traverser cette période difficile.

Quelques conseils à offrir

Aux personnes agressives pour canaliser leur violence

Pour certaines personnes qui reconnaissent que leur comportement agressif est handicapant (en dehors de toute pathologie évidemment), quelques consignes simples peuvent être bénéfiques :

- ✓ Activités de défoulement qui leur permettra de « mettre à l'extérieur » : leur proposer de se réserver des moments d'activité de défoulement comme le sport par exemple, certains préféreront le chant ou le théâtre…
- ✓ Activités de maîtrise corporelle : sports de combats, arts martiaux, tir ou autres activités de précision.
- ✓ Diverses techniques de relaxation à pratiquer sur le long terme ; insister sur le fait qu'elles doivent aussi apprendre à les utiliser dans les situations où elles savent qu'elles deviennent agressives.

Aux personnes qui ont souffert de l'agressivité des autres et qui craignent de ne pas savoir s'en protéger

La relaxation, où l'on apprend à la personne, à partir des situations anxiogènes, à répondre progressivement par une réponse de détente physique à la place de la réponse agressive habituelle.

Les techniques d'affirmation de soi, visant à améliorer la compétence sociale et relationnelle et permet à la personne de réduire ses réflexes d'explosion inopportune.

La self-défense, une technique pour retrouver une certaine confiance en soi.

Si les personnes estiment que la rencontre d'un médecin peut être nécessaire, n'oubliez pas qu'en dehors de la médecine classique, certaines médecines dites « douces » peuvent apporter beaucoup d'aide (acuponcture, homéopathie…)

Aux personnes qui revivent régulièrement un traumatisme : la technique de l'EMDR

La technique de l'EMDR (*Eye Movement Desensitization and Reprocessing*), apparue en 1987, a été mise au point par la psychologue américaine Francine Shapiro. Elle se définit comme suit :

> « *Approche psychothérapeutique neuro-émotionnelle de désensibilisation et de traitement des informations faisant appel à la stimulation sensorielle par des mouvements oculaires, des stimuli auditifs ou cutanés, pour faciliter une résolution rapide ses symptômes liés à des événements traumatiques du passé* ».

Le côté positif de l'agressivité

Nous venons d'étudier les faces dures de l'agressivité, ses conséquences dommageables sur les personnes et tous les risques encourus. Pourtant, je ne voudrais pas terminer ce propos en omettant d'évoquer l'importance de l'utilisation adéquate de l'agressivité. Tout humain a en lui une capacité de réaction agressive et c'est celle-ci qui va l'aider dans certaines situations spécifiques. En effet, il existe plusieurs situations où son utilisation se révèle nécessaire et donc positive : quand il s'agit de protéger une chose où une personne et que toutes les autres stratégies se sont montrées inefficaces.

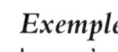
Exemple
Lorsqu'une personne ne respecte pas les limites clairement annoncées dans son travail, dans sa famille ou dans son groupe social, il est normal de lui

demander de le faire. Au bout de la énième fois sans succès, vous pouvez intervenir de manière plus « musclée » pour être entendu et cette fois, exiger. Certaines personnes se montrent parfois hostiles, revendicatrices ou malveillantes, il est alors normal de leur faire comprendre que leur comportement n'est pas acceptable et qu'ils doivent le stopper. *« Maintenant, ça suffit ! »*

Avec des personnes difficiles, c'est en étant ferme et clair sur sa position que vous pourrez être entendu ; l'agressivité positive vous permettra d'y arriver.

Rappelez-vous, pour intervenir face à une personne agressive

Ce que je dois faire
Me faire accepter.
Être un interlocuteur solide et respectable.
Canaliser.
Stopper la persécution.

Ne pas faire
Ne pas se laisser déborder.
Ne pas empêcher l'expression (on est justement là pour cela).

Partie IV
INTERVENIR EN SITUATION DE CHOC ÉMOTIONNEL

7
LA SITUATION DE CHOC ÉMOTIONNEL

LE CHOC : DE QUOI S'AGIT-IL

Je vous propose de prendre le mot « choc » dans le sens de « crise », c'est-à-dire quelque chose de brutal, violent, inattendu… Une crise : « une aggravation soudaine d'un état, d'une situation problématique ». Pour se représenter de manière visuelle ce que je qualifie de « crise », on peut penser à l'effet que l'on obtient quand on jette un caillou dans l'eau : une série de jolis ronds à partir du point d'impact, qui s'élargissent et s'éloignent de plus en plus, pour revenir peu à peu à la situation normale d'origine.

J'ai été amenée à aller fréquemment à Istanbul donner de la formation et j'y ai appris beaucoup des réactions des participants face aux tremblements de terre. Ils étaient professeurs, psychologues, formateurs, conseils, médecins, parents… et ont tous eu à vivre de manière « proche » les conséquences de ces drames. Je les ai beaucoup écoutés sur la manière dont ils ont vécu et traversé ces événements et sur celle des personnes directement concernées dans leur chair qu'ils ont été amenés à rencontrer et soutenir. Et comme m'a dit une connaissance qui travaillait à l'époque là-bas : « *Tu vois, tu as ta famille, ta maison, tes amis, ton boulot et tout d'un coup, tout s'écroule, tu n'as plus rien…* ». C'est ça qu'ils ont vécu. Ils étaient chacun dans leur activité, dans leur vie normale, et un jour, en une fraction de seconde, pour eux, tout s'est écroulé. C'est cet instant-là que j'appelle « le choc ».

C'est quelque chose de particulier que nous ne pouvons pas vivre de manière habituelle. Ce n'est pas : « *J'ai trois mois pour préparer mon départ à la retraite* ». Si vous prenez l'image du tremblement de terre, ce qui se passe pour nous, c'est que nous sommes installés tranquillement, nous vivons notre vie, avec de petits stress, ce sont de petites crises mais ce n'est pas « La » crise, dans le sens dont nous en parlons ici. Certains d'entre nous accompagnent des personnes au départ à la retraite, à un changement de job, certains d'entre nous accompagnent des gens dans ceci ou cela et ils ont largement le temps de s'y préparer ; l'« avant l'instant du passage » prend du temps pour se préparer et donc aussi pour préparer « l'après ». Ce qui m'intéresse ici, dans mes propos, c'est l'instant très spécifique où : « *J'étais tranquille, je vivais ma vie relativement normalement avec ses aléas et tout d'un coup tout s'écroule pour moi* ».

Dans nos divers domaines d'intervention, spécialistes des relations humaines et/ou des organisations, nous sommes concernés par trois niveaux d'intervention possible, en fonction de l'endroit où le choc a eu lieu :

✓ Sur l'organisation elle-même en tant que structure (entreprise, hôpital, association…).
✓ Sur le groupe (l'équipe de collègues, la famille…).
✓ Sur l'individu lui-même en tant que personne (le client, l'élève, notre enfant…).

Chacun de ces niveaux pouvant se décrire comme un système vivant, en interaction avec les autres niveaux. Et de ce fait, nous avons aussi à prendre en compte la répercussion de ce choc sur « l'environnement extérieur », qui va lui aussi entrer en résonance d'une manière ou d'une autre (le groupe auquel appartient l'entreprise, les autres services, le voisinage, le reste de la famille…). Ma position, par rapport à ces crises dans toute organisation, est que, tout en étant, à l'instant T, imprévisibles pour les personnes concernées, elles n'en restent pas moins « naturelles », dans le sens où elles ressemblent sur bien des points à ce que l'on rencontre dans la nature.

Examinons dans un premier temps les situations où le choc a déjà eu lieu quelque temps avant notre intervention.

Le choc a déjà eu lieu

Accompagner des personnes en organisations

Ceci est une recherche à l'intention des personnes qui ne sont pas dans le domaine de la psychothérapie ni du monde médical ; existe-t-il, à notre niveau, une procédure d'aide ? Je le pense sincèrement : nous pouvons aider pour peu que nous ayons été formés. Nous sommes amenés à rencontrer des personnes, individuellement ou en groupe, qui sont sous le choc d'une forme de violence reçue. Et ce sur quoi j'ai réfléchi, était dans l'esprit de : « comment en tant que professionnel puis-je accompagner quelqu'un qui a à traverser une crise ? Et dans quelle mesure suis-je, en ce qui me concerne, prêt à supporter la crise que cela me procure à moi-même ? »

Le rôle du professionnel : se positionner face à trois interrogations

Je suggère à tous ceux d'entre vous qui avez la responsabilité d'accompagner quelqu'un à traverser une crise, que vous soyez manager, éducateur, professeur, animateur de ceci ou animateur de cela, peut-être parent, peut-être frère ou sœur, etc. de prendre le temps de vous positionner face à trois interrogations.

Les compétences organisationnelles

La première nous concerne plus en tant que consultants, coaches, intervenants en organisations ; elle se pose en termes de compétences « organisationnelles » car nous avons à garder une grande vigilance sur les répercussions de nos interventions sur « l'environnement » du salarié ou de l'équipe pour lesquels nous sommes sollicités. Quelques réflexions peuvent nous aider avant d'accepter la mission : « ai-je été formé à des problèmes de droit du travail, de gestion d'entreprise, de syndicats, de rentabilité ?...ai-je une bonne représentation des règles du jeu hiérarchique ?... », et « ai-je su m'entourer de spécialistes pour soutenir mon action ? ». Ensuite, si nous acceptons d'intervenir, notre première action sera de trois ordres :

✓ Diagnostiquer le **niveau** ou les niveaux sur lesquels intervenir : « la personne, l'équipe, la hiérarchie, le système organisationnel ?... ».

✓ Faire des choix conscients de **priorité**. Il peut être, par exemple, essentiel de commencer son intervention en isolant la personne « choquée » dans une pièce de l'organisation, et faire son travail avec elle ; par contre, dans une autre situation, il pourra être beaucoup plus approprié d'intervenir avec un expert pour analyser un autre niveau (par exemple : juridique) et ainsi, prendre des dispositions avant de s'occuper des répercussions émotionnelles. Le concept que nous pouvons utiliser à ce stade est le concept de Méconnaissance et plus particulièrement au niveau de la signification des stimuli ou du problème.
✓ Choisir d'utiliser l'un ou l'autre de **modes d'interventions** à notre disposition en fonction du ou des problèmes rencontrés ; nous retrouvons ici le concept de méconnaissance au niveau de la signification des options et de l'aptitude des personnes concernées à les mettre en œuvre.

Les compétences à accompagner

La deuxième interrogation nous concernera directement en termes de compétences à accompagner la personne sur son chemin : puisque la personne peut avoir à changer profondément des éléments personnels avec lesquels elle vit depuis de nombreuses années, « sais-je le faire ? ». En effet, si elle accepte de s'occuper d'elle et de sa crise, de la regarder en face, de la traverser pour la soigner, elle va avoir à opérer des changements profonds.

Elle peut vivre de profondes remises en question de son Cadre de Référence.

> *« Le Cadre de Référence fournit à l'individu un ensemble cohérent de perceptions, de concepts, de sentiments et d'actions, qui lui sert à définir lui-même, les autres et le monde. »*[1]

Lorsque nous entendons ce que disent les personnes de manière naturelle, une fois notre travail accompli : « maintenant je ne regarde plus le monde de la même manière », nous réalisons à ce stade que nous avons été un élément important dans ce chan-

---

1. Jacqui & Aaron SCHIFF, « Le Cadre de référence », *AAT*, vol. 3, p. 129.

gement. Alors, « est-ce que cette expérience lui a permis de faire ce chemin », « est-ce que la personne a pu rentrer de nouvelles données qui font qu'à l'avenir la suite de sa vie profitera de cette expérience ou pas ? »…

Les compétences à se remettre en cause

La troisième interrogation, une fois de plus, nous concerne : nous nous trouvons dans la situation suivante : « j'ai à côté de moi quelqu'un qui a besoin de moi, pour qui je pense pouvoir être utile dans la traversée de la crise ». Donc si j'ai le courage de dire : « je peux aider cette personne à traverser la crise », en fait cela signifie :

- ✓ Quelle est ma propre relation personnelle à la crise que vit la personne que je vais aider ?
- ✓ Comment vais-je « supporter » le chemin de mon interlocuteur quand il va être en contact avec ce qui lui est difficile ?
- ✓ Est-ce que je sais supporter ces remises en question, ou en ai-je peur ?

Tout est mis à plat par elle et mon travail d'accompagnant me demande d'accepter, d'encourager, de soutenir et de traverser avec elle tout cela. Quelle est ma compétence à supporter ces expériences émotionnelles ? Les émotions font évidemment partie des répercussions liées à une crise. « Quels sont mes talents là-dessus ? Quelles sont les émotions avec lesquelles je suis à l'aise, et quelles sont celles avec lesquelles je ne le suis pas ? ». Le niveau émotionnel a beaucoup importance.

RAPPELEZ-VOUS, POUR INTERVENIR

Ce que je dois faire
Être capable de supporter le choc moi-même.

Ne pas faire
Ne pas intervenir si je n'en ai pas la compétence.

Exemples de situations après un choc

Nous savons que les chocs existent, nous avons tous eu loisir d'observer d'autres structures et d'autres personnes les subir, et nous pensons que nous faisons tout ce qu'il faut pour nous y préparer (par exemple, les entraînements face à un éventuel tremblement de terre à Istanbul ou à San Francisco). Cela dit, tant que nous ne sommes pas « sous le choc », « dans la crise », nous n'avons aucune idée de ce que sera notre réponse, nous serons, comme chacun, pris de court car nous n'y sommes pas habitués et…. heureusement !

Le terme de « réponse » est à entendre dans le sens de Hans Seyle, spécialiste de la gestion du stress, comme réponse à un stimulus stressant :

> *« Le Stress est la réponse non spécifique du corps à toute demande » quelle que soit la nature du stimulus, la réponse est la même, car elle est non spécifique. Pour tout stimulus stressant, il faut à chacun une réponse déjà programmée dans sa « boîte noire interne » sinon, c'est le chaos.*

En ce qui concerne le choc d'une crise sur quelqu'un, l'effet obtenu s'apparente à un tremblement de terre, avec toutes les répercussions que nous connaissons. Et, de fait, pour envisager le retour à la situation normale d'origine, il ne suffit pas de « laisser la nature faire son œuvre ».

Lorsque nos clients reçoivent un choc, ils se trouvent confrontés à une situation dont leurs modes opératoires habituels ne fonctionnent plus ; ils doivent dans l'urgence trouver une réponse, une nécessité d'opérer, d'agir. Mais une fois les premières réponses données, les premiers sentiments s'estompent et diverses répercussions peuvent apparaître. Je me propose de vous en présenter quelques-unes

Diriger après une grève suivie de la mort brutale du patron
Une organisation dont le PDG, a fait une crise cardiaque à la suite de la première grève dans son entreprise. Son fils, M. Grignon, prend la relève. Mais comme rien n'a été fait au moment de la crise pour aider cette entreprise à la traverser, les conséquences ont été de deux ordres : d'un côté, le

personnel se sent coupable et n'ose plus exprimer ses griefs ; de l'autre, le patron ne travaille plus dans la confiance, et guette avec inquiétude l'incident.

Intégrer une structure fragilisée par la mort subite de l'équipe de direction

Une petite société, l'entreprise Souplan, spécialisée dans la fabrication de matériel électrique très spécifique, et soudée par un fort sentiment d'appartenance, perd dans un accident d'avion son PDG et ses trois responsables du top management. Compte tenu du domaine d'expertise de cette société, un de ses clients, un grand groupe, décide de la racheter. Une fois passé l'élan de solidarité, l'aide demandée au consultant s'est fixée sur deux points : comment intégrer réellement cette petite société, tout en lui permettant de garder son identité culturelle (créativité – originalité – esprit d'innovation et d'indépendance), et comment ne pas générer de jalousie chez les salariés du groupe, plus habitués à une hiérarchie très présente ?

Annoncer aux salariés la fermeture de l'usine

Le grand patron du groupe Augias prend la décision de fermer une usine (qui fait des bénéfices) et de tout transférer dans une autre région, sachant que ce choix est fondé plus sur une logique politique d'implantation que sur une logique économique. Il annonce, froidement, au directeur d'usine : « Monsieur, vous allez annoncer aux salariés que l'usine ferme ». Ce directeur m'a relaté qu'il est resté « de longues secondes sidéré », il se sentait ébranlé ; parce que la réponse n'était pas écrite à l'avance – à moins de faire ça depuis dix ans et d'être un professionnel de l'annonce de la fermeture d'usines – et si vous étiez à la place de ce directeur, je pense qu'on pourrait vous voir pendant quelques secondes, légèrement pétrifié... La demande qu'il m'a formulée consistait à l'accompagner, avec deux autres responsables de l'usine « sidérés » par le choc ; et de les aider à répondre aux questions suivantes : *« Qu'allons-nous leur dire ? Comment nous, qui sommes le comité de direction de cette usine, allons-nous annoncer cette nouvelle à laquelle nous n'adhérons pas ? Nous sommes proches des salariés et conscients des ravages que cette décision va engendrer... Pouvons-nous nous montrer solidaires de la direction générale et en même temps entendre chacun dans sa souffrance ? »* Ils ne savaient pas comment faire face à la stupéfaction et à la colère, comme « réponse immédiate anticipée » des salariés, ainsi qu'aux diverses conséquences familiales et financières, eux qui se sont implantés dans cette région et qui se doutent des enjeux politiques réels ?

Accepter ou non de faire un faux en écriture

Le PDG d'une entreprise veut obliger sa directrice financière, Mme Colophon, à faire un faux en écriture, ce qui aurait en particulier comme conséquence de l'envoyer en prison, si cette malfaçon était découverte par le commissaire aux comptes. N'en veuillez pas au patron d'avoir fait une chose pareille (ce serait l'objet d'un autre moment de réflexion), imaginez-vous simplement un instant dans la situation de la directrice financière, si personne ne vous a jamais demandé de faire un faux en écriture, certains d'entre vous allez être sidérés. Imaginez-vous également devant la cliente qui vient vous voir en disant : « *J'ai un problème, je viens vous voir parce que je ne sais plus ce qui m'arrive, mon patron m'a demandé de faire un faux en écriture, je suis stressée, agitée, perdue…* ». Ce qui veut dire pour elle : éthique, loyauté, risque de prison si elle…, etc. C'est quelque chose qui était de l'ordre de l'imprévisible pour elle, d'inimaginable – elle savait pourtant que les magouilles existent – mais elle n'imaginait pas un seul instant qu'elle allait, elle, être confrontée à ça. Choquée et se sentant prise au piège, elle m'a formulé sa demande ainsi : « *Comment trouver le moyen de quitter cette entreprise avec l'éthique professionnelle qui est la mienne, et donc en respectant la clause de confidentialité sur le problème en jeu, tout en revenant sur le marché du travail sans le risque d'être définitivement « grillée », du fait de ne pouvoir donner la vraie raison de mon départ ?* »

 Accepter la mort d'un adolescent placé sous sa responsabilité

J'ai travaillé dans une Institution d'Éducation Spécialisée : un gamin de quinze ans, Emmanuel, avait volé une voiture, quand il a vu la police dans son rétroviseur, il a pris peur, a foncé sur l'autoroute, a fait une embardée et s'est tué. Les éducateurs se sont retrouvés face la mort violente d'un jeune dont ils avaient la responsabilité, parce qu'il avait eu peur. Le travail qui m'a été demandé a été de les aider à faire le deuil de ce jeune avec l'ensemble de l'équipe éducative et des autres jeunes du centre.

Une émotion « difficile » à apaiser en eux était la colère « contre la police » qu'ils rendaient responsable de la mort du jeune. Je leur ai proposé d'organiser une rencontre avec l'inspecteur de police afin d'évoquer avec lui leurs sentiments ; je n'étais pas avec eux au rendez-vous, mais ils m'ont relaté que chacun a pu s'exprimer, y compris l'inspecteur.

Le plus de l'AT INTERVENTIONS DE L'ANALYSTE TRANSACTIONNEL

Comment se comporter ? Quoi faire ? Quoi dire ? Prenez tous les mots que vous voulez, la personne qui est là, elle fait quoi ? La personne, avant, elle n'avait jamais imaginé que ça puisse lui arriver à elle, et maintenant ça lui tombe dessus, et elle se trouve dans une espèce de sidération : on ne va pas lui dire : « *Tu n'as qu'à… !* » Et vous en tant que consultant, comment faites-vous avec tout ça ?

Le but de notre travail sera d'accompagner le client pour qu'il décide lui-même de mettre en œuvre librement sa volonté de choisir un comportement différent, nouveau.

Le sentiment d'être OK

> ### Les Positions de Vie
>
> Franck Ernst nous enseigne que « sans cesse l'homme évalue ses relations à un double niveau : quelle valeur a-t-il à ses propres yeux et à ceux de son compagnon ? quelle valeur a sa relation à ses propres yeux et à ceux de son compagnon ? Le sentiment d'être ou non quelqu'un de bien s'implante tôt, nous dit E. Berne, et la Position de Vie présente une importance capitale dans les contacts sociaux de tous les jours. La première chose que les gens perçoivent les une des autres c'est leur Position »[1].

Le sentiment d'être OK permet au client de retrouver la capacité et l'assurance nécessaire d'agir d'une manière OK et de trouver les réponses adéquates. Si la personne fait l'expérience que ceux qui l'entourent prennent soin d'elle et l'apprécient, elle peut se sentir dans une position OK + + . « je me sens OK à tes yeux et tu es OK à mes yeux »

Le consultant doit savoir donner en doses égales : des encouragements (dans le sens de : Permission d'être soi-même) et de la Protection contre l'impulsivité d'une réponse immédiate : un subtil équilibre entre soutien et contrôle ferme.

L'initiative implique que la personne se sente OK, capable et Puissante par elle-même. Elle ne peut prendre d'initiative que si elle a le sentiment qu'elle en a le pouvoir et la capacité, et que la chance d'aboutir au succès est raisonnable. Elle se trouve face à un défi à relever, et ne se sentira Puissante que si elle a conscience d'avoir un impact sur la situation, si elle a conscience de sa capacité à agir, à accomplir ses tâches et à atteindre ses objectifs personnels.

Dans le cas de la fermeture annoncée de l'usine du groupe Augias, le problème des managers est d'assumer leur propre peur et leur propre colère, pour pouvoir être capables de supporter la colère et la peur du personnel. Il est nécessaire de leur rendre leur Puissance pour qu'ils puissent agir et ne pas rester dans un rôle de Victime. En termes de Permission, je

---

1. Frank ERNST « L'Enclos OK, une grille pour aller de l'avant avec l'autre », *AAT*, vol. 2, n° 6, 1978.

vais les aider à explorer leurs sentiments et les mettre en situation de pouvoir les vivre et les exprimer. En termes de Protection, la modélisation du processus (décharge émotionnelle = > bien-être) vécu avec moi, sans que je n'éprouve de l'angoisse ou de la panique face à eux, leur permet, dans un phénomène de processus parallèle, de savoir qu'il est possible d'entendre l'expression de la peur et de la colère du personnel sans qu'ils en éprouvent angoisse ou panique.

Et de même qu'ils avaient la Permission de faire avec leurs collaborateurs la même chose que ce qui leur avait été utile à eux, dans un cadre Protecteur, de même, ils pouvaient accepter, penser que c'était OK que leurs collaborateurs aient des sentiments irrationnels. Et de fait, l'un des managers avait eu tellement peur d'affronter l'expression des sentiments de ses collaborateurs qu'il en tremblait lui-même. En outre, il était important pour eux d'intégrer le fait qu'ils n'étaient pas isolés, seuls face au personnel de l'usine, ils étaient trois et pouvaient unir leurs énergies.

La Confrontation

> *« La Confrontation signifie "faire face". Elle aide les personnes à faire face aux comportements qui ne résolvent pas leurs problèmes. Lorsqu'elles le font, elles deviennent capables de les changer.*
> *Les techniques de Confrontation ont pour but d'apprendre aux personnes à tenir compte :*
> *– de leurs propres sentiments,*
> *– des sentiments des autres,*
> *– de la situation,*
> *en vue de résoudre les problèmes efficacement »* [1]

Il se peut que client, encore sous le choc et dans un état de sidération ou d'impulsivité, ne résolve pas le problème, ou encore agisse de manière dysfonctionnante. Mon rôle est de l'aider à prendre conscience des comportements qui ne résolvent rien, et à faire pleinement l'expérience du malaise qu'il ressent lorsqu'il

---

1. Laurie WEISS, « Quand Confronter ? », *AAT*, vol. 3, p. 159.

ne résout pas ses problèmes. J'ai dû apprendre à savoir « escalader » dans la confrontation, c'est-à-dire à mettre plus d'énergie dans la confrontation que l'autre n'en déploie pour demeurer passif, et de ce fait ne pas résoudre ses problèmes.

Madame Colophon avait pris, en trois mois, dix kilos, ne dormait plus, et lors de son premier rendez-vous avec moi, elle dégoulinait de transpiration, tout en tournant en rond comme un ours en cage dans mon bureau.

La première confrontation portait sur sa responsabilité à se maintenir en bonne santé. Elle avait, d'un rendez-vous à l'autre, des « devoirs à la maison » comme de prendre rendez-vous avec médecin et ostéopathe, suivre un traitement, et faire état des progrès accomplis en ce sens. Car, tant qu'elle ne dormait pas, elle n'avait pas accès à la pensée claire.

La deuxième confrontation a été de l'aider à recontacter sa capacité de penser pour évaluer les risques pour sortir de son problème. Sa réponse immédiate, son premier mouvement avait été le projet d'aller, en Comité de Direction, annoncer publiquement la demande de son patron et impliquer tous les autres membres du Comité. C'était une façon – tout à fait inadéquate - de mettre son patron en situation de « Tribunal » et de chercher à obtenir le soutien de ses collègues, dans un Jeu de Pouvoir.

> *« Un Jeu de Pouvoir est toute manœuvre ayant pour but de faire faire par une personne quelque chose qu'elle ne ferait pas d'elle-même, ou de l'empêcher de faire quelque chose qu'elle aurait envie de faire. Ils vont du grossier, physique, au subtil, psychologique »*[1].

Elle attendait aussi des excuses de la part de son patron. Or ni elle ni moi n'avions le pouvoir de changer son patron et elle, avec son niveau et ses dix années d'expérience professionnelle, pouvait trouver des options sur la manière de se comporter, sans risque pour elle-même. En effet, elle se sentait dans l'impasse, ne pouvant ni parler, ni rester, ni partir sans

---

[1]. Claude STEINER, *L'Autre face du Pouvoir*, Desclée de Brouwer, 1995.

risques professionnels et pénaux majeurs. Or, pour ne pas rester passif devant le problème, il fallait qu'elle reste professionnelle : elle avait un délai de six mois, et si elle restait passive, son patron aurait posé un acte de violence ; elle devait prendre une initiative avant la fin du délai et avant son patron.

La troisième confrontation a été d'accompagner la peur (car la peur *incapacitait* sa pensée), en épuisant la peur à partir du scénario catastrophe, pour lui permettre de faire la part de la réalité et de l'imaginaire. En termes de soutien, je comprenais que la situation lui était insupportable et j'évaluais son niveau de stress et sa charge émotionnelle dans lesquels elle était plongée. Dans la Permission d'être soi-même, je l'ai encouragée à tirer jusqu'au bout les fils émotionnels, pour décontaminer les émotions liées à cet épisode et celles qui n'y étaient pas liées : c'était OK pour elle de vivre ces sentiments mélangés.

La quatrième confrontation avait pour objectif de stimuler sa capacité d'autonomie. Elle a pu dire : « *Ce n'est pas juste ! ! !* » dans un cadre protégé, avant d'aller chercher des alliés dans un contexte dangereux pour elle. Elle a pu entendre : « *Dans cette situation, vous ne pouvez compter que sur vous-même* ». Et en même temps, elle savait que je restais à son côté pendant tout ce temps.

Dans sa croyance, elle pensait qu'il fallait agir sur l'autre (son patron) au lieu d'agir sur la situation et sur elle-même. En effet, au lieu de se demander quoi faire pour obtenir des excuses, elle était plus efficace de se demander quoi faire pour soi et pour la situation. Agir sur la situation, c'était chercher des options et trouver un mode opératoire professionnel, puis s'en aller, chacun de son côté, sans dommage.

Cette suite de confrontations lui a permis de renouer avec elle-même : elle a négocié son départ en démandant un dédommagement, et du jour où elle est partie, elle a été approchée par un chasseur de tête. Enfin, elle a été recrutée parce que précisément, elle avait annoncé d'entrée de jeu qu'elle ne dirait jamais les raisons de son départ. Son recruteur y a vu l'attitude d'une femme de confiance et d'une femme d'honneur.

Je dirais, pour conclure, que nous sommes confrontés à un type d'intervention qui exige de nous un fort niveau de professionnalisme si nous acceptons d'intervenir au moment immédiat de la crise. Nos interventions peuvent, « en toute naïveté », être dommageables et ce, d'autant plus qu'il y a urgence dans la situation et fragilité chez nos interlocuteurs. Pour reprendre l'image du tremblement de terre, il ne faudrait pas que notre soin à dégager une personne bloquée sous une poutre déclenche l'effondrement de l'immeuble entier…

RAPPELEZ-VOUS, POUR INTERVENIR
SUR UNE PERSONNE TRAUMATISÉE

Ce que je peux faire
Soutenir et contrôler.

Ne pas faire
Tomber dans le piège de la passivité.
Traiter la personne comme un traumatisé (c'est elle qui a le problème et la responsabilité de le régler).

LE CHOC EST EN TRAIN DE SE PRODUIRE

Constat : la rapidité des personnes à passer de l'avant à l'après

Il y a, dans la crise, un « avant », un « pendant » et un « après ».

Avant le choc

J'ai toujours été étonnée de la rapidité des gens à vouloir passer de « l'avant » à « l'après » et ce, le plus rapidement possible.

Figure 7.1

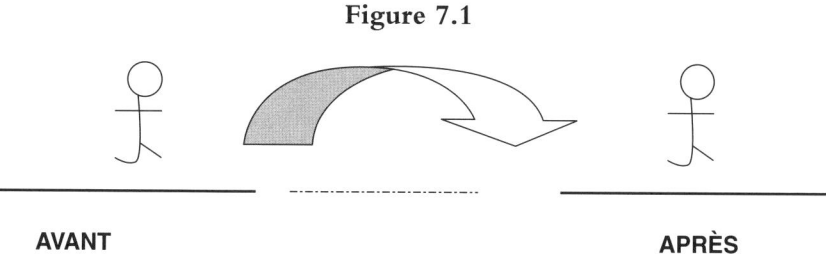

« Courage ! Fuyons ! »

Par exemple, vous dites à quelqu'un : « *Je suis inquiet parce que lundi, j'ai un rendez-vous important, avec les patrons, et...* » et cette personne vous dit immédiatement : « *Eh bien, tu n'as qu'à faire ça !* ». Donc vous vous positionnez dans l'avant, et l'autre vous parle déjà d'après. Comme s'il cherchait à fuir quelque chose. Je me dis donc, en première lecture que si ça se passe comme ça, c'est que l'écoutant est incommodé par le « pendant » ! Dans notre exemple : « *Qu'est-ce que tu vas faire ? Tu n'as qu'à faire ça ! ; Tu aurais dû, tu pourrais faire ça...* » C'est ce point qui m'a toujours intéressée : **pourquoi sauter tout de suite à faire, à agir ?** Et ma première interprétation était : c'est celui qui écoute la plainte de l'autre qui ne supporte pas de rester dans le « pendant ». C'était ma première hypothèse.

Les caractéristiques de « l'incident »

Étudions donc ce qui peut différencier « l'incident » du « choc ». Si je reparle du tremblement de terre d'Istanbul, c'est que j'ai vu des gens qui l'ont vécu dans la réalité, ou bien j'ai aussi rencontré des personnes qui ont accompagné les sinistrés, et nous avons eu à discuter de : **comment se comporter vis-à-vis de gens qui ont traversé ce type d'expérience ?** Ce qui est intéressant dans « l'avant », c'est que je suis dans un espace où, si un incident arrive, je sais globalement le gérer. Je parle exprès « d'incident », pas d'une crise. Un incident arrive, je sais globalement le gérer. En cas de grève des trains, les citadins sont outillés depuis un bon bout de temps pour trouver des options pour circuler dans leur ville. Ça ne va pas les empêcher de rouspéter, ça ne va pas les empêcher de s'agiter, etc. etc. Mais nous observerons des comportements dits normaux, habituels... Imaginez qu'à la fin d'un congrès on annonce à tous ceux de la région parisienne : « *Il n'y a plus de trains* », nous savons, si ça nous arrive à nous, comment nous débrouiller. Ce qui m'intéresse est le point suivant : **une crise arrive et vous n'avez pas la procédure**.

Avant la crise, je suis généralement dans un espace où, s'il arrive un incident (même grave), je sais globalement le gérer : j'ai des modèles, j'ai vu des gens qui ont géré telle ou telle situation, j'ai fait moi-même mes apprentissages, ou bien même j'ai déjà expérimenté la situation ; donc je peux reproduire les modèles, j'ai déjà des réponses. Je suis informée, je suis même obligée d'être informée, (par exemple avec les médias qui aiment bien nous lancer tout un tas d'informations sur des incidents de degrés variables. Nous avons plus d'informations sur les incidents que sur les réponses adaptées à ces incidents, avez-vous remarqué ?) Je ne peux pas dire : *« Je ne sais pas »*. Cependant il y a quand même une chose que je ne sais pas, c'est que, si le tremblement de terre nous arrive ici, aucun d'entre nous ne sait réellement comment il va se comporter.

Les caractéristiques du « choc »

Vous pouvez en gros vous dire : *« Je me connais, je vais faire ceci, cela… »* et pourtant, lorsque cela nous arrive en vrai, nous sommes surpris du comportement des humains. C'est le choc en tant que tel, c'est-à-dire, juste après l'« avant ». C'est un espace indescriptible qui ne dure que quelques secondes, ou que quelques minutes, le temps que le cerveau intègre l'événement et que ça rentre dans toutes les connexions neurologiques. Il y a un côté brutal, surprenant, imprévisible, et sans réponse connue : je suis surprise, même si à la télévision j'ai déjà vu des tremblements de terre. Le jour où ça m'arrive, à moi, je suis surprise, je ne dis pas : *« Oh ! banal ! »*. Et comme c'est imprévisible, je dis : *« Je n'aurais jamais pensé que ça puisse m'arriver à moi ! »*. Comme c'est imprévisible, à la fin de ce petit choc, je suis sans réponse connue. Je ne peux pas puiser dans ma banque de données de réponses connues et familières. Nous entendons souvent les gens dire : *« Tu n'as qu'à faire ça ! »*, ils vous offrent *leur* réponse, qui n'est évidemment pas la vôtre, qui êtes sans réponse « avant que… ». Et c'est ce « avant que » qui m'intéresse.

La sidération

Il s'agit là d'un stress aigu qui est lié à un événement hors du commun, qui provoque un choc important pour presque toutes les personnes impliquées. Nous n'y sommes pas préparés car il dépasse notre expérience normale de vie.

Ses **caractéristiques** en sont les suivantes :

✓ Il est soudain et inattendu.
✓ Il remet en question notre perception fondamentale d'un environnement protégé et prévisible.

✓ Il perturbe notre sentiment de contrôle.
✓ Il est au-delà du « normal ».
✓ Il inclut une violence réelle ou une menace.
✓ Il demande une attention immédiate et exclusive.
✓ Il implique une « perte » physique, émotionnelle et/ou symbolique.
✓ Il provoque la peur et le sentiment de sa vulnérabilité.
✓ Il crée une demande excessive qui affecte nos réactions.

Le système stimulus/réponse

Du fait de ce choc, la personne est dans la peur ; peur parce qu'elle est confrontée à un vide de réponse. Notre besoin de structure est évoqué en Analyse Transactionnelle.

Prenons l'image d'une boîte, c'est notre cerveau, quand un stimulus est capté, celui-ci passe dans de nombreuses connexions neurologiques, et… voilà la réponse !

Figure 7.2

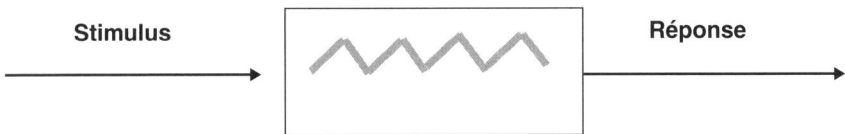

« Euréka ! je sais comment me comporter ! »

S'il y a une réponse, la personne va la mettre en œuvre, mais, sous le choc, le stimulus étant imprévu, elle n'a pas de réponse associée. Elle tourne à vide à l'intérieur de sa « boîte » et n'arrive pas à trouver une connexion qui lui permette de sortir de la situation problématique. Dans cet état-là, la personne n'est pas confortable, vous pouvez l'entendre dire : « mais qu'est-ce que je vais faire ? Je ne sais pas quoi faire… qu'est-ce que je vais faire ? » Sans réponse, elle se sent agitée, perdue…

Le temps suspendu…

Ici on pourrait dire : « le temps est suspendu quelques instants ». Comme si la personne était accrochée à un fil, elle perd la notion de : « on est tel jour, on est samedi, je suis à tel endroit, il est telle heure… » Le temps est suspendu pour elle quelques instants (figure 7.3).

Figure 7.3

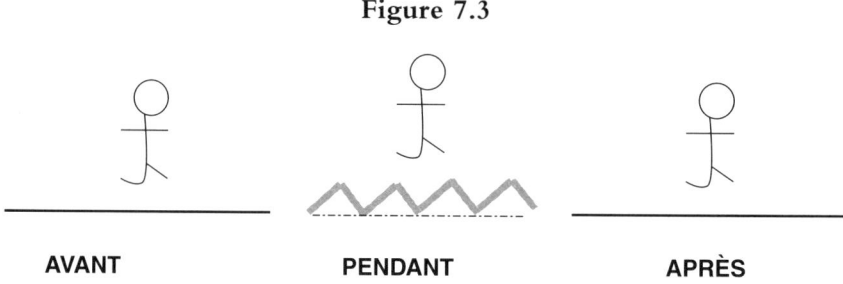

AVANT   PENDANT   APRÈS

« Le vécu du trauma »

Si nous intervenons juste au moment de ce trauma, nous pouvons observer un certain nombre de **symptômes** que je peux décrire de la manière suivante :

✓ La personne se sent comme détachée de l'événement traumatisant,
✓ Elle voit les événements avec une certaine distance.
✓ Elle déroule le scénario des événements au ralenti.
✓ Elle ne « sent plus » l'impact du trauma, ni au niveau de sa pensée, de ses sentiments ou de sa conscience.
✓ Elle se détache de la peur, de la douleur et de son sentiment d'impuissance.
✓ Elle semble abasourdie, en état de choc.
✓ Elle se sent comme si l'environnement était irréel, comme dans un rêve.
✓ Elle se sent détachée, comme un automate, un observateur extérieur de ce qu'elle pense ou sent.
✓ Elle se sent engourdie, anesthésiée…

Après le choc

Savoir repérer les comportements, pensées et émotions immédiats

Comme l'événement est intense et/ou soudain, il entraîne immédiatement des changements hormonaux, ce sont des réactions liées au stress aigu, des réactions immédiates dont les effets sont à plusieurs niveaux. On pourrait dire, pendant que la personne est comme ça, dans cet espace suspendu, qu'elle cherche à fuir la situation, à prendre ses jambes à son cou. Si on prend l'idée du tremblement de terre, soit elle fuit, soit elle trouve quelque chose pour se sauver de cet espace-temps de l'ordre de l'insoutenable. Éventuellement, elle essaye de faire un grand saut pour « l'après » sans traverser ce passage-là. Elle cherche quelque chose qui pourrait lui permettre de faire comme si tout cela appartenait déjà au passé : *« Fini ! on n'en parle plus ! »*.

La deuxième phase est le recueil des **réactions** immédiates, qui ont suivi le moment du choc. En termes descriptifs, si c'est un événement qui vous est arrivé, comment vous êtes-vous comporté ? Si le moment où le stimulus vous a atteint avait été filmé, celui qui donne l'information de l'épisode de type crise, quelles ont été vos réactions immédiates à l'annonce du choc que l'on pourrait observer ?

Je propose un premier classement, qu'il est nécessaire de connaître, même si ce n'est pas à ce niveau que vous intervenez en tant que professionnel :

- ✓ Les données physiques : activation musculaire (force accrue, tachycardie), anesthésie partielle de la douleur, sueurs, diarrhées, augmentation du rythme cardiaque, tremblements, immense fatigue, claquement des dents, paralysie, écroulement, liquéfaction, transpiration, absence de voix, souffle coupé…
- ✓ Les données spirituelles : remise en question de ses valeurs fondamentales, confrontation à sa propre mort…
- ✓ Les données psychiques : stupeur, anesthésie de l'émotion, déréalisation, dissociation, regard dans le vide, sensation de ne pas être là, d'avoir un voile devant les yeux, attitude prostrée, silence…

Puis nous pouvons décrire d'autres réactions, au sujet desquelles les professionnels de la relation ont souvent été formés : les comportements en termes de manière de se comporter physiquement, les pensées qui sont venues dans la tête et le niveau émotionnel, le type d'émotion qui était là. Il y a peut-être des personnes qui diront : *« Aucune émotion »* ou *« Je n'ai pensé à rien »*, c'est possible…

Les comportements

Les réactions comportementales habituellement observées sont les suivantes : hyperactivité, fébrilité, s'activer mécaniquement, conduite dangereuse, éclats de colère, humour noir exagéré, parler sans fin, arguments insensés, problèmes de sommeil et d'appétit, difficultés à s'exprimer, s'évanouir, s'agiter, gémir… ou paradoxalement : rester figé sur place.

Les émotions

Les réactions émotionnelles : des sentiments profonds de culpabilité, tristesse, désespoir, pleurer, crier, hurler, colère, irritabilité, parfois avec une envie de rechercher le bouc émissaire, plaintes… ou apparemment : pas d'émotion du tout.

Les pensées

Confusion temporaire, difficulté à prendre des décisions, à se concentrer, le vide, aucune pensée, le déni : « Ce n'est pas possible, je n'y crois pas », « Ce n'est pas juste ! », « Comment lui annoncer ? », « Quelle est ma responsabilité ? », « Plus rien ne sera comme avant », « Si j'avais su ! », « Pourquoi Dieu m'a-t-il fait ça ? », « Plus rien n'est important », « Tout s'écroule » ; projection du mal sur les autres, s'accuser, accuser les autres…

Reconstruire l'« après »

Quand la personne a traversé une crise, elle a impérativement besoin d'avoir fait ce passage pour construire l'« après ». Cette expérience, s'il l'a traversée de belle manière, s'il a réussi à trouver les réponses adaptées, il peut reconstruire derrière. Prenez l'image du tremblement de terre, les choses se sont écroulées, mais je peux reconstruire derrière. Le terme de « reconstruire » étant de tout ordre. Ce peut être : reconstruire la confiance, reconstruire la santé, reconstruire l'immeuble, reconstruire l'équipe… Mais pour arriver à reconstruire, dans mon idée, il faut avoir osé traverser cette zone, ce *no man's land*, que personne n'a envie de vivre en tant que tel, tellement c'est inconfortable. « *Parce que je veux oublier* », combien de gens disent : « *Ne t'inquiète pas, ça va passer, tu vas oublier* ». Le temps va faire son œuvre, mais on peut l'aider…

> **Rappelez-vous, pour empêcher**
> **la personne de « zapper » le trauma**
>
> **Ce que je peux faire**
> La faire parler sur ce qu'elle pense et ressent (sinon, elle va partir dans le comportement, il faut la rattraper).
>
> **Ne pas faire**
> Ne pas la laisser fuir.

ANALYSE DU RECUEIL DE COMPORTEMENTS DE CRISE

Les traces

En évoquant un choc qui vous est personnellement arrivé – pour certains d'entre vous, un choc subi par un de vos clients –, vous vous rendez compte que cela a des répercussions sur vous (sur lui) et que l'« après » en a gardé des traces. Réévoquer un événement qui s'est passé il y a quelques mois ou quelques années peut aujourd'hui, en y repensant et en le relatant, *restimuler* votre pensée et faire remonter des sensations, émotions ou sensations corporelles diverses. J'en fais moi-même l'expérience parfois, c'est un processus humain. Si j'ai l'intention professionnelle d'accompagner quelqu'un qui se trouve juste à la sortie du choc, je vais devoir être vigilante : « Qu'ai-je à faire ? » au lieu de laisser filer tout de suite la personne dans l'« après » et fermer ainsi toutes les portes de ce « pendant ».

« Que pourrais-je mettre en œuvre pour l'aider, de manière à ce que cette crise ait le moins de traces possible ? » Je n'ai pas la prétention de vous donner une baguette magique, cependant quelques interventions peuvent être aidantes, ou, en tout cas, méritent d'être tentées…

Accompagner sans précéder

Il y a des choses quand même que nous pouvons offrir à la personne, ou en tout cas, pour ne pas freiner la personne qui d'elle-même va suivre son chemin. La première consiste à suivre pas à pas la personne, l'écouter, reformuler, la suivre si elle marche de gauche et de droite… et tout ceci, sans rien proposer.

Les interventions aidantes

Remettons-nous dans la position de celui ou celle qui accompagne, coach, formateur, éducateur, professeur, manager, collègue, ami, conjoint, papa, maman… « Que pourrais-je avoir comme attitude aidante, et éviter toute intervention qui, soit ne va servir à rien soit risque d'être dommageable ? » Existe-t-il un guide ?

Le niveau physique, comportemental

Un choc, en tant qu'être humain, purement physique et biologique, perturbe. Si nous mettons tout au niveau du psychologique, nous ferions une erreur. Un humain vit des traumas, petits, moyens ou gros au niveau physique et biologique. Au niveau physique, vous en avez vu les manifestations, par exemple, la personne tremble. Il peut être obligatoire tout simplement d'appeler les pompiers. Il ne faut pas méconnaître que le pompier, le médecin, l'infirmière peuvent être utiles, tout de suite. Occupons-nous de cela, immédiatement, avant de nous intéresser à un autre niveau.

Chacun pourrait appliquer à ce moment-là la technique selon Luc Quintyn, « l'aide du manteau »[1] :

- ✓ Mettre à l'abri la personne, la toucher, la réchauffer avec, par exemple, une couverture,
- ✓ La rassurer par des paroles de normalisation,
- ✓ La calmer,
- ✓ La réintégrer au besoin dans son équipe, son groupe.

L'action au niveau physique : protéger

S'il y a un trauma au niveau physique, cela veut dire qu'il y a quelque chose à faire au niveau physique. C'est de l'ordre du

---

1. Psychologue belge, spécialiste en gestion du stress, 1996, non publié.

bon sens : faire quelque chose au niveau physique, voire aller jusqu'à protéger la personne d'une réaction physique dangereuse pour elle. L'empêcher de sauter par la fenêtre, par exemple. Quand les gens ont une réaction instinctive sous un choc, ils peuvent avoir un comportement qui les met en danger au niveau physique.

L'accident de circulation
Je me souviens, il y a des années, d'une scène classique de gens qui prennent une voiture : autoroute, retour de week-end, bouchons, ralentissement, on s'arrête, la voiture derrière s'arrête, la suivante ne s'arrête pas, et vlan ! La voiture dans laquelle je me trouvais s'est retrouvée complètement « en sandwich ». J'étais à l'arrière, avec une autre femme, et sa réaction instinctive a été d'ouvrir la portière et de courir sur l'autoroute, sans penser à rien ! La première chose que quelqu'un a faite a été d'aller rapidement la récupérer. On ne va pas aller lui faire une thérapie à ce moment-là ! Ni même lui demander ce dont elle a besoin… On lui dit : « Viens avec moi, rassure-toi, tu n'as rien ». À ce moment-là, il faut la mettre hors de danger, et c'est une réaction naturelle que l'on peut trouver dans des tas de situations. Dans la liste des chocs possibles, vous pouvez très bien imaginer que des gens peuvent se faire une blessure, une main coupée, une main brûlée ou autre et avoir aussi une attitude, un comportement qui va les mettre en danger. C'est une des vigilances qu'il faut avoir ; y compris si vous êtes à côté de cette personne et qu'éventuellement, celle-ci est en train de manifester une forme de violence par réaction explosive. Il faut penser à se protéger soi-même aussi. Ce n'est pas la peine de se faire taper par quelqu'un qui fait une décharge corporelle totalement incontrôlée, il faut éventuellement aller chercher quelqu'un pour vous aider, demander du soutien, il y a des moments où il ne faut pas y aller tout seul. Cela dit, tendre la main à quelqu'un qui vient de subir un événement qui l'a complètement perturbé, peut éviter un débordement.

Intervenir au niveau des quatre Comportements de Passivité

Au niveau comportemental, quand les gens ont un grand choc, la pensée peut ne plus être disponible, comme s'il y avait une espèce de trouble dans sa capacité à réfléchir sainement. De ce fait, elle est dans une relative incapacité pour régler le problème auquel elle est confrontée. Dans ce cas, la personne montre des comportements dysfonctionnants de nature différente. Ce sont des réactions naturelles bien sûr, que je vais vous présenter :

Les quatre Comportements de Passivité

La passivité ou l'art de tout faire sauf de régler *son* problème :

> « La manière dont les gens ne font pas les choses, ou ne les font pas efficacement »[1]

Le plus de l'AT Je vais prendre comme cadre de référence les Comportements de Passivité décrits en Analyse Transactionnelle. Nous les connaissons sans savoir qu'ils s'appellent ainsi. En effet, lorsque nous décrivons les comportements observés suite à un choc, nous retrouvons ce que les Schiff ont décrit. Il y en a quatre :

L'Inhibition ou l'Abstention

> « Toute l'énergie de la personne est employée à inhiber ses réactions ».

Je suis confronté à un problème et ma première attitude est de m'abstenir de traiter le problème auquel je suis confrontée. Je fais comme si le problème n'existait pas. Je reste plantée sur place, je ne fais rien, mon énergie est occupée à garder à l'intérieur mon angoisse ; si je me trouve au milieu d'un incendie, il faut vraiment que quelqu'un me tire de là…. L'Inhibition, c'est la non-résolution de l'action, de celle que je dois mettre en œuvre pour résoudre le problème. C'est le premier comportement observable.

La Suradaptation

> « La personne ne se fixe pas un objectif personnel afin de résoudre un problème, mais elle essaie d'accomplir ce qu'elle croit être l'objectif de quelqu'un d'autre »

Il s'agit d'un mécanisme que je commence dans ma tête. Je commence à imaginer les options que les autres choisiraient. Je

---

[1]. Aaron & Jacqui SCHIFF, « La Passivité », *AAT*, vol. 3, p. 121.

pense qu'il faut que je fasse comme Monsieur X ou Madame Y, mais moi je ne pense pas pour moi-même. Je copie quelque chose de quelqu'un d'autre, j'imagine que l'autre voudrait que je fasse comme ceci ou cela. Quand quelqu'un est dans la Suradaptation, son énergie est occupée à appliquer sans réfléchir une option de quelqu'un d'autre, et ce, sans le savoir, un peu comme un robot.

L'Agitation

> « Elle consiste en activités répétées sans but ni objectif ; la personne sait qu'elle pourrait résoudre le problème en ''faisant quelque chose'' mais ne se sent pas de taille à le faire ».

La personne fait comme la dame qui s'est mise à courir sur l'autoroute dans tous les sens, elle avait une manifestation extérieure d'Agitation, et vous en avez d'autres, comme par exemple : « parler, parler, parler... s'agiter, forme d'action immédiate qui peut être aussi crier, hurler, s'activer mécaniquement... ». L'énergie de la personne est occupée à tout autre chose que de se concentrer sur le problème

L'Incapacitation ou la Violence

> « La Violence ou l'Incapacitation, s'expriment dans une décharge d'énergie amoncelée par la passivité ».

Incapacitation » veut dire « se rendre incapable de... », il s'agit d'une forme de violence tournée contre soi et « Violence » parle également de violence, mais dans ce cas-là, elle est tournée contre l'autre. Alors, dans le comportement d'Incapacitation, les gens, suite à un choc, ont perdu momentanément la raison ou tombent gravement malades.

Et l'autre versant, la violence est retournée contre l'autre, et la personne peut prendre sa voiture et rouler comme un fou, tout seul à 180 kilomètres/heure en pleine ville, mais ça peut être aussi jusqu'à battre l'autre, ou détruire, etc.

Si je suis à côté de quelqu'un qui est sous le choc, je dois avoir une réelle vigilance car, le problème auquel est confrontée la personne est sans réponse pour elle – c'est bien ça la position de départ – elle est devant un problème dont elle n'a pas de réponse. Et comme elle n'a pas de réponse et qu'elle est momentanément « sous le choc », elle est passive et ne traite pas le problème ; c'est à ce moment-là qu'elle peut manifester un des quatre Comportements Passifs. Dans cette situation exceptionnelle, la personne sous le choc va montrer un des trois premiers comportements, relativement classiquement. Si vous la laissez là, elle ne traite pas le problème auquel elle est confrontée et elle risque d'aller jusqu'aux comportements de type Incapacitation ou Violence. Certains, en fait, devant un trop grand choc pour eux, iront directement à ce niveau. Donc vous devez aller chercher la personne pour – c'est mon avis – l'obliger à regarder le problème en face et le traverser. C'est votre rôle.

Le rôle de l'accompagnant face à la manifestation d'un Comportement Passif

C'est ce que je dois regarder : à quel niveau dois-je aller chercher la personne ? Qu'est-elle en train de m'envoyer comme signaux, comme indicateurs, au niveau de son comportement, qui m'informent qu'elle fuit la résolution du problème, par incompétence momentanée bien sûr, tout simplement ? Ce n'est pas un problème pour moi, ça. Lorsque la personne, à l'instant T de son choc, est en train d'être passive par rapport à la résolution du problème, je ne peux pas la laisser là-dedans, si j'en ai la responsabilité (je ne peux pas non plus ne rien faire si je suis seulement spectateur, au nom de « non assistance à une personne en danger »). Je ne peux pas faire semblant : soit je la sauve malgré elle, soit je l'oblige à régler son problème. Nous sommes bien dans des situations hors norme, n'est-ce pas ? Donc...

Nous avons décrit l'immédiat, « le choc » et nous sommes maintenant dans la partie « juste après ». Qu'ai-je à faire pour que ça se passe bien ? Au lieu de laisser la personne sauter dans l'« après » et se retrouver des années plus tard avec les séquelles de l'épisode.

Une Symbiose saine momentanée

> « Une Symbiose se stabilise quand deux individus se comportent comme s'ils avaient besoin l'un de l'autre pour former une personne complète »[1].

Si nous sommes en situation d'urgence, face à une personne qui n'arrive plus à s'occuper d'elle-même correctement, momentanément, je vais, moi, le faire. Nous pouvons appeler ça une « symbiose fonctionnelle » : je la prends en charge, alors qu'habituellement elle est tout à fait capable de le faire. Cette Symbiose est naturelle car elle a pour but de prendre en charge quelqu'un au niveau physique, puisqu'elle est dans l'incapacité de le faire et que sa vie est en danger. Comme l'exemple de la dame qui court sur l'autoroute ; je vais aller la chercher et la protéger. Cela dit, je dois en même temps lui dire : « il y a quelque chose dont tu dois t'occuper : au lieu de le fuir, tu dois t'occuper de ton problème ».

Le niveau de Symbiose institutionnelle

Concernant les personnes qui sont dans une telle incapacité de gérer la situation qu'ils se mettent en danger, ou mettent les autres en danger, si je n'interviens pas, vraisemblablement la personne risque d'aller jusqu'à l'Incapacitation ou la Violence ; et si le choc reçu est très très dur pour elle, elle peut, tout autant, y aller directement. Nous risquons, en tant qu'aidants, de ne plus être compétents et nous aurons à solliciter l'intervention des médecins, des psychiatres, de la police ou de la justice. Nous ne pouvons pas contenir ou soigner quelqu'un qui est à ce niveau-là. Les spécialistes, eux, apporteront la Symbiose Institutionnelle dont ils ont besoin. En conclusion : autant intervenir assez tôt, autant que faire se peut, avant que ce ne soit trop grave.

Le niveau émotionnel

Deuxième élément, indépendamment du niveau physique dont j'ai parlé, consiste à passer au niveau émotionnel.

---

1. Carlo MOÏSO & Michele NOVELLINO, *op. cit.*

La situation de choc émotionnel

Le circuit stimulus/réponse

Au niveau émotionnel, important du fait de ce choc, la personne, être vivant, est dans la peur ; peur parce qu'elle est confrontée à un vide de réponse, comme nous l'avons vu… Pas du tout dans une peur relationnelle, non, elle est vraiment dans une peur instinctive face au danger du vide. Alors, qu'ai-je à faire, en tant qu'accompagnant lorsque quelqu'un a peur, « vraiment » peur ?

La gestion de la peur

Le problème est que ce n'est pas vraiment notre point fort ! En effet, la peur fait peur. Il suffit de regarder quand vous êtes assis à côté de quelqu'un qui a la trouille, au bout d'un moment vous changez de place : *« Ça va pas, non ! Moi, j'ai pas envie de me payer son angoisse, quoi ! »* Pour ceux qui passent des examens, on leur dit : *« oh ! Ce n'est pas la mer à boire un examen !… »* Personne ne veut piquer la trouille de son voisin. La peur incommode. Pourquoi ? Ce n'est pas ridicule de se poser cette question-là ! Pourquoi la peur incommode-t-elle ? C'est que nous, en tant qu'être humain, avec notre expérience millénaire, nous savons très bien que la peur incapacite, bloque, incommode, ça, nous le savons ! Quand nous sommes vraiment dans la peur, nous ne pensons plus ! Nous ne contrôlons plus ! Et puis, culturellement nous manquons de modèle, nous préférons, soit l'étouffer, soit la fuir, soit la cacher, c'est une émotion dont nous avons plutôt honte. Personne n'a envie que la peur circule…

Accompagner la peur

En tant que consultants, coaches, professeurs, managers, quand il y a de la peur qui circule, comment la supportons-nous ? Comment supportons-nous la peur de notre client ?

Illustration
Retour sur ma cliente, à qui son patron a demandé de faire un faux en écriture[1]. Lorsqu'elle est venue me consulter, elle « suait » véritablement la peur.

---
1. Voir p. 193, la présentation du cas.

> Habillée avec élégance, portant attaché-case, 42 ans, polie, etc. : « *Bonjour Madame…, j'ai entendu parler de vous et j'ai besoin de de de… d'un… voilà, j'ai une décision à prendre et, en fait, je vis quelque chose de très, très… ».* Elle était assise, s'est levée, a enlevé sa veste et s'est mise à parler… nous ne nous étions jamais vues, elle était agitée et je voyais son chemisier trempé ! Elle suintait de peur. Elle s'asseyait, se relevait, marchait de long en large… Elle a dû parler pendant une demi-heure, presque sans arrêt. Elle était dans son monde, à l'intérieur de son monde, elle voyait sa peur, elle la vivait !

Je l'ai laissée raconter sa peur, parce que la première chose à faire dans ce cas, c'est surtout ne pas utiliser une technique étouffoir : « *Ce n'est pas grave !* » – « *N'aie pas peur ! ça va bien se passer !* » – « *Ne vous inquiétez pas, on va trouver une solution !* » Je n'ai fait aucune promesse ! Elle a terminé en me disant : « *Je ne sais même pas ce que je vais décider ».* Je lui ai répondu : « *Moi non plus !* ».

Nous pourrions évoquer une différence entre « peur » et « anxiété » même si parfois ces deux termes évoquent pour certains le même sens. La qualité émotionnelle de l'anxiété est proche de celle de la peur et la différence essentielle réside dans l'origine du danger. Dans le cas de l'anxiété, la source du danger, qu'elle soit externe ou interne, peut être réelle mais surévaluée, ou imaginaire. L'émotion s'accompagne de la reconnaissance ou de l'intuition d'un danger proche et incontrôlable ; face à cette menace, elle traduit une mise en alerte de notre organisme devant le danger (avec de nombreuses modifications physiologiques pour se préparer réagir à la situation) tout ceci étant utile pour s'adapter à des situations de danger d'urgence. Un certain niveau d'anxiété est nécessaire non seulement pourquoi faire face à l'agresseur mais aussi pour conduire en sécurité automobile, soutenir un examen, réalisé une performance sportive. Un sujet qui n'éprouverait pas d'anxiété, présenterait une sorte d'indifférence à autrui, serait incapable de dynamisme, l'apprentissage, de décision, de performance. En un mot il présenterait une inadaptation globale à son environnement.

Vous pouvez observer des manifestations de peur ou d'anxiété sur trois plans :

Niveau psychologique

Sentiment d'inquiétude, d'appréhension, de nervosité, d'impatience, de préoccupation, de souci, de tension nerveuse, voire d'angoisse, de peur ou de panique. La peur de mourir, de « devenir fou » ou de perdre le contrôle, susceptible pendant un bref moment, d'envahir la conscience de la personne.

Niveau physique

- ✓ Au niveau du cœur et de la respiration : douleurs au gêne dans la poitrine, palpitations, accélération des battements du cœur, sensation d'étouffement, d'oppression.
- ✓ Au niveau des muscles : tremblement, tension, douleurs, fatigue.
- ✓ Au niveau digestif : douleurs au gêne au niveau de l'estomac ou de l'abdomen, crampe, diarrhées, nausées, difficulté à avaler ses aliments ou sa salive, sensation de boule dans la gorge.
- ✓ Au niveau du système nerveux : maux de tête, sensation de vertige, de malaise, difficulté de sommeil notamment en début de nuit, pertes de mémoire et difficulté de concentration ; également fatigue anormale, sueurs, fourmillements, sensation de froid et de chaud.

Niveau comportemental

La fuite ou la sidération répondent à une anxiété extrême, mais des manifestations plus limitées peuvent témoigner de troubles anxieux :

- ✓ Comportement maladroit, emprunté traduisant la perte des moyens.
- ✓ Retrait, timidité, inhibition.
- ✓ Évitement des situations, des objets ou des personnes susceptibles de déclencher de l'anxiété.

Quand la personne est dans la peur, elle n'est pas en contact avec vous. Elle ne vous entend pas. Sa pensée tourne en interne, à vide, elle ne sait pas comment sortir de tout cela, elle n'est pas avec vous, elle est toute seule. Donc, si un jour vous avez un client, un ami, un enfant… et que cette personne dit sa peur, la première chose à faire, c'est de se taire ! Mais réellement se taire ! Ne pas incommoder les circuits neurologiques de l'autre ! Se taire et n'avoir aucun mot de réassurance. À la limite, ceci : *« Et quoi d'autre ? Que voulez-vous relater d'autre ?* », mais de la manière la plus simple possible, afin que la personne puisse arrêter dans sa tête le disque qui tourne, surtout pas d'interférence. Et quand la personne a pu dire… dire… dire… dire, avec la charge physiologique liée à la peur, elle retrouve accès à sa pensée. On dit qu'une personne transpire la peur – les animaux sentent la peur – tout comme nous pouvons la sentir dans le métro tard le soir ou dans un quartier peu sûr. Nous sentons la peur des autres.

Accueillir la peur de l'autre

Ce qui est recommandé dans la peur et de s'adapter impérativement dans la situation de crise : que la personne ait tout l'espace pour nommer *sa* peur. Qu'elle trouve elle-même les moyens d'être rassurée, avec des options fiables pour elle. Vous avez déjà un peu de mal à connaître les options fiables pour vous, pour vos propres peurs, certaines marchaient et d'autres ne marchaient pas ; et puis, plein de gens vous ont donné des tas de conseils. Mais, si vous aviez une vraie peur, si vous étiez en pleine possession de vos moyens, vous avez eu du mal à accepter les solutions des autres, vous aviez envie de trouver la vôtre. Donc, chaque fois que vous êtes confronté à quelqu'un qui a peur, que ce soit une peur physique ou relationnelle, vous pouvez utiliser la même procédure : laisser la personne vraiment nommer sa peur, la ressentir et ensuite, vous passerez naturellement au stade de recherche d'options fiables pour elle. Si vous donnez des options trop tôt, vous ne traiterez pas la peur réelle et les options ne marcheront pas.

 Illustration

J'ai vu un petit garçon, un jour, dans mon quartier : il y avait un petit muret, haut de cinquante centimètres, avec des fleurs derrière et dès que les enfants étaient proches du muret, les mamans leur lâchaient la main, ils pouvaient courir car il n'y avait pas de danger, pas de voiture. Le petit garçon commence à grimper sur le muret pour aller cueillir une pâquerette, et la mère s'est mise à hurler : « Attention, tu vas avoir peur ! ».

Et une petite fille de cinq ans a regardé et s'est arrêtée, et tout haut, a dit : « Mais !… Elle devrait le laisser voir s'il a peur ou pas ! ». Écoutez les petits enfants, ils nous apprennent ce que nous avons oublié.

La peur est contagieuse

Les enfants n'ont pas du tout la même relation à la peur que nous. La maman, elle, avait peur et petit à petit elle va passer sa peur à son fils. Si vous vous êtes en contact avec un client qui a une vraie peur, prenez vos distances, prenez vos précautions, et à la sortie d'un entretien où la peur était là, allez la traiter aussi, parce que vous l'avez sans doute « épongée » un peu. Si vous, à l'écoute d'un client, vous avez senti cette peur, vous êtes shooté à quelque chose et si vous ne vous en occupez pas, c'est-à-dire si vous-même n'allez pas en supervision ou autre, pour laisser un peu couler la peur que vous avez avalée, c'est vous qui finissez par avoir un problème.

Le cheminement de gestion de la peur

Le chemin nécessaire pour la personne – si je prenais une image –, c'est qu'elle puisse vider sa peur, et ce, de la manière qui lui convient, cette peur archaïque, cette peur utile, car c'est la base instinctive de la protection humaine.

Faire silence pour accompagner la peur de l'autre

Dans les techniques que nous pouvons utiliser, la première, au minimum, c'est de ne pas incommoder la personne avec notre réassurance ; sinon vous la dérangez dans son monde, dans son chemin. Vous laissez la personne exprimer sa peur, par le silence, par le respect, par la distance aussi, il ne faut pas être trop près pour qu'elle puisse avoir un espace pour se comporter comme elle l'entend.

Comme l'évoque Boris Cyrulnik[1] :

> « *La distance constitue le premier paramètre important : on ne parle pas à dix mètres de la même manière qu'à vingt centimètres, les expressions sensorielles sont très différentes (souvenirs, intensité vocale, gestualité) échangeant des émotions très différentes. À*

---

[1]. Boris CYRULNIC, « Un éclairage éthologique de l'émotion », *Structure des Émotions*, *Neuro-psy*, revue mensuelle, vol. 6, n° 11, déc. 1991.

> *distance convenable, physiologique, le corps parlant doit satisfaire des règles impératives : la synchronisation regard-parole dépend fortement du sexe ; la vocalité s'adapte à la distance, les pauses silencieuses préparent au tour de parole ; les hochements de tête encouragent le parleur ».*

Donc, ne rien dire, juste éventuellement un tout petit : « mmm », mais tout petit, parce que vous risquez d'empêcher le déroulé de ce qu'elle a dans sa tête. Elle a besoin de mettre à l'extérieur ce chemin qu'elle fait à intérieur d'elle-même. Pas de réassurance, parce que la réassurance, c'est apporter de la douceur, ce dont tout le monde manque, et s'il la prend il interrompt le processus.

Un jour, un confrère m'a transmis les paroles d'un auteur anonyme indien et je vous en fais cadeau :

> *« Peux-tu simplement m'écouter ?*
> *Quand je te demande de m'écouter et que tu commences à me donner des conseils, tu n'as pas fait ce que je te demandais.*
> *Quand je te demande de m'écouter et que tu commences à me dire pourquoi je ne devais pas ressentir cela, tu bafoues mes sentiments.*
> *Quand je te demande de m'écouter et que tu sens que tu dois faire quelque chose pour résoudre mon problème, tu m'as fait défaut, aussi étrange que cela puisse paraître.*
> *Écoute, tout ce que je te demande, c'est que tu m'écoutes. Non que tu parles ou que tu fasses quelque chose ; je te demande uniquement de m'écouter.*
> *Mais quand tu acceptes comme simple fait que je ressens ce que je ressens (peu importe la rationalité), je peux arrêter de te convaincre, et je peux essayer de commencer à comprendre ce qu'il y a derrière ces sentiments irrationnels. Lorsque c'est clair, les réponses deviennent évidentes et je n'ai pas besoin de conseils.*
> *Et si tu veux parler, attends juste un instant et je t'écouterai ».*

Être présent

Si nous n'intervenons pas, il nous faut être présent malgré tout, la peur nécessite une disponibilité, un accueil inconditionnel de tout ce que la personne est en train de raconter ; si vous n'en comprenez que la moitié, ce n'est pas grave, ce n'est pas le moment d'essayer de comprendre, ni de demander des explications, ni de pointer des incohérences, ni de corriger les fautes…, ce n'est pas l'heure.

Pour vous aider, vous pouvez suivre les quatre lignes de conduite pour une meilleure écoute définies par Madelyn Burley Allen[1] :

- ✓ Éviter critiques et jugements, qui troublent et dévalorisent l'interlocuteur.
- ✓ Écouter le sens réel (et parfois sous-jacent) de la communication. Garder à l'esprit que pourrait être un auditeur empathique, il n'est pas nécessaire d'être en accord avec son interlocuteur, mais seulement d'être en empathique avec ses sentiments.
- ✓ Éviter de poser des questions avant que le problème ait été exposé. Une intervention empathique est parfois nécessaire pour aider l'interlocuteur à diminuer l'emprise de ses émotions et à lui permettre d'analyser les données avec un esprit logique.
- ✓ Ne pas essayer de résoudre seul le problème de l'interlocuteur, ni de penser à sa place. Les gens se sentent en confiance lorsqu'ils résolvent leurs problèmes eux-mêmes.

La « catastrophisation »

Il y a des événements dramatiques, c'est un fait, mais il vous incombe de repérer les personnes qui interprètent un événement de leur vie comme catastrophique, horrible, affreux, intolérable, inacceptable. L'anxieux se sentira très anxieux s'il catastrophise ; la personne en proie au sentiment d'hostilités se sentira très en colère, le coupable très coupable et le déprimé très déprimé. En fait, la « catastrophe » n'existe pas dans les faits mais elle est plutôt constituée par l'opinion qu'une personne se fait d'un événement désagréable de sa vie.

Que le client se sente donc désespéré, angoissé, furieux, par certains événements de sa vie, on peut l'entendre, ce n'est pas une raison pour qu'il rende encore plus pénible une situation qui lui est déjà fortement désagréable. S'il rentre dans une telle démarche cela équivaudrait à un sabotage personnel, elle dépense des forces

---

1. Madelyn BURLEY ALLEN, *Managing Assertivety*, Wiley Press, 1983.

qu'elle ferait probablement mieux d'utiliser à modifier les événements désagréables de sa vie. Vous entendez parfois vos clients dire : « il n'y a rien à faire », si vous gardez votre libre arbitre, vous savez ce diagnostic est en général erroné et qu'il reste presque toujours quelque chose à faire par le client pour se rendre la vie moins pénible. À vous d'aider vos clients « catastrophisants » à affronter directement dans l'action les événements qu'ils qualifient d'horribles. Il vaut mieux qu'il prenne le risque d'éprouver quelques douleurs plutôt que de passer des mois à se défaire de certains événements qu'il redoute sans raison.

La boucle émotionnelle

Concernant les émotions, et ce n'est pas spécifique à la peur, nous pouvons parler de boucle émotionnelle, laquelle est humainement connue de tous depuis que nous sommes petits, elle fait partie de notre patrimoine d'enfance : un stimulus arrive, il génère une poussée physique, physiologique, psychologique et émotionnelle :

Figure 7.4

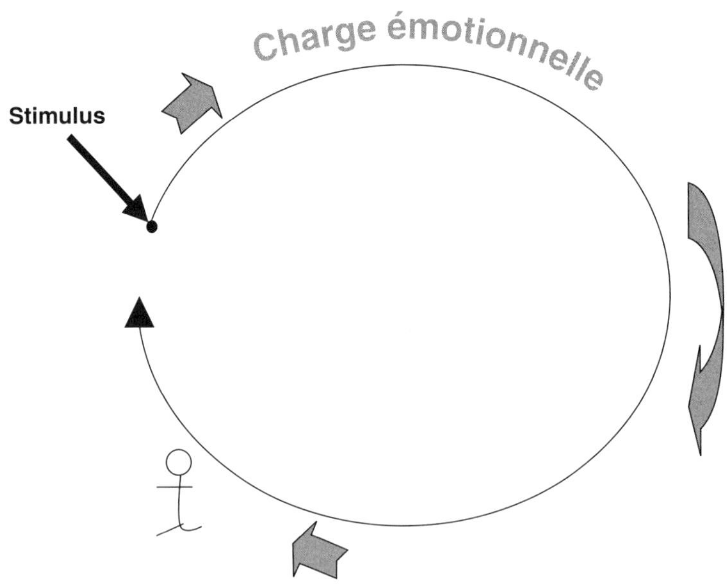

« Le chemin naturel émotionnel »

Qu'il y ait de la tristesse, de la colère, du ressentiment, de l'angoisse…, tout ce que vous voulez, peu importe, éventuellement de la joie – si tant est qu'on puisse avoir de la grande joie sur un grand choc ! –, l'humain a, par expérience, une idée de comment laisser dérouler tout ça. C'est ce dont nous parlons en Analyse Transactionnelle quand nous parlons de l'Enfant Libre. Si la personne a gardé sa liberté émotionnelle, une fois qu'elle a un stimulus et qu'elle fait une connexion entre le type de stimuli et le type d'émotion qui va avec, le déroulé se fait tout seul. Ainsi, quelqu'un qui a été insulté, humilié ou qui voit dans les journaux son nom associé à je ne sais quelle horreur, peut – premier passage : passer par la peur, – deuxième séquence derrière : avoir beaucoup de colère et, s'il a encore la fluidité émotionnelle qui va avec, avoir une charge de colère, avec toute la panoplie de comment on liquide sa colère, pour arriver jusqu'à la fin de son chemin.

Savoir entendre les émotions de l'autre sans interférer

Savons-nous, professionnels, supporter l'émotion des personnes que nous accompagnons ? Lorsque, une fois la première étape passée, la personne passe par telle ou telle émotion, irritabilité, colère… ou même peur dans la relation… Sommes-nous doués pour supporter le chagrin, la tristesse, savons-nous appuyer sur la corde pour que la personne pleure encore plus ? Savons-nous faire cela ? laisser vraiment la personne aller au bout de ce qu'elle a chargé émotionnellement à l'intérieur ?

Une compétence que vous pouvez développer est l'Empathie :

> « *Qualité d'écoute la plus authentique possible, c'est-à-dire être capable "d'entrer dans la logique de l'autre" et de "chercher à comprendre avec" lui, en refusant de l'influencer et de le juger* ».

Cela vous demande d'accorder de l'estime à ce qu'il dit et d'avoir une attitude d'ouverture et d'acceptation ; d'être chaleureux avec l'autre.

Apprendre à contacter ses propres émotions

Je vous donne une petite clé. Il y a de personnes qui, par exemple, ne connaissent pas bien la colère, ils savent très bien qu'ils l'ont perdue sur le bord du chemin de leur vie un jour, pour telle ou telle raison. Donc, une des méthodes pour renouer la compréhension de la colère de l'autre, pour pouvoir rentrer dans une empathie – au sens non pas de « poupougner » mais de « compréhension interne » – pour la colère de son client, sans parasiter son chemin (par exemple, apprendre à se mettre en colère). Il y a des jeux de rôles que vous pouvez faire : vous entraîner à être dans une grosse colère, vis-à-vis de vos copains d'étude, hein ! Dans des groupes de formation, nous pouvons nous entraîner, jusqu'à ce que l'on retrouve à l'intérieur cette colère. Nous pouvons faire pareil avec la tristesse, avec la peur… Cela commence comme un théâtre, mais petit à petit, la personne sent l'émotion… et ça se fait en formation, avec des procédures spécifiques à respecter, ce n'est pas de la thérapie, il n'y a pas de retour dans son histoire…

Une autre étape consiste à expérimenter comment se comporter devant son copain de formation qui se met en colère ou qui a peur… Comment faire ? Comme il vaut mieux ne pas attendre d'être face à un client pour expérimenter ses réactions, il est possible de s'entraîner pour « comprendre l'émotion ». Si vous avez de petits points faibles là-dessus, profitez des espaces de formation pour dire : *« Je veux m'entraîner à ça »*. Parce que le jour où un de vos clients vous prendra comme *punching ball* ou comme réceptacle de sa charge émotionnelle, vous risquez de freiner son expression, sans forcément vous en rendre compte.

Attendre l'instant de reprise de contact de la personne avec la réalité

À un moment, et c'est ce qui est extraordinaire chez l'humain, il y a comme quelqu'un qui sort de son trou et se met à vous regarder. Je me souviendrai toujours de ce client qui avait si peur, il m'a dit : « Voilà »…
Moi. – *Bon, hé bien, si vous le voulez, nous allons reprendre, tranquillement….*
Donc, pour la peur consécutive à un choc :

- ✓ Lui laisser son espace, lui laisser faire ses méandres à lui, qu'elle puisse dire tout ce qu'elle a envie de dire.
- ✓ Attendre l'instant où, d'elle-même, elle entre en contact vous d'une manière ou d'une autre, ce peut être : « *Qu'est-ce que je fais avec ça ?* » ou bien « *Voilà* », ou bien « *Et alors, que pouvez-vous faire pour moi ?* », peu importe. Elle fait « toc toc », elle recrée le lien avec vous.

Avoir confiance dans les capacités de la personne à trouver ses solutions

Souvenez-vous des paroles de notre Indien anonyme :

> « *Quand tu fais quelque chose pour moi – que je peux et ai besoin de faire moi-même – tu contribues à ma peur, tu accentues mon inadéquation* ».

Une chose très importante est bien d'avoir confiance en la capacité de la personne à trouver elle-même les solutions dont elle a besoin pour résoudre son problème. Vous devez avoir cette intime conviction, que c'est la personne elle-même qui possède les ressources pour trouver la manière dont elle va résoudre son problème.

Quand une personne a peur, il n'y a qu'elle qui sait ce dont elle a besoin pour être rassurée. Cela nous demande une grande humilité. Dans une telle situation, urgence, accident grave…, si la personne n'est pas dans l'ici et le maintenant, elle ne traite pas ce qui se passe ici. Nous devons tranquillement attendre. Même si elle relate des choses qui viennent d'ailleurs, commencez simplement à accueillir cela ; après, elle pourra reprendre un contrat avec vous, en disant : « *Mais en fait je réalise que j'ai des ficelles qui viennent d'ailleurs – je ne sais vraiment pas quoi faire là-dessus, est-ce que tu aurais des idées à me donner ?* ». Ce sera une demande directe. Il faut que la demande soit convaincante, vous devez être absolument convaincu que c'est ce dont la personne a besoin. Attention à ne pas être celui qui sait donner plein de conseils !... Moins vous en donnez, meilleur vous êtes, en fait, parce qu'il s'agit d'une grande personne que vous avez en face de vous.

La gestion de la pensée

Je vais aborder le thème de la pensée.

La reformulation

La « Reformulation » est une technique pour aider :

> « *Intervention qui consiste à dire, en d'autres termes et de manière plus concise ou plus explicite, ce que votre interlocuteur vient d'exprimer et cela de telle sorte que l'on obtienne son accord* ».

Ceci vous permettra de vérifier si votre perception de ce que la personne a dit correspond bien à ce qu'elle a effectivement dit. De son côté, elle pourra aller plus loin dans sa prise de conscience et ainsi approfondir ce qu'elle pense. Petit à petit la tension qui pouvait paralyser sa capacité à être objective dans la situation pourra s'apaiser ; d'elle-même elle dédramatisera.

Concrètement, vous pouvez utiliser des phrases comme : « *Selon vous…* », « *Vous voulez dire que…* », « *Si je vous ai bien compris…* » ; « *Vous souhaitez donc…* », « *Tu veux dire par là…* », « *Ainsi, tu penses…* » ; « *Pour vous, l'essentiel…* », « *Finalement, tu voudrais…* », « *Bref, c'est surtout…* ».

Dans tous les cas, il est bien sûr indispensable que votre interlocuteur ratifie, corrige ou infirme la reformulation que vous avez faite.

L'interrogation

L'Interrogation est une autre technique utile dans la relation d'aide. C'est une question directe que vous posez lorsque votre interlocuteur est disponible au niveau de sa pensée ; ou bien lorsque vous voulez l'inviter à utiliser sa pensée. Ex. : « *Pourquoi voulez-vous que le PDG de votre groupe soit avec vous lors de l'annonce de la fermeture de l'usine ?*[1] ».

Comment interroger ? C'est une question fondamentale puisque notre objectif est d'obtenir de notre client des réponses

---

1. Voir p. 193, la présentation du cas.

simples au sujet du problème qui le préoccupe. Soyons donc vigilant au processus que nous instaurons avec lui :

- ✓ Questions courtes et claires.
- ✓ Questions posées de façon naturelle, avec tact, sans hostilité.
- ✓ Questions adaptées à ses connaissances.
- ✓ Si une question est restée sans réponse, la reposer d'une autre manière.
- ✓ Si les réponses sont du type « oui » ou « non », poser les questions : qui, quand, quoi, où, pourquoi, comment, combien… ?

Cette technique vous permettra d'obtenir des informations pour intervenir ensuite de manière efficace.

Quelques conseils pour bien poser les questions

- ✓ Veillez à ne pas chercher plus d'information que nécessaire, votre client pourrait être heureux de rationaliser sur son sort !
- ✓ Sachez distinguer « faire parler de ce dont on a envie » et « inciter l'interlocuteur à exprimer ce qu'*il* a à dire »….
- ✓ Supportez ses silences, taisez-vous pour lui laisse le temps nécessaire à la réflexion et surtout ne l'interrompez pas.
- ✓ Laissez-le parler, en faisant preuve de compréhension : efforcez-vous de comprendre ce que signifie - pour lui – ce qu'il est en train de dire.
- ✓ Si vous n'êtes pas certain d'avoir compris le commentaire de votre interlocuteur, n'hésitez pas à le lui dire.

Minimisation ou Grandiosité

Au niveau de la pensée, il arrive que la personne mette en place un mécanisme qui transforme la réalité. Il s'agit, soit de la Minimisation – la personne minimise l'importance de la situation en disant, par exemple : « *Ce n'est pas grave* » –, soit de la Grandiosité – elle exagère ou fait quelque chose de complètement disproportionné, avec ce genre de réaction : « *Je ne peux pas faire face* » ou « *Je n'ai pas pu faire face* ».

Lorsque vous entendez ce type de commentaires, votre travail consiste à remettre les choses dans la réalité telle qu'elle est.

Permettre à la personne de renouer avec ce qu'elle sait faire

C'est un travail « en dentelle » car, d'un côté, je dois respecter sa difficulté suite au choc qu'il a subi, ses résistances à voir la réalité telle qu'elle est, et de l'autre, je dois « le réveiller » pour qu'il affronte la réalité, qu'il fasse face.

> **Exemple**
> Moi. – Si tu pouvais, qu'est-ce que tu ferais ?
> Lui. – Qu'est-ce qui vous fait dire que je… ?
> Moi. – Tu me dis que tu ne peux pas faire face, moi je sais que tu peux le faire.

À l'instant du choc, les personnes disent : « Je perds tous mes moyens », ne croyez surtout pas à ces propos quand vous avez la personne en face. Vous pouvez lui permettre de renouer avec ce qu'elle sait faire.

Le mécanisme protecteur des Méconnaissances

C'est aussi au niveau de la pensée où la personne fait des Méconnaissances : « *On ne peut pas lui en vouloir* ». Qu'est-ce qu'une Méconnaissance ? Une distorsion des éléments de la réalité, comme si la personne nous avouait : « *Je ne veux pas voir la réalité comme elle est, donc je la transforme, et comme ça, je peux la supporter* ». C'est protecteur pour la personne et, si la personne fait des Méconnaissances, j'estime qu'à ce niveau-là, nous n'avons pas à l'embêter avec, n'est-ce pas ? C'est un mécanisme de protection inconscient qu'elle met en place pour supporter le choc. Par contre, nous avons à la « réveiller » quand même pour l'aider à traverser le choc, n'est-ce pas. Donc je ne suis pas pour utiliser une méthode violente, parce qu'elle est déjà en train de souffrir, mais si elle vient me voir, ou si je suis instituée pour l'accompagner, je dois agir pour faire en sorte que la Méconnaissance soit levée. Enlevée, comme un rideau qui s'ouvre.

Être solide sur ses bases

Dans les méthodes que je préconise dans de telles situations, je dirais qu'il faut être solide, avoir de l'énergie disponible, de l'énergie émotionnelle, de l'énergie de bienveillance, de patience ; ce qui revient à dire que, les jours où vous n'êtes pas en forme, il vaut mieux éviter de faire ce type de travail, sinon vous poserez un problème à votre client : votre non-disponibilité. Il vous faut être en pleine capacité de concentration, avoir du temps pour vous reposer, enfin, être bien nourri au niveau du soutien. Nous ne devons pas venir en entretien et poser un problème supplémentaire à la personne, n'est-ce pas ?...

Exiger l'implication de la personne dans le processus

Puis, il s'agit d'exiger – ça se fait avec toutes les circonvolutions gentilles et bienveillantes – mais exiger que la personne participe activement à la traversée de cette période ; exiger qu'elle soit active : « *On va y aller ensemble, je vais vous aider, mais ce que je vais vous demander, c'est de bien rester dans cette période, qu'on prenne le temps... que vous acceptiez de regarder les problèmes que ça vous a posés, et je ne vous laisserai pas vous échapper. Est-ce que vous êtes d'accord pour, quand vous sentez que vous partez, revenir avec moi dans le moment...* »

Donc quand je dis « exiger », cela veut dire que c'est une conviction personnelle que j'offre à mon client. Est-il d'accord là-dessus, et est-il d'accord que je le rattrape quand je sens qu'il veut déjà partir à la fin de l'histoire alors qu'il n'a pas traversé la période difficile. C'est pour ça que je dis « exiger », dans le sens de « cadeau bienveillant mais ferme quand même ».

RAPPELEZ-VOUS, POUR ACCOMPAGNER
LA PERSONNE EN ÉTAT DE CHOC

Ce que je peux faire
Protéger la personne.
L'obliger à regarder son problème.
Avoir confiance en soi et en l'autre.

Ne pas faire
Ne jamais précéder.
Ne pas l'empêcher de ressentir sa peur.
Ne pas avoir peur de sa peur.
Ne pas tomber dans le piège de la « catastrophisation ».

Intervenir sur un groupe qui a été choqué

Ces idées sont particulièrement intéressantes si vous devez mener une intervention « délicate », par exemple à la suite d'un choc violent sur, ou dans une équipe. Si vous ne menez pas ce type de travail, vous y trouverez quelques idées pouvant vous être utiles pour des régulations ou cohésion d'équipes.

Voici trois situations de choc sur lesquelles j'ai été amenée à intervenir.

Intervention dans une équipe dont un des collègues est en prison

J'ai été sollicitée pour intervenir auprès d'une équipe de cadres de l'entreprise Odal (huit personnes). Le contexte était le suivant : un membre de cette équipe, Jules, venait d'être dénoncé pour des actes répréhensibles par la loi à l'encontre d'une personne sous sa responsabilité. Il était en prison et l'enquête était en cours. Le directeur général (DG) a choisi d'offrir un espace de régulation à ses cadres au vu du choc subi par chacun. Le contrat stipulait que mon intervention durerait trois heures. Une option de trois heures supplémentaires, huit jours après, était prévue si les cadres estimaient en avoir besoin.

Avant le démarrage, j'ai obtenu quelques éléments importants suite à l'enquête de police : aucune personne de l'équipe ne se doutait que cette personne dysfonctionnait, personne « n'avait rien vu » et Jules était l'ami intime de deux membres de cette équipe (Jules, par exemple, allait avec sa famille en vacances avec l'un ou l'autre).

Le choix du lieu pour l'intervention

1. Un local calme, sans possibilité d'être dérangé ni risque d'être entendu par quiconque

La pièce où vous interviendrez servira de « contenant », elle doit apporter la protection nécessaire au travail.

Ainsi, pour obtenir un local neutre, hors site, le DG d'Odal nous a réservé dans un hôtel une salle de réunion. Il était très important, pour ce type d'intervention, que l'équipe de cadres se sente loin des autres collègues de l'entreprise, sans préoccupations professionnelles ni risque d'être dérangés, même à la pause.

2. Pas de téléphone qui interromprait le travail

Il est vraiment important d'évoquer ce point dès l'arrivée et de ne pas oublier d'éteindre le vôtre !

3. De l'eau disponible avec gobelets, mouchoirs en papier (pas en évidence !)

4. Au cas où la séance durerait... prévoir thé, café, biscuits et si possible un local confortable ! (sièges, chaleur, aération...)

NB : n'hésitez pas à aller visiter la salle avant l'intervention, si vous n'êtes pas sûr du choix...

Procédure de démarrage de l'intervention

Les exemples de phrases qui suivent dépendront de l'objet de la rencontre. Je vous propose de sélectionner, dans le texte ci-dessous, ce qui vous paraîtra le plus approprié dans la situation qui vous concerne et d'en inventer d'autres :

« Je vais vous poser des questions à l'un puis à l'autre, afin de comprendre les faits qui vous amènent ici et le sens des mots que vous employez. Êtes-vous dans de bonnes dispositions pour commencer ? »

« Avant de passer en revue ce que chacun a ressenti comme impact personnel, nous allons passer en revue ce que chacun a vu, entendu, perçu, senti. »

Ce passage en revue des faits peut être long, mais il permettra à chacun de se faire une image complète et concrète de l'événement. Vous éliminez ainsi les zones d'incertitudes individuelles.

Ce n'est pas une enquête, mais une recherche de groupe sur les faits de l'événement pour qu'ensemble, nous soyons au plus près de la réalité. C'est ce processus qui participe à une partie de l'apaisement.

S'il y a mort, il faut pouvoir introduire la notion de rituel.

Les éléments de Structure pour entourer l'intervention

Je vais illustrer mes propos à partir de l'expérience chez Odal.

1. Dites qui vous êtes : présentez-vous sobrement et dites quelle fonction vous exercez aujourd'hui pour cette intervention – au sujet de quoi vous allez intervenir – qui vous a demandé cette intervention… (si elle est à votre initiative, donnez-en les raisons).

Ex : *Ma responsabilité est de vous guider vers un apaisement suite au choc que vous avez reçu, votre responsabilité est d'utiliser ce lieu pour y arriver, autant que faire se peut.*

2. Assurez-vous que les besoins de base des participants sont satisfaits et toutes les informations sur la séance fournies. Au besoin, proposez aux participants de prendre cinq minutes pour se rendre disponibles ; vous pouvez même lire les objectifs définis par les responsables.

3. Demandez aux personnes de se présenter à leur tour, au besoin, orientez leur parole en fonction du sujet de la rencontre. Réfléchissez, avant l'intervention sur les éléments que vous allez demander aux participants.

Ex : *Depuis combien de temps êtes-vous dans cette équipe ? Depuis combien de temps connaissez-vous Jules ? Avez-vous déjà reçu des formations à la Gestion du Stress ?…*

4. Informez les personnes que le groupe a un rôle très important et que certaines personnes peuvent ne pas en avoir besoin, par contre, elles peuvent apporter une aide aux autres. Si la règle du jeu est que chacun s'exprime, vous pouvez encourager ceux qui restent silencieux à prendre la parole pour les autres,

Ex. : Un homme d'une cinquante d'année n'arrivait pas à s'exprimer. Il était renfermé dans sa douleur et m'a fait comprendre silencieusement qu'il était incapable de parler.

Moi. – *Imaginez Jules, ici, en face de vous, que voulez-vous lui dire ?*

Lui. – *Je le tuerai !… Je le tuerai !… Je le tuerai !…*, a-t-il hurlé, avant de se mettre à pleurer longuement et silencieusement.

5. Expliquez que vous allez aider les participants à reconstituer verbalement les événements et à parler des émotions les plus aiguës et les plus intenses.

Ex. : *Je vous invite à dire à tour de rôle, ce que vous savez de l'événement, à quel endroit vous étiez quand vous avez eu l'information, qui vous a informé, et ce que vous avez immédiatement ressenti.*

6. Expliquez que les émotions vont se manifester en forme de « montagnes russes ».

Ex : *Face à l'événement que vous venez de vivre, il n'est pas surprenant que vous ressentiez une surcharge émotionnelle et que vos émotions soient variées.*

7. Rassurez les participants au sujet de la « normalité » de leurs intenses émotions

Ex. : Daniel (l'ami de Jules) s'est senti suffisamment en confiance pour partager ses émotions contradictoires à son avis : colère contre Jules pour ce qu'il a fait – colère contre lui-même de n'avoir rien soupçonné – tristesse envers Jules pour tout ce qu'il va avoir à traverser suite à son acte.

8. Soyez vigilant à réduire les malentendus et à corriger les faux renseignements concernant les événements et les réactions de stress « normales » et « anormales ». Vous aurez à écouter avec grande attention les « vérités annoncées » par les personnes ; clarifiez ou faites clarifier ce qui est dit – gardez votre capacité de remise en question. De mauvaises informations peuvent apporter de réels désagréments après l'intervention.

Ex. : Nous avons eu à clarifier « Qui a prévenu la police ? Est-ce que la police a été discrète ou pas ? ».

J'ai eu à préciser des éléments de « normalité ».

9. Aidez les participants à discuter des manières de réduire la tension et l'anxiété, transmettez des techniques spécifiques de gestion du stress

Ex. : Avec Odal, j'ai choisi de leur donner quelques repères pour gérer le sentiment d'insécurité : par exemple, de s'autoriser à demander des informations à leur patron sur la suite de « l'affaire » – et de prendre soin d'eux-mêmes au niveau physique du fait des répercussions du choc sur leur sommeil et sur leurs relations inter collègues.

10. Commencez avec eux le processus de deuil (s'il s'agit d'une mort) et préparez-les à une possible persistance des réactions de chagrin dans les mois qui suivent. Il n'est pas étonnant qu'aux dates anniversaires (de l'événement traumatique par exemple), aux commémorations, les personnes se sentent comme replongées dans leurs douleurs anciennes, il est important de le leur signaler comme un épisode naturel.

Ex. : Chez Odal, Daniel disait qu'il « avait perdu son ami » et même si les autres collègues étaient plutôt dans la colère, nous avons parlé de ce deuil, pour Daniel. Certains de ses collègues lui ont manifesté de la compréhension.

11. Repérez et référez aux responsables, les participants « à haut risque »

Ex. : Dans une autre entreprise, suite à un groupe de régulation, j'ai eu à signaler au responsable d'une femme, et avec son accord, son état de grand stress. Ne pas le faire aurait été pour moi non protecteur.

12. Mettez en évidence le fait que l'un des buts de votre intervention est de reconstruire ce qui s'est réellement passé, de sorte que le groupe, l'équipe, l'organisation, puisse bénéficier de l'expérience pour l'avenir

« *Notre travail ne s'arrête pas à l'expression des pensées et émotions diverses, il doit aussi permettre d'obtenir une image réelle de l'événement et de ses conséquences* ».

Il peut s'agir soit de tirer de la situation des prévisions d'actions à mettre en place pour que la situation vécue ne se reproduise pas, soit de capitaliser les idées majeures exprimées, pour plus tard.

Suggestions sur le comportement à adopter[1]

Là encore, vous trouverez des modèles à aménager et à enrichir sous forme de synthèse, je vous laisse y apporter votre propre style, l'essentiel est que vous vous comportiez de la manière la plus naturelle possible.

Des questions possibles

Toutes ces questions visent à trouver une méthode directe et simple pour aider la ou les personnes à s'exprimer :
– Quel a été l'aspect le pire de l'événement, pour vous personnellement ?
– Comment vous êtes-vous senti quand cela s'est passé ?
– Comment avez-vous réagi à cette scène ?
– Qu'avez-vous ressenti durant l'événement ?
– Comment vous sentez-vous maintenant par rapport à cet événement ?
– Comment vous sentez-vous maintenant ?
– Comment cela vous affecte-t-il physiquement ?... Émotionnellement ?... Socialement ?
– Qu'avez-vous vu ?... Entendu ?... Touché ?... Senti ?...
– Avez-vous l'impression : de ne pas en avoir fait assez ? d'avoir fait une faute ? d'être d'une certaine manière responsable d'une conséquence fâcheuse ?

Attitudes aidantes devant les émotions

L'idée générale est qu'il faut apporter une protection physique, une sécurité et un confort ; ce que l'on peut nommer un « contenant », permettant d'accueillir avec respect le vécu de chacun. Puis permettre un travail au niveau de la réflexion afin de rendre normales les réactions (sans aller jusqu'à la banalisation ou la dramatisation).

Ex. Le directeur de la société COME m'a appelée en urgence : « notre responsable du service de commercial a été tué hier soir lors d'une attaque à main armée... ». Ses trois assistantes se retrouvent le lendemain matin dans leur bureau, elles ont des urgences commerciales, et face aux dossiers et tiroirs de leur responsable, elles disent : « on n'ose pas ouvrir ses tiroirs ni son ordinateur – on n'a pas le cœur à travailler... ». J'ai choisi d'organiser la rencontre dans leur bureau afin d'accélérer l'expression émotionnelle et la remise au travail.

Pour la colère : Supporter l'agressivité, ne pas appuyer les accusations ni défendre les accusés.

Ex : Une des assistantes était très en colère contre l'agresseur et également contre son chef : « *mais, bon sang ! Pourquoi il s'est mis dans une situation*

---

[1]. R. ALBISSER SEELSORGER, aumônier, Lucerne 1998, non publié.

pareille ! ». Tout en laissant cette personne s'exprimer, j'ai stoppé tout échange des autres sur le sujet.

Pour les pleurs, les cris, la tristesse profonde de douleurs : Laisser s'exprimer, offrir sécurité et protection, une présence attentive et rassurante.

Ex. : Une autre : « *Et sa femme… et ses enfants… Je connais sa famille…* ».

Pour le sentiment d'incertitude, la peur, l'anxiété : Ne pas vouloir rassurer à tout prix, laisser verbaliser, écouter attentivement.

Ex. : Les personnes étaient inquiètes concernant leurs capacités à assurer le travail avant d'avoir un nouveau chef - inquiètes qu'on leur reproche de faire des erreurs ou d'être en retard – insécurisées quant à leur avenir…

J'ai laissé chacun tout exprimer, en les aidant à formuler.

Face à l'agitation, l'hyperactivité, la panique : Ne pas laisser contaminer le reste du groupe, rester calme, tenter d'apaiser plus par le comportement que par le discours, au besoin obtenir l'aide de quelqu'un pour tenir la personne

Ex. : Une des personnes était très agitée, incapable de s'asseoir, elle touchait à tout dans le bureau « Et ça ! J'y ai jamais touché ! Et son ordinateur, jamais je ne pourrais rentrer dedans ! Et ceci… et cela !… ». J'ai suggéré aux deux autres de la laisser faire un moment, qu'elle allait se calmer petit à petit. Je l'ai juste empêchée de mettre trop de pagaille dans le bureau.

S'il s'agit d'un état de choc, d'immobilité, de mutisme : Être là, tout en gardant une certaine distance.

En cas de désarroi, de désorientation, de perte du sens de la réalité : Donner un sentiment de sécurité plus par le comportement que par le discours, « trier » les problèmes, clarifier une chose après l'autre.

Ex. : Une fois les premières émotions exprimées, nous avons fait la liste des thèmes sur lesquels elles se sentaient perdues. Petit à petit elles ont retrouvé un certain calme.

Face au refus d'admettre la réalité : Essayer de comprendre, ne pas contredire ni corriger la vision des faits, attendre patiemment.

Ex. : Devant « *Mais ce n'est pas possible !… Ce n'est pas vrai !… Il n'est pas mort !… etc.* », j'ai simplement attendu que, d'elle-même, la personne commence à « réaliser » : « *Quand je pense que je ne le verrai plus…* ».

S'il s'agit de méfiance, de refus de toute aide : Essayer de comprendre, ne pas le prendre à titre personnel, ne pas s'imposer.

Ex. : « *De toute façon, je ne vois pas ce qu'on fait dans ce bureau… ça ne sert à rien que vous soyez là…* ». Je n'ai fait aucun commentaire, j'ai attendu que d'autres prennent la parole et je les ai « suivies ». Au bout d'un moment, cette personne est rentrée dans le processus.

Pour le sentiment de culpabilité : Laisser s'exprimer, essayer de comprendre, ne pas vouloir corriger immédiatement.

Ex : « *Je me sens mal parce que je me suis engueulée hier avec lui… jamais je ne pourrais me le pardonner !* » Une fois qu'elle a pu s'exprimer jusqu'au bout, j'ai choisi de laisser ses collègues lui apporter le soutien dont elle avait besoin.

En cas d'auto-agressivité : Protéger la personne d'elle-même, utiliser éventuellement la manière forte pour l'empêcher de se faire du mal ; si elle désire s'échapper, la raisonner et la motiver à rester, éventuellement lui céder en l'empêchant de conduire un véhicule si elle est dans l'incapacité de le faire.

Ex. : Une assistante, au moment où la tristesse « envahissait le bureau » a eu envie de partir, je me suis mise simplement devant la porte pour l'en empêcher. Elle m'a regardée en pleurant, je l'ai guidée vers sa place et suis restée à côté d'elle, le tout sans parler.

Devant les questions sur le « pourquoi ? » : Ne pas répondre, tenir bon, sans être sourd aux cris de détresse derrière les questions : *« Mais pourquoi lui ?... Pourquoi ça nous arrive à nous ?... Pourquoi on laisse des gens faire des horreurs pareilles !... »*

Mes seules « réponses » étaient : *« Je comprends votre douleur... je n'ai aucune réponse à vous apporter... ». « Je sais »*, m'ont-elles dit.

Pour ceux qui souhaitent avoir l'information sur le résultat de cette intervention, j'ai demandé, en accord avec les assistantes, à la direction de venir un moment dans le bureau, pour parler un peu avec elles et les informer de la suite qu'ils envisageaient dans un avenir à court terme. Ce fut un moment rempli d'émotion et de respect.

Des éléments de Protection

Donnez des éléments de **Protection** indispensables pour la tranquillité du travail et que vous allez annoncer sous forme de règles. Invitez tous les participants à s'engager à respecter ces règles avant de commencer (n'hésitez pas à demander l'engagement de chacun verbalement, un par un) :

Illustration

Voici ce qui a été fait auprès de Monsieur Grignon[1] et de ses collaborateurs : jusqu'au moment de l'intervention, jamais la mort brutale du père, ni le contexte tendu dans lequel elle s'était produite, n'avaient été évoqués entre le patron et ses collaborateurs. C'était devenu une sorte de secret qui se transmettait à chaque nouvel arrivant, « sous le manteau » : *« Il faut que tu saches... sinon tu ne comprendras pas pourquoi ici "on ne s'engueule jamais"... ».* Monsieur Grignon, lui-même, m'a sollicitée *« pour sortir de tous ces non-dits »* car il en avait assez *« de cette ambiance bizarre entre lui et ses cadres ».*

La première étape de mon travail a consisté à mettre à jour ce secret, séparément de part et d'autre, et à permettre aux uns et aux autres de libérer la charge émotionnelle qui l'accompagnait, et qui n'avait pas pu être exprimée en raison de la honte ressentie et de la pudeur ordinaire : *« on ne parle pas de ces choses-là ».* Les collaborateurs avaient besoin d'exprimer : *« on est désolé*

---

1. Voir p. 192, la présentation du cas.

pour lui, on se sent coupables », tandis que Monsieur Grignon avait besoin de me dire : *« je leur en veux : c'est à cause d'eux que mon père est mort ; je n'ai pas confiance en eux ».*
Une fois le secret énoncé et la charge émotionnelle libérée, la seconde étape a consisté à permettre aux deux parties de se parler face à face ; ce fut un instant de grande émotion, surtout chez les collaborateurs qui connaissaient le patron depuis son enfance. La Permission donnée consistait à leur permettre d'en parler entre eux et la Protection était assurée par un espace clos et une procédure protectrice. L'écueil à éviter était l'idée du tribunal.

Durée

Lorsqu'il s'agit d'un travail « formel », informer du temps que durera la séance, s'il s'agit d'un entretien imprévu, informer la personne du temps disponible que vous lui accordez.

Exemple
J'avais choisi une réunion de deux heures, juste assez longue pour que chacun ait le temps de s'exprimer, et pas trop longue pour bien rester concentrés sur l'essentiel.

Confidentialité et discrétion

Aucune prise de notes ni enregistrement, ni de votre part, ni de celle d'un participant (il se peut que vous ayez à noter des éléments essentiels, il vous faut alors garder le papier bien en vue, et ensuite expliquer ce qui est écrit et ce que vous ferez de ces informations, ne pas jeter ou déchirer le papier mais l'emporter avec vous).

Exemple
« Notre réunion sera confidentielle. Aucun compte rendu ne sera fait à qui que ce soit, aucun écrit ne restera dans les tiroirs de l'Entreprise ».
(Si nous devons rendre compte à une instance : *« Je ne rendrai compte que des résultats du processus. Je ne parlerai pas du contenu, sauf si vous le souhaitez »*).

Pas de départs prématurés

En cas de conflit ou d'expression d'émotions fortes, personne ne quitte pas la salle, (si la séance risque de durer longtemps, proposer aux personnes d'aller aux toilettes avant de commencer).

> *Exemple*
> Dans l'histoire de Monsieur Grignon, la charge émotionnelle, pour certains, était trop forte ; un homme assez âgé (qui avait eu le père comme patron) a commencé à exprimer une agressivité dirigée envers son patron d'aujourd'hui.
> LUI. – De toute façon, si je disais réellement ce que je pense, tu en prendrais plein la g….e !
> (Il se lève et se dirige vers la porte)
> MOI. – Vous vous êtes engagé à respecter les règles, donc vous ne sortez pas.
> LUI. – Je sors si je veux.
> Moi. – Non, vous allez respecter votre engagement.
> Lui. – Non, je fais ce que je veux, vous allez m'en empêcher peut-être ?
> (À cet instant, je me suis levée pour lui montrer que je tenais bon et que je n'avais pas peur)
> Lui. – Mais j'en ai marre !… Je ne supporte pas…
> Moi. – Ça, c'est ok… si vous voulez, on vous écoute.
> Il a raconté pourquoi « il en avait marre » : il se sentait coupable d'avoir été à l'initiative de la grève et coupable de la mort père du patron. Il n'osait plus regarder Monsieur Grignon en face, sûr que celui-ci lui en voulait. Il a fini en regardant M. Grignon longuement, puis s'est rassis.

Ici et maintenant

Nous ne sommes pas dans un groupe de thérapie ni de traitement psychologique, seulement un lieu pour exprimer ce qui concerne l'instant présent.

Non-violence

Pas de menaces ni d'incitations à la violence, pas d'insultes, pas d'escalade, pas de perte de contrôle de ses actes, ni envers soi ni envers les autres… (si vous savez qu'une décharge sera nécessaire à exprimer, rendez-vous à la page… pour la procédure), respect des objets,

> *Exemple*
> « Je ne permettrai à aucun de vous d'injurier, d'humilier, de crier auprès de quiconque. Bien sûr, vous pourrez vous exprimer librement, même vivement, mais dans le respect mutuel ».

Utilisation du « je »

Au lieu de « on… nous… tu… vous » : nommer sa souffrance, son malaise, son sentiment propre, ne pas parler de l'autre. C'est parfois toute une éducation à opérer, surtout dans des situations d'agressivité, mais petit à petit ça marche !

Une seule personne s'exprime à la fois

Accord mutuel sur la manière de prendre la parole.

En cas de charge émotionnelle intense, il peut être approprié de donner une procédure : celui qui veut prendre la parole, le demande – celui qui a été impliqué par l'un des membres du groupe « laisse passer son tour » il attend de manière à ne pas être dans la réponse immédiate,

Temps de parole équitable prévu

Belle règle pour aider ceux qui hésitent à prendre la parole... on leur offre leur temps de parole et on peut rester silencieux avec lui, c'est son temps.

Exemple
Avec M. Grignon, j'avais demandé expressément à chacun de s'exprimer, afin d'être sûr que chacun ait eu l'espace pour lui, mais également pour éviter que le silence soit interprété comme un « non-dit ». Chacun a joué le jeu.

Expression des questions ou des demandes

Exemple
J'avais donné comme règle que chacun à tour de rôle pouvait poser une question ou une demande : une fois M. Grignon, une fois un membre du groupe.
Une fois les choses dites, une fois qu'ils s'étaient de nouveau serré la main, ils pouvaient fermer la porte aux événements du passé, reprendre la vie à partir de l'instant présent et traiter les problèmes en cours sans faire référence au passé. Monsieur Grignon n'était plus « le fils de », il était « le Patron ».

Des éléments de Permission

Donnez des éléments de Permission avant de commencer (n'hésitez pas être redondant pour être bien sûr que ce que vous avez dit a été entendu et compris ; en effet, lors de contexte de violence et d'agressivité, la méfiance sert souvent de filtre aux personnes).

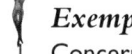 *Exemple*
Concernant l'intégration de l'entreprise Souplan par le grand groupe[1], j'ai organisé comme intervention une « cohésion » centrée pour la première étape sur la « connaissance mutuelle ». Les salariés de Souplan étaient encore « occupés » par le souvenir de leur patron et donc pas prêts à découvrir de nouveaux collègues – ceux du grand groupe, inquiets par leur arrivée et un peu jaloux de leurs avantages.
J'ai annoncé les Permissions suivantes :

D'être ici
« C'est OK pour chacun de vous d'être ici, ensemble, pour apprendre à se connaître, chacun a sa place, chaque place a la même valeur ».

De penser autrement, d'avoir d'autres avis, d'être différent
En prévision d'un travail futur, c'était important que chacun sente qu'il avait la permission de dire ses idées et sa manière de voir l'avenir ensemble.

D'avoir des besoins et envies contradictoires avec les autres
J'ai organisé un tour de table où chacun pouvait exprimer ce qui était essentiel pour lui le jour de notre intervention en terme de besoins.
Un salarié de Souplan : *« J'aimerais bien qu'on garde dans les mêmes locaux notre équipe Souplan »*
Un salarié du Grand Groupe : *« J'aimerais bien qu'on travaille en binôme : un de Souplan avec un du Grand Groupe »*

De changer d'avis
Ainsi, si quelqu'un évolue dans sa réflexion au fil du temps, il n'est pas « réduit » à l'image qu'il a donnée de lui au départ.
Un salarié du grand groupe : *« Je reconnais que j'avais tort, on peut peut-être envisager un travail en binômes avec vous »*

De renégocier une partie des contrats
Hum… si l'on vous en fait la demande, réfléchissez bien avant d'accepter, une bonne méthode est de dire « ok, je vois ce que vous souhaitez… je vais réfléchir et vous donne ma réponse à tel moment ». Cela peut vous permettre de voir à tête reposée, hors de la pression du moment, si vous pouvez lâcher un morceau du contrat.

De se tromper, de faire des erreurs
Et c'est valable pour nous aussi, il n'y a rien de plus modélisateur que de reconnaître quand vous avez fait une erreur.
Un jour, une stagiaire m'a dit *« Vous avez donné la parole deux fois à « X » et pas à moi ».*
Moi. – *Exact, excusez-moi, je vais y faire plus attention.*

---

1. Voir p. 237, la présentation du cas.

> **De poser des questions, de ne pas comprendre du premier coup, de demander de l'aide**
> Quelque soit le sujet de votre intervention, vous pouvez toujours rencontrer quelqu'un qui n'a pas compris quelque chose… une bonne occasion pour apprendre.
>
> **D'exprimer ses sentiments**
> Tous les sentiments sont recevables, la forme parfois doit être modifiée, mais bon…
> Les participants ont exprimé de la peur, de la tristesse et de la colère. Il a fallu attendre la fin de l'intervention pour qu'ils expriment de la satisfaction.
>
> **De demander ce dont vous avez besoin**
> Soyez vigilant, il y a ceux qui demandent facilement et ceux qui n'osent pas… N'hésitez pas à aller les chercher.
> Un salarié de Souplan : *« Je voudrais que vous compreniez que ce n'est pas facile pour moi d'arriver chez vous, je pense encore à mon patron et chez vous… ce n'est pas pareil que de là où je viens… il me faut du temps »*
> Un salarié du Grand Groupe : *« Je voudrais être sûr que vous n'allez pas rester entre vous, en clan… ça va casser l'ambiance… »*.

D'autres Permissions pourraient être données, ne vous limitez pas, si vous en découvrez d'autres ! J'ai fait le choix de sélectionner celles qui me paraissent fondamentalement utiles à donner ouvertement.

En cas de traumatisme : le débriefing

Les spécialistes formés au débriefing ou *defusing* interviennent lors d'accident grave, soit pour une personne, soit pour un groupe ; il s'agit d'intervenir le plus tôt possible par rapport à l'événement.

> *Le Débriefing « pour remettre les hommes en forme » a été prévu initialement pour fournir un soutien aux sauveteurs et aux équipes de secours (long passé militaire : Salomon 1919, Marshall, 1944) et a été récemment adapté et modifié pour des dessins civils (Mitchell 1994 – d'autres groupes ont proposé des variations).*
> *Defusing « désamorcer une bombe avant qu'elle n'explose » ou « désamorcer les hommes avant qu'ils ne rentrent chez eux ». Intervention facilitatrice au cours de laquelle les éléments principaux d'un traumatisme sont passés en revue par les participants peu après l'événement, lorsqu'ils sont écartés du danger immédiat ».*

Cette méthode aide la personne face à ses réactions émotionnelles à l'aide d'un processus d'information, de prévention et de soutien. Elle est destinée à prévenir les complications qui suivent l'exposition à la catastrophe. Il s'agit de procurer aux personnes une opportunité de parler de ce qui s'est passé à un auditeur compatissant qui ne juge pas. Raconter à nouveau l'histoire va susciter des réactions émotionnelles, mais l'affect ne doit pas le submerger ni le désorganiser.

Le principe étant de prendre toutes les personnes qui se trouvaient en même temps dans le même lieu et de les installer dans une même pièce. Un protocole précis va être suivi. Le principe étant de faire parler tout le monde afin de collecter ensemble la totalité de l'expérience du groupe avant d'explorer les réactions individuelles ; en effet, la démarche est ainsi plus efficace (et pour facile). Cette méthode permet de connaître le plus exactement possible ce qui s'est réellement passé, avant de s'informer des réactions émotionnelles. Chacun apporte sa vision de la situation.

Les principes en sont les suivants :

✓ Une phase d'introduction : qui contient les règles de base précises.
✓ Une phase des faits : chacun relate ce qui s'est passé pour lui.
✓ Une phase des pensées : où chacun évoque les pensées qui lui sont venues pendant l'événement ou juste après.
✓ Une phase de réactions (les émotions) : où chacun parle des émotions qu'il a associées à l'événement.
✓ Une phase des symptômes : où l'on invite les personnes à passer en revue les signes et les symptômes d'angoisse.
✓ Une phase d'information (éducationnelle) : où le conducteur du débriefing souligne la normalité des réactions et donne des informations sur des stratégies permettant de faire face.
✓ Une phase de réintroduction : où on discute des résultats saillants, le conducteur du groupe offre un compte rendu sommaire et quelques conseils supplémentaires.

Ces étapes peuvent être exécutées de manière flexible en fonction du groupe et de la situation, cela dit elles ont toutes une valeur à ne pas négliger.

> ### RAPPELEZ-VOUS, POUR INTERVENIR
> ### SUR UN GROUPE EN ÉTAT DE CHOC
>
> **Ce que je peux faire**
> Choisir un lieu d'intervention protecteur.
> Structurer ses étapes d'intervention.
> Donner une place à chacun.
> Favoriser la parole de chacun.
> Recentrer sur la réalité.
>
> **Ne pas faire**
> Éviter les contagions émotionnelles.
> Ne laisser personne fuir physiquement et mentalement.
> Ne pas laisser une personne isolée.
> Ne pas laisser délirer…

Suggestions pour faciliter un prompt rétablissement

Je me propose de vous présenter ici un certain nombre de suggestions pour aider toutes les personnes ayant subi un traumatisme suite à des actes de violence à leur encontre, ou bien qui ont assisté à des manifestations de violence. Tout acte de violence, de quelque nature que ce soit, et toute expression des souffrances liées à ces violences déclenchent des réactions physiques qui laissent des traces. Vous qui avez été un accompagnateur, vous pouvez les utiliser pour vous-même :

L'anticipation

Attendez-vous à ce que l'incident vous dérange physiquement, moralement et psychologiquement, ce sont des réactions sont normales. Vous pouvez même vous renseigner sur les effets des traumatismes pour ne pas être pris de court.

Les questions

Vous risquez de « tourner dans votre tête » des questions sans réponse à propos de ce que vous venez de vivre (ou d'entendre) ; si vous les laissez sans réponse, elles continueront à vous hanter, à devenir obsessionnelles. Pour vous sentir au mieux, il vous suffit les poser à quelqu'un qui vous aidera à trouver les réponses ou à trouver la paix.

Exemple

« Comment a-t-il pu être aussi méchant avec moi ?... Pourquoi cela m'est-il arrivé ?... Aurais-je pu faire quelque chose ?... Comment cette personne va-t-elle vivre maintenant après avoir vécu tout ça ?... ».

Les changements

Soyez attentifs aux changements que vous percevez en vous et prenez-les comme des réactions normales ; d'une certaine façon ces changements vous donnent une information utile à écouter.

Exemple

Difficulté à dormir, images douloureuses répétitives, pertes de repères, caractère changeant, prise de poids, pensées bizarres…

Le contrôle

Vous pouvez avoir envie de vouloir « tout contrôler » vous-même, comme si vous étiez assez fort pour « tenir le coup » ; c'est une réaction normale mais qui ne vous aidera pas sur le long terme. Cherchez plutôt à entrer en contact avec une personne compétente dans le domaine de la gestion du stress pour entendre ses conseils. Si vous vous sentez trop « bousculé », n'hésitez pas à chercher l'aide d'un thérapeute spécialisé dans le domaine des traumatismes, qui pourra vous aider à dépasser le traumatisme.

La santé physique

Prenez particulièrement soin de votre santé, dormez suffisamment, maintenez une alimentation équilibrée, pauvre en théine, caféine, nicotine ; limitez au maximum votre consommation d'alcool, ou d'autres drogues (somnifères, calmants…) ; au besoin, consultez votre médecin si vous sentez que vous vous êtes déséquilibré.

Le corps

Votre corps a souffert et il garde en lui les marques internes de ces souffrances, faites un peu de sport ou d'exercice physique (au minimum de la marche) chaque jour (vingt minutes), vous contribuer ainsi à l'élimination des toxines générées par le stress aigu.

Les relations

Le risque, après un choc, est de s'isoler. Vous risquez de vous sentir indisponible pour vos proches, comme si cela vous demandait trop d'énergie ou qu'ils ne comprenaient pas ce qu'il vous arrive. Choisissez au contraire de consacrer du temps à votre famille, vos amis et proches, pour parler avec eux de ce qui vous arrive et vous sentir soutenu par leur présence. Leur énergie vous fera du bien.

Les loisirs

Vous avez besoin de vous détendre, de retrouver un rythme naturel ; prenez du temps pour des loisirs, des choses que vous aimez (promenades, lecture, cinéma…).

Votre client, ou vous-même, avez été « blessé », réellement au symboliquement. Il faudra du temps et de la patience pour guérir, et si la « cicatrice » restera toujours, un jour, elle ne sera plus douloureuse. En appliquant rapidement les premiers soins, votre client ou vous-même, grâce aux proches, le processus de guérison en sera accéléré.

J'espère vous avoir convaincus que lorsque nous rencontrons la violence, soi pour nous-même, soit pour une personne dont nous nous occupons, nous avons à notre disposition plusieurs méthodes et techniques permettant de retrouver l'équilibre.

> ## Rappelez-vous, pour faciliter
> ### le rétablissement de la personne
>
> **Ce que je peux faire**
> Donner une priorité à la santé physique.
> Informer les personnes des incidents et répercussions futurs.
> Donner des adresses de spécialistes.
>
> **Ne pas faire**
> Ne donner des conseils que si vous êtes un professionnel de la santé et du stress.
> N'intervenez pas si vous n'êtes pas formé.

POUR FINIR...

Nous voilà parvenus au bout d'un chemin. Au fil des pages, j'espère vous avoir aidés à mieux percevoir la place importante que tiennent les émotions pour les êtres humains et à prendre conscience du respect auquel elles ont droit. Chacun d'entre nous peut réfléchir au fonctionnement des émotions, les observer, apprendre de nouveaux comportements et ainsi œuvrer pour son propre équilibre et celui des autres. Certaines procédures décrites dans ce livre sont accessibles à tous, d'autres nécessitent un apprentissage, d'autres encore restent du domaine des spécialistes ; j'ai souhaité les rendre visibles et concrètes pour vous donner des options et des clefs opérationnelles. Expérimentez-les à petits pas, trouvez votre style et laissez toujours une place à votre interlocuteur pour que, de lui-même, il s'implique à son tour dans son propre chemin. Aucun d'entre nous ne détient la vérité pour l'autre. C'est en l'écoutant que nous profiterons de son expérience pour renforcer la nôtre.

LEXIQUE

Cadre de Référence : fournit à l'individu un ensemble cohérent de perceptions, de concepts, de sentiments et d'actions, qui lui sert à définir lui-même, les autres et le monde.

Comportement Passif : manière dont les gens ne font pas les choses, ou ne les font pas efficacement.

Confrontation, « faire face » : aide les personnes à faire face aux comportements qui ne résolvent pas leurs problèmes.

Contamination : partie du contenu des États du Moi Parent ou Enfant que la personne confond avec le contenu de l'Adulte.

Contrat : l'énoncé de la responsabilité de chacune des parties, engagement Adulte envers soi-même ou quelqu'un d'autre pour mener à bien un changement.

Débriefing : « pour remettre les hommes en forme » a été prévu initialement pour fournir un soutien aux sauveteurs et aux équipes de secours.

Décontamination : ce n'est que quand l'Adulte est décontaminé qu'il est capable d'évaluer les données de la réalité.

Defusing : Intervention facilitatrice au cours de laquelle les éléments principaux d'un traumatisme sont passés en revue par les participants peu après l'événement.

EMDR : *Eye Movement Desensitization and Reprocessing*, Approche psychothérapeutique neuro-émotionnelle de désensibilisation et de traitement des informations faisant appel à la stimulation sensorielle par des mouvements oculaires, des stimuli auditifs ou cutanés, pour faciliter une résolution rapide ses symptômes liés à des événements traumatiques du passé.

État du Moi : système cohérent de pensée et sentiments mis en évidence par des types de comportements correspondants.

État du Moi Adulte : un ensemble autonome de sentiments, pensées et modèles de comportements, qui se révèlent appropriés à la réalité du moment : la fonction opérationnelle de l'Adulte est l'élaboration logique des données.

État du Moi Enfant Adapté Rebelle : mode d'expression dans lequel la personne se rebelle contre les règles au lieu de s'y plier.

État du Moi Enfant Adapté Soumis : comment une personne se conforme aux règles ou exigences de la société.

État du Moi Enfant Libre : se manifeste par l'expression directe de ses propres émotions et de ses propres besoins.

État du Moi Parent Normatif : se manifeste comme un ensemble d'attitudes ou de messages qui interdisent ou sont impératifs, et qui peuvent être syntoniques ou dystoniques avec les besoins et les vécus de l'Enfant.

État du Moi Parent Nourricier : se manifeste comme un ensemble d'attitudes ou messages de nature permissive, qui peuvent être, ou non, nécessaires et utiles à l'Enfant.

Jeu : séquence relationnelle qui consiste en une série de Transactions effectuées dans un cadre donné avec un début et une fin, qui comporte un mobile caché, c'est-à-dire un niveau psychologique différent du niveau social, qui a comme résultat de valoir un bénéfice à chacun des joueurs.

Jeu de Pouvoir : toute manœuvre ayant pour but de faire faire par une personne quelque chose qu'elle ne ferait pas d'elle-même, ou de l'empêcher de faire quelque chose qu'elle aurait envie de faire. Les jeux de pouvoir vont du grossier, physique, au subtil, psychologique.

Méconnaissance : omission inconsciente d'une information utile à la résolution d'un problème.

Position de Vie : sans cesse l'homme évalue ses relations à un double niveau : quelle valeur a-t-il à ses propres yeux et à ceux de son compagnon, quelle valeur a sa relation à ses propres yeux et à ceux de son compagnon.

Redécision : remplacement d'une décision précoce limitante, à l'encontre de soi-même, par une nouvelle décision qui tient compte de la plénitude des ressources Adultes de la personne.

Rituels : programmés de l'extérieur par la tradition et l'usage social, il s'agit d'échanges stéréotypés entre individus. Ils suivent un déroulement et possèdent un contenu programmé au titre de l'environnement culturel et les usages sociaux du milieu considéré.

Sentiments rackets : sentiments de Substitution : le sentiment qui apparaît spontanément dans le présent appartient à une espèce inhibée au cours de la croissance ; un autre sentiment, d'une espèce autorisée jadis apparaît à sa place.

Stimulus : facteur (externe ou interne) susceptible de déclencher la réaction d'un système physiologique ou psychologique.

Stress : n'importe quelle demande, physique, psychologique ou émotionnelle, bonne ou mauvaise, provoque une réponse biologique de l'organisme, identique et stéréotypée. Cette réponse est mesurable et correspond à des sécrétions hormonales responsables de nos réactions au stress, somatiques, fonctionnelles et organiques.

Symbiose : quand deux individus se comportent comme s'ils avaient besoin l'un de l'autre pour former une personne complète.

Timbres : une personne peut accumuler de la frustration ou d'autres sentiments, pour en réaliser une collection. Ces ressentiments peuvent permettre à la personne une autorisation d'un comportement normalement prohibé.

BIBLIOGRAPHIE

Articles

BADINTER Elisabeth, Conférence-débat – 16 juin 2005 – Lyon (Amnesty International). Publiée dans *L'Express*, n° 2816, oct. 2005.

CYRULNIK Boris, « Un éclairage éthologique de l'émotion », *Neuro-psy – Structure des Émotions*, revue mensuelle, vol. 6, n° 11, déc. 1991.

MORMEDE Pierre, « La Lettre de l'Agri bien-être animal », juin 1999.

NASIELSKI Salomon, « La Violence : quelles alternatives ? », Congrès nov. 2000, IFAT délégation Montpellier.

Actualités en Analyse Transactionnelle

(Les Editions d'Analyse Transactionnelle)

ENGLISH Fanita, « Les mécanismes de substitution des sentiments parasites aux sentiments réels » *AAT*, vol. 2, n° 7, 1978.

ERNST Franck, « L'Enclos OK, une grille pour aller de l'avant avec l'autre », *AAT*, vol. 2, n° 6, 1978.

KLEIN Mavis, « Mettre au jour le sentiment-parasite », *AAT*, vol. 6, n° 24, 1982.

NOE Jean Pierre, « Les processus de canalisation de l'agressivité », *AAT*, vol. 22, n° 86, 1998.

SCHIFF Aaron & Jacqui, « La Passivité », *AAT*, vol. 3, p. 121.

SCHIFF Jacqui & Aaron, « Le Cadre de Référence », *AAT*, vol. 3, p. 129.

WARE Paul, « Types de Personnalités et Plan Thérapeutique », *AAT*, n° 28, p. 156.

WEISS Laurie, « Quand Confronter ? », *AAT*, vol. 3, p. 159.

Ouvrages de références

ALLEN Madelyn Burley, *Managing Assertivety*, Wiley Press, 1983.

BENSABAT Soly, *Le Stress*, Hachette, 1980 ; *Le Stress, c'est la vie*, Fixot, 1989.

BERNE Eric, *Des Jeux et des Hommes*, Stock, 1964-1975 ; *Que dites-vous après avoir dit bonjour ?*, Tchou, 1977 ; *Principes Of Group Treatment*, Oxf. UP (NY), 1966.

DE WAAL Frans, *De la Réconciliation chez les Primates*, Flammarion, 1992.

ENGLISH Fanita, *AT et Émotions*, Desclée de Brouwer, 1992.

GOFFMAN Erwin, *Les Rites d'interaction*, Minuit, 1974.

GORDON Thomas, *Parents efficaces – une autre écoute de l'enfant*, Marabout, 1996.

HARRIS Thomas, *D'Accord avec Soi et avec les Autres*, EPI, 1984.

JAMES Muriel & JONGEWARD Dorothy, *Naître Gagnant*, InterEditions, 1978.

JAOUI Gysa, *Le Triple Moi*, Robert Laffont, « Réponses », 1979.

KUBLER-ROSS Elisabeth, *La Mort : dernière étape de la croissance*, Monaco, éditions du Rocher, 1985.

LORENZ K., *Trois Essais sur le comportement animal et humain*, Le Seuil, 1974.

MILLER Alice, *C'est Pour Ton Bien : racines de la violence dans l'éducation de l'enfant*, Aubier, 1984.

MOISO Carlo & NOVELLINO Michele, *AT – Retour aux Sources*, éditions AT, 2004.

SELYE Hans, *Du Rêve à la découverte*, Montréal, Ed. de la Press, 1973.

STEINER Claude M., *L'Autre face du Pouvoir*, Desclée de Brouwer, 1995 ; *Des Scénarios et des Hommes*, Desclée de Brouwer, 1984.

STEWART Ian & VANN Joines, *Manuel de l'AT*, InterEditions.

TREVARTHEN C., *Les Activités innées du nourrisson, La recherche en éthologie*, Le Seuil.

WATZLAWICK Paul & WEAKLAND John-H., *Sur l'Interaction – Palo Alto*, Le Seuil, « Points Essais », 1965-1974.